Impressum
Bibliografische Information der Deutschen Nationalbibliothek:
Die Deutsche Nationalbibliothek verzeichnet diese Publikation
in der Deutschen Nationalbibliografie; detaillierte
bibliografische Daten sind im Internet über dnb.dnb.de
abrufbar.
© 2021 Nicole Höchst

„Herstellung und Verlag: BoD – Books on Demand,
Norderstedt"
Taschenbuchausgabe auch als E-Book erhältlich
ISBN: 9783755739807

Inhalt

1. Vorwort

Liebe Leser,
ich freue mich sehr, dass ich Ihnen mit dieser Publikation eine Sammlung meiner Kolumne vorlegen darf, die seit April 2020 alle vierzehn Tage auf dem Internet-Blog Jouwatch (www.journalistenwatch.com) erschienen ist.
In meinen Beiträgen reflektiere ich allgemeingesellschaftliche Themen, die mir als vierfache Mutter und ehemalige Lehrerin und Fortbildnerin naturgemäß sehr am Herzen liegen. Die Bandbreite beinhaltet die gescheiterte Familienpolitik der Altparteien, den Niedergang unseres Bildungssystems, Antifa, Kulturrevolution, Erschaffung von Regierungswirklichkeiten, Gendergaga. Dies sind alles Problemfelder, die die Stabilität unserer Gesellschaft zunehmend gefährden und dringend unserer Aufmerksamkeit bedürfen, nicht nur im Bundestag und den Parlamenten. Denn eins wird immer deutlicher: Schaffen wir es nicht, hier eine entschiedene Umkehr hin zum gesamtgesellschaftlichen, inklusive Debatte einzuleiten, dann

droht schon unseren Kindern eine multiple Gängelungsgesellschaft, in der sie nicht mehr so frei und demokratisch leben können, wie wir es unser Leben lang gewöhnt waren. Hier müssen wir uns zur Not auch jenseits des politisch opportunen gedanklichen Korridors des politisch Korrekten massiv zu Wort melden. Das sind wir unseren Kindern schuldig.

Aus diesen Gründen habe ich mich entschlossen, meine Beiträge des letzten Jahres in dieser Kolumnensammlung zu veröffentlichen, um auch Sie, liebe Leser, über die Bedeutung dieser Themen zu informieren. Bei allem Hang zu informieren, ist mir daran gelegen, Sie mit meiner pointierten Feder auch zu amüsieren, nachdenklich zu machen, Sie gar emotional zu berühren. Ausdrücklich liegt es dabei auch in meiner Absicht, Sie dazu zu motivieren, gemeinsam mit mir gegen diese fatalen gesellschaftlichen Fehlentwicklungen Widerstand zu leisten. Unsere Heimat braucht Sie alle!

Ich verspreche Ihnen, dass ich mich auch in der nächsten Legislaturperiode des Deutschen Bundestages mit aller Kraft für die Zukunft unserer Kinder, unsere Familien und unseres Vaterlandes einsetzen werde – auf dem Boden der freiheitlich demokratischen Grundordnung, in Einigkeit und Recht und Freiheit!

Ich möchte Dank sagen an meine Mutter und meine Omas. Ihr seid meine großen Heldinnen mit dem flammenden Schwert von Liebe und Gerechtigkeit. Unermüdliche Kämpferinnen des Alltags, die sich entäußert haben, dass ich es einmal besser haben möge, als sie selbst.

Ich möchte ebenso großen Dank aussprechen an meinen Papa und meine Opas, ihr habt mich viel gelehrt, mich geliebt und beschützt, ich werde euch ebenfalls ewig lieben und ehren. Danke an meine Kinder. Ich habt mich Geduld und Demut gelehrt. Ich liebe euch mehr als mein Leben. Ich möchte Dank sagen an meinen Bruder, der ein wichtigerer Teil meines Lebens ist als er selbst weiß. An meine Verwandten und Vertrauten, ihr habt mich getragen, mir vertraut. Ihr seid ein wichtiger Grund dafür, warum ich heute bin, wie ich bin.

Ich danke Gott dem Allmächtigen, der auch in meinen bittersten Stunden immer bei mir war. Er hat mich mit Geist, Herz und Seele ausgestattet, um in diesen gottlosen Zeiten die Flamme der Hoffnung zu tragen, zu nähren und weiterzugeben.

Mein Dank gebührt ebenso meinen Mitarbeitern, Holger Prade, Sebastian Noll und Thorsten Althaus, ohne deren tatkräftige Mitarbeit diese Veröffentlichung nicht möglich gewesen wäre. Tausend Dank an Daniel Matissek, der mich redaktionell begleitet und behutsam mit viel Verstand und Geschick meine Kolumne zur Vollendung bringt.

Und nicht zuletzt sei mein tiefer Dank ausgesprochen an Thomas Böhm, der die zündende Idee zu dieser Kolumne hatte und ihr zweiwöchentlich einen festen Patz bei Jouwatch einräumt.

Ihre

Nicole Höchst AfD Bundestagsabgeordnete

September 2021

2. Geleitwort

Es gehört zu einer lebendigen Demokratie und einer offenen gesellschaftlichen Debatte, dass Politiker ihre Positionen und Überzeugungen nicht nur vom Rednerpodest verkünden, sondern sie auch in den Medien vertreten dürfen – mit scharfer Zunge oder spitzer Feder. Voraussetzung dafür ist allerdings, dass ihnen hierzu Gelegenheit gegeben wird.

Für Politiker der AfD ist dies in Deutschland alles andere als leicht: In den etablierten, sogenannten „Leitmedien" des Mainstreams bekommen sie keinen Fuß in die Tür, und in den öffentlich-rechtlichen Talkshows sind sie zeit ihres Bestehens gegenüber Vertretern der Grünen und SPD grob unterrepräsentiert.

Hier kommen die freien Medien ins Spiel, die sich auch deshalb als Segen für den Meinungspluralismus erweisen, weil bei ihnen solche spalterischen Berührungsängste eben nicht bestehen. Sie bieten allen diskussionswürdigen Positionen – auch freiheitlichen und bürgerlich-konservativen - selbst dann noch eine Stimme, wenn diese längst vom Stigma eines zunehmend autoritären Zeitgeistes ereilt wurden. Und zwar sogar um den Preis, dass die freien Portale selbst hierfür von Altparteien und Mainstream boykottiert oder angefeindet werden.

So kann sich die Seite Journalistenwatch (als einer der reichweitenstärksten Vertreter der alternativen Netzöffentlichkeit), für die ich ebenfalls schreibe, glücklich schätzen, Nicole Höchst als Gastautorin gewonnen zu haben. Ihre dort zweiwöchentlich erscheinenden Kolumnen „Höchst brisant", die in diesem Buch erstmals als Sammlung vorliegen, haben Biss, Witz, Tiefgang, und sie legen stets den Finger in offene Wunden.

Es entspricht Nicoles kämpferischen Temperament und ihrer stets resolut behaupteten Unabhängigkeit, dass sie dabei keine noch so heiklen Themen scheut. Ohne Rücksicht auf Political Correctness und sensible Befindlichkeiten redet (respektive schreibt) sie erfrischend Tacheles.

So habe ich sie auch persönlich kennengelernt: Als sympathische, streitlustige und durchaus auch streitbare „Powerfrau in ihren besten Jahren", deren Vita sich als Beispiel für echte Emanzipation und weibliche Selbstbehauptung um ein Vielfaches besser eignet als die aller Gender-Feministinnen und rotgrünen Quotenfrauen zusammengenommen.

Ich wünsche viel Vergnügen bei der Lektüre dieses Buches, das nicht nur eine politische Anthologie, sondern zugleich Dokumentation und spannender Abriss des gesellschaftlichen Diskurses der letzten 15 Monate darstellt, und freue mich auf viele weitere „Höchst Brisant" - Kolumnen!

Daniel Matissek

im August 2021

3. Höchst brisant: Einheimische auf dem Rückzug

Warum uns die Bevölkerungsentwicklung gerade jetzt interessieren sollte

Nach Angaben der Bundeszentrale für politische Bildung kommen in der Altersgruppe von 16 bis 29 Jahren bei Asylbewerbern auf eine Frau mehr als drei Männer. Das Verhältnis Deutsche zu Zuwanderern liegt inzwischen ebenfalls bei beinahe drei Männern zu einer Frau. Ähnlich sah es bereits 2018 bei den rheinland-pfälzischen Kindern und Schülern aus, Tendenz steigend.

Da dieser Prozess kontinuierlich weiterbefördert wird, ist es nur eine mathematische Frage, wann sich die einheimische Bevölkerung in der Minderheit befinden wird. Dramatische Zahlen gibt es auch in Rheinland-Pfalz: Nur noch 54 Prozent der Kinder unter 5 Jahren haben keinen Migrationshintergrund, wie eine Auflistung des rheinland-pfälzischen Landtags für 2018 dokumentiert. Das mag man jetzt bunt beseelt beklatschen oder im Hinblick auf die zunehmende Unmöglichkeit der Integration in einem ursprungsdeutschen Gesellschaftskontext kritisieren – doch es handelt sich um eine Tatsache.

Eine Tatsache, die den Verfassungsschutz anregen sollte, die Realität genau zu beobachten; denn sie könnte „rechtsextrem" sein. Sie könnte ausweisen, was zu konstatieren der Alternative für Deutschland als möglicherweise „verfassungsfeindlich" ausgelegt wird, und das Damoklesschwert der Beobachtung über sie bringt.

Dabei stützen längst alle die Bevölkerungsentwicklung

ausweisenden Statistiken die These, dass die ursprungsdeutsche Bevölkerung weniger wird und an ihre Stelle Menschen treten, die aus mehr oder weniger kulturfremden Ländern stammen. Das böse Wort der „Umvolkung", des „Bevölkerungsaustauschs" steht im Raum.

Ja, der Anteil der ausländischen Bevölkerung steigt, wie man auch den offiziellen Angaben des statistischen Bundesamtes zum Stand der ausländischen Bevölkerung per 31.12.2019 entnehmen kann. (1)

Nicht in dieser Statistik aufgeführt sind die deutschen Staatsbürger mit Migrationshintergrund. Beispielsweise leben demnach in Berlin 20 Prozent Ausländer, in Bremen 19 Prozent.

Der „Tagesspiegel" (2) schreibt hierzu: „Vor allem in den westdeutschen Großstädten ist der Migrationsanteil hoch. In Hamburg hat knapp jeder dritte Einwohner einen Migrationshintergrund, 45 Prozent der unter Sechsjährigen und 46 Prozent der unter 18-jährigen, sowie 40 Prozent der unter 30-jährigen. In Frankfurt am Main hat jeder zweite Einwohner eine Migrationsgeschichte, während 55 Prozent in der Altersgruppe von ein bis sechs Jahren keine deutschen Wurzeln haben. Bei den unter 18-jährigen trifft dies auf zwei Drittel der Bevölkerung jener Altersgruppe zu. Auch in den anderen Großstädten wie in Köln, München und Stuttgart beträgt der Migrationshintergrund der jüngsten Altersgruppe der unter Sechsjährigen mehr als die Hälfte. In Berlin und Hamburg liegt er mit 48 und 44 Prozent nur knapp darunter."

Unsere hauptamtlichen Buntisierer der Bundesregierung und der Landesregierung feiern dies. Wir werden von allen Seiten zugeballert mit der Weisheit, dass wir Zuwanderung benötigen oder wir verlieren zum Beispiel den "Anschluss" und dergleichen. Immer wieder taucht er auf: Der moralische

Imperativ „wir müssen". „Wir müssen Zuwanderung endlich als Chance begreifen."

In diesem Sinne wird uns auch das Flüchtlingsmärchen als Chance in historischer Dimension verkauft. Der Wissenschaftliche Dienst stellte jedoch in den beiden Sachstandsberichten „Flüchtlinge und Demografieprognosen" sowie „Demografie und Zuwanderung" sehr nüchtern fest, dass die bisherige Zuwanderung die Demografieprobleme nicht lösen wird. Nanu?

Ungeachtet dieser Bewertung holt unsere Bundesregierung weiterhin ungezügelt Asylsuchende ins Land. Insbesondere kranke „Kinder" aus Flüchtlingslagern aus Griechenland. Und Dank Corona werden auch keine ablehnenden Bescheide mehr durch das BAMF ausgestellt.

Es ist vor den eben geschilderten Hintergründen absolut nicht nachvollziehbar, was da geschieht. Die mehrheitlich männliche Einwanderung erfolgt nämlich überwiegend in die jüngeren Altersgruppen, welche hier oft mangels Bildung und Motivation kaum Fuß fassen können. Ja: Die Bilder der frisch eingetroffenen sogenannten unbegleiteten Minderjährigen aus Griechenland sprechen eine beredte Sprache - männlich, wehrfähig oder demnächst wehrfähig. Hat sich eigentlich einmal jemand gefragt, warum beinahe ausschließlich junge Männer kommen? Und welche Auswirkungen dieses Ungleichgewicht auf unsere Gesellschaft hat?

In vielen Schulen wissen deutsche Schüler schon, was es bedeutet, im eigenen Land in der Minderheit zu sein. Veröffentlichungen in führenden deutschen Medien – etwa

DIE Zeit (3), „Frankfurter Allgemeine" (4) oder „Spiegel" (5) - zeigen, dass bereits vor 10 Jahren die Probleme bekannt waren; gehandelt hat die Regierung nicht.

Unsere Kinder in etlichen Städten kennen also bereits das Gefühl und die täglichen Begleiterscheinungen, Minderheit zu sein. Ihnen wird zugemutet, in ihrer angestammten Heimat „ihr Zusammenleben täglich neu auszuhandeln". Integration in Deutschland treibt wahrlich groteske Blüten. Wer integriert sich da wohinein? So nimmt es also auch nicht Wunder, wenn das einzige deutsch-muttersprachliche Kind in einem Kindergarten irgendwo in Deutschland nach einem Jahr super arabisch sprechen kann.

Wer also zukünftig die Macht auf den Straßen haben wird und welche religiösen und kulturellen Spannungen daraus erwachsen, lässt sich nun düster erahnen. Schon heute, gerade in der aktuellen wirtschaftlichen Krisenzeit, können Einschränkungen und Mangel an Waren in nicht mehr beherrschbaren Auseinandersetzungen gipfeln. Laut Handelskammer wird damit gerechnet, dass bis zu 40% der Unternehmen in Insolvenz gehen könnten. Was passiert eigentlich, wenn durch eine andauernde Coronakrise tatsächlich 2,15 Millionen Menschen in die Kurzarbeit gezwungen werden und das von der Taskforce des Mittelstandes befürchtete Massensterben von kleinen Unternehmen eintritt?

Wer zahlt dann noch in unser Sozialsystem ein? Die Integrationsindustrie und die dort angegliederten Jobs werden den Steuereinnahmeeinbruch nicht annährend auffangen können. Aufgrund der bisherigen Arbeitsmarktsituation sind/waren bisher 57% der Einwanderer bereits vom Sozialsystem abhängig. Außerdem machen unsere Gesetze Zuverdienst für Asylbewerber nicht gerade attraktiv. Wie soll das weitergehen? Sind wir eigentlich noch zu retten?

Ich denke, es ist entscheidend, dass die Menschen verstehen, wo die Reise hingeht, wenn die Weichen politisch nicht anders gestellt werden. Corona erscheint in diesem Licht wirklich als unser geringstes Problem.

1https://www.destatis.de/DE/Themen/Gesellschaft-
Umwelt/Bevoelkerung/Migration-
Integration/Tabellen/auslaendische-bevoelkerung-
bundeslaender.html
2https://www.tagesspiegel.de/politik/bevoelkerungsstruktur-in-
deutschland-fast-jeder-vierte-hat-einen-
migrationshintergrund/22868276.html
3https://www.zeit.de/gesellschaft/schule/2019-12/inklusion-
deutsche-migrationshintergund-bildung-gymnasium-
diversitaet?utm_referrer=https%3A%2F%2Fwww.journalisten
watch.com
4https://www.faz.net/aktuell/feuilleton/fernsehen/kulturkampf-
im-klassenzimmer-was-gehst-du-zu-den-deutschen-
11008254.html
5https://www.spiegel.de/spiegel/integration-an-manchen-
schulen-bleiben-migrantenkinder-fast-unter-sich-a-
1200736.html

3. Mai 2020

4. Höchst brisant: Selbst Linken-Ikone RFK jr. misstraut Bill Gates

Kennen Sie Robert F. Kennedy JR., auch RFK Jr. oder Bobby Jr. genannt? Das dritte Kind Robert F. Kennedys und dessen Frau Ethel Kennedy ist ein US-amerikanischer Rechtsanwalt, Umweltaktivist, Autor – und ambitionierter Gates-Kritiker. Er ist Neffe des 35. Präsidenten der Vereinigten Staaten von Amerika, John F. Kennedy. All dies kann man im Netz über ihn nachlesen. RFK Jr. ist 66 Jahre alt und lebt in Washington, D.C., Vereinigte Staaten.

Am 17. April 2020 schreibt er auf einem Instagram-Account (ich zitiere auf Deutsch): „Ein Reporter der New York Times befragte mich gestern zu der ‚Verschwörungstheorie', dass Bill Gates einen injizierbaren Chip entwickelt, der Impfnachweise speichert. Hier sind die Fakten: Die Bill- und Melinda-Gates-Foundation investierte mehr als 21 Millionen Dollar, um eine ‚Mikronadeltechnologie' zu perfektionieren, die einen Impfausweis unter die Haut bringt, der mit Infrarotlicht sichtbar wird. Zum Auslesen genügt eine minimal angepasste Smartphone Technologie'. Diese Technologie erlaubt es Mitarbeitern der Gesundheitsbehörde, US Bürger zu scannen und ihren Impfstatus auszulesen." (1)

RFK fährt in seinem Post fort: „Eine von der Bill- und Melinda-Gates-Stiftung geförderte Studie (2), die im Dezember 2019 von Forschern des MIT, dem Institut für Chemie der Chinesischen Academy of Science und dem Gates-finanzierten Intellectual Ventures Laboratory in Bellvue, WA, publiziert wurde, beschreibt, wie 'near-infrared-quantum dots' zusammen mit einem Impfstoff unter der Haut implantiert werden, um Informationen zur dezentralisierten Datenspeicherung und Bio-Sensing zu kodieren. Die Gates Technologie nutzt einen Tattoo-ähnlichen Mechanismus, um unsichtbare Nanopartikel subkutan zu injizieren. Gates Forscher testen das Implantat mit einem Impfstoff gegen den Covid-19."

Kennedy erläutert sodann Details der Studie: „Der von Gates finanziell unterstützte Report rühmt sich, dass das Chip System die Haus-zu-Haus Impfkontrolle für Teams mit minimaler Ausbildung ermöglichen und neue Wege zu dezentraler Datenspeicherung und Biosensing eröffnen wird. Das MIT-Papier ist übertitelt ‚Biocompatible near-infrared quantum dots delivered to the skin by microneedle patches to record vaccination'... Gates begann 2011 mit einer Subvention von TransDerm Inc. implantierbare Chips und Ratio Biotechnologie finanziell zu fördern. Er tätigt derzeit viele Investitionen, um verschiedene Versionen zu entwickeln, darunter auch Subventionen von Vaxxas PTY LtD, Micron Biomedical Inc, Georgia Institute of Technology und Vaxess Technologies Inc..."

Der Anwalt beendet seinen Instagram-Eintrag mit folgendem Appell: „Ich bitte euch dringend, Bill Gates in den sozialen Medien zu kontaktieren. Erklärt ihm freundlich, dass das Markieren und Nachverfolgen von Menschen vielleicht seinen Spießgesellen von der chinesischen Regierung gefällt, dass diese Aktivitäten aber nicht mit amerikanischen Werten und Traditionen vereinbar sind."

Nun ist ist Robert F. Kennedy Junior – wie sollte es anders sein – selbstverständlich längst als „Impfgegner" und „Verschwörungstheoretiker" verschrien. Sogenannte „Faktenchecker" und „Wahrheitswächter" verteufeln ihn, er würde Fake News in dem von ihm auf seinem Instagram-

Account geteilten Video (3) verbreiten. Die Urheberschaft für dieses Video, das von unterschiedlichen Kanälen auf Youtube gepostet wurde, findet sich in dessen Abspann. Die beiden darin zu Wort kommenden Mädchen unterstellten Gates, er fordere digitale Zertifikate für Covid-19; dies sei falsch, lamentiert factcheck.org (4). Dabei sagte Bill Gates genau dies höchst selbst, wie auf diversen sozialen Plattformen nachzulesen war.

Microsoft-Gründer Gates gilt als einer der reichsten Menschen der Welt. Möglicherweise können reiche Menschen ja die ihnen genehme, entsprechende Berichterstattung kaufen? Das wäre ja ganz völlig Neues... Der „Spiegel" (5) legte kürzlich Interessantes offen: „Offenlegung: Die Bill & Melinda Gates Foundation (BMGF) unterstützt das Spiegel-Projekt 'Globale Gesellschaft" über drei Jahre mit einer Gesamtsumme von rund 2,3 Mio. Euro. Unter dem Titel Globale Gesellschaft berichten Reporterinnen und Reporter aus Asien, Afrika, Lateinamerika und Europa, die Beiträge erscheinen im Auslandsressort des Spiegel."

Philanthrop Bill Gates, selbsternannter Weltgesundheitsgarant mit Neueweltordnungsphantasien, wird uns - wiederum im „Spiegel" (6) und auch in der „Tagesschau" (7) - als Heilsbringer und Weltenretter präsentiert. Ich freue mich, wenn dem dann so ist. Jedoch: Wie viel er an der Pandemie verdienen wird, fragt vorsichtshalber niemand. Wie viel Macht in den Händen eines Menschen liegt, der die Impfstoffversorgung jederzeit monopolisieren kann, fragt niemand. Was er mit dieser Macht anfangen wird, will niemand wissen. Welche Risiken er bereit war/ist einzugehen bei der Impfstoffentwicklung, fragt niemand. Welche gesundheitlichen Risiken durch die schnell gestrickten Impfstoffe zukünftig in Kauf genommen werden müssen, fragt niemand.

Dass im Raum steht, die ganze Welt gegen Covid-19

durchimpfen zu wollen, stört niemand. Und wie letzteres dann praktisch durchgeführt werden soll, fragt ebenfalls niemand. Schließlich macht es Dänemark schon vor (8): Dort können die Gesundheitsbehörden ab sofort Zwangstests, Zwangsimpfungen sowie Zwangsbehandlungen anordnen und für die Durchsetzung ihrer Anordnungen neben der Polizei auch Militär sowie private Wachdienste einsetzen. Dass vorher keine Rückkehr zu einem annährend normalen Leben zu erwarten ist, stößt niemandem auf?

Und dass das Kabinett der Bundesregierung bereits beschlossen hat, bestimmte Dinge nur noch für Personen mit Impfnachweis zu ermöglichen (9) die dann Sonderrechte eingeräumt bekommen, interessiert auch nicht? Wie der Impfschutz zukünftig nachgewiesen werden soll, traut sich auch niemand zu fragen. Weil die Antworten die Bürger verunsichern könnten?

Es liegt der Hauch der Unfreiheit in der Luft; selbst Verfassungsrechtler (10) sind inzwischen alarmiert, ein Anruch von Aushöhlung des Grundgesetzes und der Menschenrechte, der Duft von "freiwilligen Zwangsimpfungen" in Orwells "1984", versetzt in die Gegenwart: "Big brother is watching you" mutiert beinahe unauffällig zu „Jens Spahn is tracking you" (11). Und wie weit entfernt sind wir tatsächlich noch von „Bill Gates of chipping you" (12)?

Ob es Gates wirklich dabei hilft, den Informationskrieg gegen Kennedy zu gewinnen, wenn Reuters einen „Faktencheck" (13) veröffentlicht, der ihn - mit viel Rhetorik und wenig überzeugenden Argumenten - zum moralischen Sieger erklärt? Ach ja: Zufällig spendete die Bill- und Melinda-Gates-Stiftung auch an die Thomson Reuters Stiftung (14). Zufälle gibt's...

1 https://www.instagram.com/robertfkennedyjr/?hl=de
2 https://news.mit.edu/2019/storing-vaccine-history-skin-1218

3https://www.youtube.com/watch?v=vhXHzCZC11M
4https://www.factcheck.org/2020/04/conspiracy-theory-misinterprets-goals-of-gates-foundation/
5https://www.spiegel.de/wirtschaft/corona-stiftung-von-melinda-und-bill-gates-spendet-150-millionen-dollar-a-e89886d8-a012-4196-81d2-3e608acacb14
6https://www.spiegel.de/gesundheit/diagnose/bill-gates-im-interview-ich-habe-trump-erklaert-wie-grossartig-impfstoffe-sind-a-1135622.html
7https://www.tagesschau.de/multimedia/video/video-687765.html
8https://www.fr.de/politik/coronavirus-sars-cov-2-daenemark-notfalls-militaer-13598503.html
9https://www.sueddeutsche.de/politik/coronavirus-immunitaetsausweis-regierung-1.4892945
10https://www.welt.de/politik/deutschland/article207666457/Coronavirus-Ex-Verfassungsrichter-Papier-sieht-Freiheitsrechte-in-Gefahr.html
11https://www.merkur.de/politik/coronavirus-app-jens-spahn-rki-handy-pflicht-ueberwachung-daten-pepp-pt-deutschland-zr-13635397.html
12https://nypost.com/2020/04/13/roger-stone-bill-gates-may-have-created-coronavirus-to-microchip-people/
13https://www.reuters.com/article/uk-factcheck-coronavirus-bill-gates-micr/false-claim-bill-gates-planning-to-use-microchip-implants-to-fight-coronavirus-idUSKBN21I3ECReuters
14https://www.trust.org/media-development/programmes/?sfid=a153z00001Bidr1AAB&areaOfFocus=Economic%20and%20Social%20Development

17. Mai 2020

5. Höchst brisant: Traumata durch Corona – Ohnmacht, Zwang, Entrechtung, Entmenschlichung, Zukunfts- und Existenzangst

Gedanken aus Kinderseelensicht

Was derzeit Kinder verschiedener Altersklassen durch Corona und besonders auch die Coronamaßnahmen erleben müssen, wird sie ihr ganzes Leben lang begleiten. Ich rede jetzt nicht von der zunehmend körperlichen Gewalt, denen Kinder in einigen Familien leider ausgesetzt (und derzeit noch hilfloser als sonst ausgeliefert) sind. Auch diese Zustände sind natürlich nicht hinzunehmen; sie stehen aber auf einem anderen Blatt, denn ich widme mich heute anderen Überlegungen.

Kinder erleben, dass sie monatelang geliebte Großeltern nicht sehen dürfen, weil diese vor ihnen geschützt werden müssen. Dieser Beziehungsabbruch und Liebesentzug ist durch noch so viele Videokonferenzen, Telefonate, Briefe und Päckchen kaum zu kompensieren. Nicht, aber auch gar nichts auf dieser Welt ersetzt den liebevollen Blick, die unendliche Geduld und die zärtliche Umarmung von Großeltern, die ihre kostbare Lebenszeit am allerliebsten den Kindern widmen. Dieser wundervolle und für alle lebenssinnstiftende Kontakt findet derzeit flächendeckend nicht statt, wird vielfach unterbunden. Nicht zuletzt durch das denunziatorisch begabte Lebensumfeld, in welchem Nachbarn plötzlich ihr Talent zur Observation und Überwachung der Einhaltung der Landesvorschriften zu Corona entdecken.

Die Kinder erleben, dass entweder die Großeltern sich vor ihnen fürchten müssen, weil sie unter Vorerkrankungen leiden und erleben sich als vermeintlich lebensgefährliche Virenschleudern, vor denen man sich in Acht nehmen muss. Es ist davon auszugehen, dass vor allem kleine Kinder mit dieser 180 Grad Wende von unendlicher Liebe und grenzenloser Zuneigung hin zu Angst und totaler Ablehnung nur schwer zurechtkommen. Das Ergebnis ist ein Trauma, welches sich in die Kinderseelen frisst, sie lebenslang begleitet und aller Erfahrung nach auch ihre Bindungsfähigkeit beeinflussen wird. Und: Was geht in heißgeliebten Enkelkindern vor, deren Großeltern dieser Tage nach monatelanger erzwungener Einsamkeit sterben?

Aber dieser Bindungsverlust und die Übernahme eines politisch zugeschriebenen Selbstverständnisses – plötzlich gelten sie als vermeintlich todbringende Virenschleudern – ist ja nicht der einzige, der derzeit von den Kindern ausgehalten werden muss. Auch andere Kontakte sind betroffen; genannt seien zum Beispiel geschiedene und getrenntlebende Eltern, die Corona-bedingte Schwierigkeiten haben, ihr gemeinsames Sorgerecht zu leben. Praktisch jede Familie ist von den sozialen Pandemiefolgen tangiert – wie auch Freunde, Lehrer oder Bezugserzieher. Erlebt wird der Zustand als Vereinzelung total, als traumatisches Abtrennen von fast allen gewachsen Strukturen, in denen Kinder aufwachsen.

Aber auch das Verhältnis zu Umwelt und Umgebung hat sich von Grund auf geändert. Das Urvertrauen in die Sicherheit und in die eigene Unversehrtheit in der Gesellschaft ist vom Aussterben bedroht. Bis Corona und den Coronamaßnahmen wurden Kontakte mit anderen Personen und dem Lebensumfeld wohl zumeist als sicher, lustvoll, sinnstiftend und bereichernd von den Kindern wahrgenommen. Die Welt da draußen war etwas, worin man sich wohlfühlen durfte, war:

regenbogenfarben, vielfältig, warm, weich und flauschelig – und doch bedroht. Wir die Menschen empfanden uns als allwissend und allmächtig, hatten alles im Griff und schickten uns sogar an, alle Eisbären dieser Welt und das Klima zu retten, Naturkatastrophen zu verhindern.

Doch plötzlich ist die Welt da draußen verseucht und lebensgefährlich. Ruchbarer Angstschweiß, Überlebensängste und Zwangsmaßnahmen wie Dauerhausarrest, ständiges Händewaschen, Um-Gottes-Willen-Abstandhalten und Mundschutztragen – das sind die neuen Alltagserfahrungen, und sie verdrängen Urvertrauen und Sicherheit. Jeder da draußen ist mit einem Mal zuerst kein Mensch mehr, sondern ein potenziell todbringender Fremdkontakt. Alle haben Angst.

Und gerade Kinder als empathisch begabte Menschen empfinden diese allgegenwärtige Angst ganz extrem – und leiden darunter. Es ist nicht auszuschließen, dass sie vielleicht für sich und ihr gesamtes weiteres Leben diese Angst übernehmen.

Sprechen wir noch über die Entmenschlichung, welche die Kinder miterleben müssen. Gesichter von Menschen verschwinden großenteils hinter Masken, die zwar faktisch-gesundheitlich fast nichts bringen, aber dennoch überall Pflicht sind. Nur noch die Augen sind sichtbar. Anonymität macht sich breit. Die Gesichter hinter den Masken werden zu einer konformen austauschbaren Masse, mit denen man keinerlei Beziehung eingehen kann, die Maske steht wie ein Bollwerk zwischen jedem Lächeln und jeder individuellen Mimik. So wird jeder persönlichere Kontakt, gerade für Kinder, die noch nicht sprechen können, im Keim erstickt. Mimik lesen und erlernen findet nicht mehr statt.

Was machen Vereinzelung, Zwang, Angst, totale Kontrolle, Ohnmacht, Verlust des Urvertrauens langfristig mit unseren Kindern? Was sind die mittelbaren, was die langfristigen Folgen für unsere Gesellschaft? Diese Fragen werden uns noch lange begleiten. Vermutlich werden viele Eltern und Kinder die Möglichkeit einer Impfung als Garant für die herbeigesehnte Normalisierung in ihrem bisschen Leben herbeisehnen. Und womöglich werden sie sogar einigermaßen bereitwillig das erhöhte Risiko einer Impfung mit einem Impfmittel, dass im Schnellverfahren entwickelt wurde, für sich und ihre Kinder eingehen.

Vermutlich werden sich unsere Kinder sehr schnell an das neue „Normale" gewöhnen, wenn wir sie lassen. Und in spätestens zwei Generationen weiß niemand mehr, wie wir gelebt haben in Familien, menschlichen Beziehungen, Urvertrauen, Liebe, Respekt, Sicherheit, Einigkeit, Recht und in Freiheit. Der gesellschaftliche Teil der großen Transformation wird also in der Fläche angekommen sein, nach zwei Generationen in unsere DNA gepresst, als Erbinformation begleitet von staatlicher Erziehung vom zarten Säuglingsalter an.

Wenn wir es zulassen, versteht sich. Und wir werden in einer Gesellschaft angekommen sein, die von Kulturmarxisten herbeigesehnt wird: global, marxistisch, gleichgeschaltet in kollektiver kognitiver Dissonanz. Benjamin Kaiser schreibt so trefflich in seinem Buch „Kulturmarxismus" (ab Seite 136 ff., und ich zitiere nachfolgend die gesamte Passage, weil sie sehr aussagekräftig ist):

„Gibt es in einem Biotop Adler, Bussarde, Mäuse, Hirschkäfer, Weinbergschnecken und Rehe, dann spricht man von Artenvielfalt. Existiert aber in einer Gesellschaft nur noch ein Typus Mensch, dann spricht man keineswegs mehr von Vielfalt, sondern von Gleichschaltung. Der neue ‚Gendermensch' ist bei weitem nicht so vielfältig, wie das die Massenmedien propagieren, sondern uniform, geschlechtslos, familienlos, kinderlos, eine Nummer in der globalen Wegwerfgesellschaft, ein Leistungsroboter und Konsument. Seine Sexualität ist keine Teilhabe am Wunder der Schöpfung mehr, sondern Ausdruck der Konsumorientierung und totaler auf allen Ebenen betriebener Umerziehung.

Diese Gleichschaltung wurzelt in der Auflösung der ‚traditionellen' Familie. Indem im Kulturmarxismus die Kinder dazu angeleitet werden, 'nicht normal' zu sein und den familiären Zusammenhalt abzulehnen, entsteht eine atomisierte Gesellschaft, in der weder die Kinder für ihre Eltern, noch Eltern für Ihre Kinder Verantwortung übernehmen. Somit reißt im Kulturmarxismus der Staat immer mehr Verantwortung an sich, die einstmals Aufgabe der Familie war. Das betrifft die zunehmende Anzahl an Rentnern, die in Altersheimen verschwinden. Denn für die Erwerbstätigen besteht wirtschaftlich kein Spielraum mehr, sich um gebrechliche Eltern zu kümmern. Das betrifft aber auch die propagierte Ganztagsbetreuung für Kinder, mit der gezielt der Zusammenhalt in den Familien unterminiert wird.

So pendelt die berufstätige, geschlechtsneutrale Masse zwischen den Polen Arbeit und Konsum, ohne Kinder und festen Ehepartner, nicht mehr fähig, sich um den eigenen Nachwuchs oder die Pflegebedürftigen Eltern zu kümmern. […] Dies ist die Stunde des neuen, kulturmarxistischen Staates, mit seinen Altenverwahranstalten und Sterbehilfeangeboten. Mit dem Verlust des familiären Zusammenhalts entsteht Schritt für Schritt die sogenannte Effizienzgesellschaft, mit der dem Staat und den dahinterstehenden Lobbygruppen immer mehr Spielraum gegeben wird, das Privatleben des Einzelnen zu regulieren und über ihn zu verfügen. [...]

Der Staat wird zu einer Art Familienersatz, indem er den menschlichen Selbsterhaltungstrieb untergräbt, die Autonomie des Menschen schwächt und eine Umverteilungsmaschinerie erschafft, die den einzelnen so sehr zur Kasse bittet, dass immer mehr Menschen zu Leistungsempfängern werden. Ergebnis ist die zunehmende Zerstörung nicht nur der individuellen Freiheit, sondern vor allem der vorstaatlichen Solidarsysteme: allen voran der Familie.

Das hat enorme Auswirkungen auf den Rechtsstaat. Es gibt im Wesentlichen zwei Gründe, weswegen der ‚lange Marsch durch die Institutionen‘ dabei ist, den westlichen liberalen Rechtsstaat in sein Gegenteil zu verwandeln. Der erste Grund ist die Aufhebung der Familie als soziales Sicherungsnetz und der zweite die Umformung des Staates in eine Art weiche Gesinnungsdiktatur nach den Prinzipien der politischen Korrektheit. Dem ehemals preußischen Ideal, der Staat habe sich neutral zu verhalten, die religiöse und weltanschauliche Freiheit der Bürger sicherzustellen und sich ansonsten aus ihrem Privatleben herauszuhalten, steht das kulturmarxistische Heilsdenken entgegen. Wird in einem Staat Gender Mainstreaming und ‚Multikulti‘ zur Doktrin, dann verliert dieser Staat seine weltanschauliche Neutralität und die Bürger ihre Freiheit. Aus einem Rechtsstaat wurde so ein Gesinnungsstaat, in dem nur noch derjenige unbehelligt nach seiner Façon leben darf, der die offiziell genehmigte, durch die Massenmedien abgesegnete Gesinnung teilt. Wer anderer Anschauung ist, darf sich der gesellschaftlichen Stigmatisierung, Ausgrenzung und zunehmenden staatlichen Abstrafung sicher sein.“ (1)

Nun ist es jedoch so, dass die vorliegende

Coronamaßnahmenkrise als Staatskrise in Bezug auf die gesellschaftlichen Strukturen vor allem eines gezeigt hat: Der Staat wird niemals die traditionelle Familie ersetzen können. Denn im Gegensatz zu den staatlichen Verwahranstalten für Jung und Alt ist die traditionelle Familie „Pandemiekrisensicher". Niemand handelt für seine Familie verantwortungsvoller als die Familie selbst. Gelebt und überlebt wird, wie in Urzeiten, zusammen. Und damit wird das Überleben des Staatsvolkes gesichert.

Das Scheitern des kulturmarxistischen Gesellschaftsideals ist derzeit allzu offensichtlich und in der breiten Gesellschaft spürbar. Umso mehr spricht Bände, wer in der Regierungsbefragung, zu welcher Frau Merkel höchstselbst zur Verfügung stand, die aufgeregte Frage zur Retraditionalisierung von Familien stellte. Die Angst der Akteurin vor dem Scheitern der marxistischen Gesellschaftsklempnerei ist spürbar. Aufschlussreich und noch interessanter ist in diesem Zusammenhang die Antwort von Angela Merkel (2) auf eine Anfrage von Ulle Schauws von „Bündnis 90 / Die Grünen", mit der sich die Kanzlerin nochmals deutlich weiter von den einstigen Werten der CDU entfernt: Auch sie möchte der Retraditionalisierung entgegenwirken.

Schauws Anfrage lautete:

„Sehr geehrter Herr Präsident! Liebe Frau Bundeskanzlerin, wie bewerten Sie die aktuellen Auswirkungen der Coronakrise auf die Gleichberechtigung? Erste wissenschaftliche Erkenntnisse deuten darauf hin, dass ein großer Teil der Frauen, insbesondere der Mütter, von einer andauernden Mehrfachbelastung aufgrund von Homeschooling und Kinderbetreuung, oft eben neben ihrer eigentlichen Berufstätigkeit, betroffen ist, und in den sozialen Medien schildern sehr viele Frauen ihre Betroffenheit. Nicht sehr wenige sind auch wütend, dass da aus ihrer Sicht zu wenig gemacht wird; denn sie wollen auch nicht ins Privatleben zurückgedrängt werden, sie wollen keine Retraditionalisierung. Deswegen frage ich Sie: Was wollen Sie als Chefin der Bundesregierung konkret gegen den Rückfall in eine traditionelle Rollenverteilung tun?"

„Ich muss Ihnen sagen: Ich bin in diesen Tagen und Wochen wirklich noch mal sehr daran erinnert worden, dass wir eigentlich noch gar nicht so lange einen Rechtsanspruch auf einen Kitaplatz haben und dass das doch eine ganz, ganz wichtige Sache und glücklicherweise auch eine sehr, sehr gut angenommene Sache ist. Ich werde mich mit aller Kraft dafür einsetzen, dass wir nicht etwa eine Retraditionalisierung bekommen, sondern dass der Weg der gleichen Chancen für Männer und Frauen weiterführt. Es gibt im Übrigen auch viele Väter, die sich jetzt mit dem Homeschooling beschäftigt haben; es sind nicht nur Mütter. Aber ich stimme Ihnen darin zu, dass dann, wenn man die Summe der Stunden nimmt, wahrscheinlich die Mütter in sehr viel stärkerem Maße belastet sind. Mich spornt das an, noch mehr zu tun. Wir haben uns ja vorgenommen, als Koalition auch etwas für einen Rechtsanspruch auf Betreuung im Grundschulalter zu tun. Alle diese Dinge müssen fortgesetzt werden. Wir sind auch sehr froh, dass sich jetzt glücklicherweise die Notbetreuung durch die Öffnung der Kitas fortentwickeln kann und dass hoffentlich dann die Ausübung von Berufstätigkeit für Männer und Frauen wieder besser möglich wird. Wir werden das natürlich sehr genau beobachten."

Selten lag es deutlicher auf der Hand als in diesen Zeiten: Wir werden von bekennenden Kulturmarxisten regiert. Zum Wohle unserer Kinder und allen künftigen Generationen sollten wir es allerdings nicht zulassen, dass dieser mittlerweile in Regierung und weiten Teilen der Opposition verankerte Kulturmarxismus uns jeder Menschlichkeit beraubt. Wir brauchen nicht mehr übergriffigen Staat, sondern weniger. Um unser Menschsein Willen brauchen wir Familien, wertvolle menschliche Beziehungen, Urvertrauen, Liebe, Respekt, Sicherheit, Einigkeit, Recht und in Freiheit nicht zwingend Ganztagsbetreuung von Geburt an und somit die Hoheit über den Kinderbetten, wie Olaf Scholz das einmal öffentlich erträumte, als er im Deutschlandfunk-Interview vom 03.11.2002 äußerte: „Wir wollen die Lufthoheit über den Kinderbetten erobern."

Und: Wir brauchen ganz sicher keine weitere Diktatur auf deutschem Boden. Auch keine wohlmeinende, politisch korrekt kulturmarxistische oder grünsozialistische.

1https://seuse-verlag.de/produkt/benjamin-kaiser-kulturmarxismus/
2https://www.bundeskanzlerin.de/bkin-de/aktuelles/regierungsbefragung-kanzlerin-1752666

31. Mai 2020

6. Höchst brisant: „Verschwörungstheorien" und allgegenwärtige Staatspropaganda

"Der große Austausch ist eine Verschwörungstheorie" oder: „Niemand hat die Absicht, das deutsche Volk verschwinden zu lassen"

Die zwangsgebührenfinanzierten Staatspropagandamedien geben wirklich alles, um die Diskussion über den gesellschaftlichen Umbau Deutschlands im Keim zu ersticken. Ein gutes Beispiel dafür liefert das NDR-Magazin „Panorama" (1) mit seinem Beitrag über die angebliche Verschwörungstheorie vom „großen Austausch."
Kritische Fragen zu einer für jedermann offen sichtbaren Bevölkerungsveränderung zu stellen, gilt bereits als paranoide Hetze. So genannte „Faktenblätter", wie etwa das „Fact Sheet" (2) des Jenaer „Instituts für Demokratie und Zivilgesellschaft" erschlagen jeden mit der Rassismuskeule, der äußert, was er in seiner Heimatstadt wahrnimmt – und sei es mittlerweile auch in Klein- oder Mittelzentren im ländlichen Raum; von Großstädten einmal ganz zu schweigen. Bezüglich des gedanklichen Domptierens setzt man für die herkunftsdeutschen Bewohner von Großstädten auf den schleichenden Gewöhnungseffekt. Und das schon seit Jahrzehnten. Menschen, die in den Neunzigern geboren wurden, können sich gar nicht mehr daran erinnern, wie denn deutsche Großstadtmarktplätze früher ausgesehen haben. Dasselbe gilt für deutsche Fußgängerzonen, Bahnhöfe und Innenstädte.

Und damit man über diese Entwicklung auch ja nicht einmal

mehr nachdenkt oder nur philosophiert, geschweige denn wagt sie zu bewerten, bekommen diese Beobachtungen, die sich übrigens ganz emotionslos in den Tabellen des Statistischen Bundesamtes (Destasis) unter „Bevölkerungsentwicklung" dokumentiert wiederfinden, das Etikett „Verschwörungstheorien" und „Neorassismus" verpasst.

Aber das ist natürlich noch nicht alles. Menschen, die über diese Veränderung Deutschlands kritisch nachdenken, sich entsprechend äußern oder dazu schreiben, sind inzwischen mögliche Verfassungsfeinde und gehören unter dem zum Regierungsschutz mutierten Verfassungsschutz Haldenwangs dringend beobachtet.

Wer sich also gedanklich mit den faktischen statistischen Feststellungen von deStatis beschäftigt und es wagt, die Zahlen zu interpretieren und dies also auch noch wahrnehmbar mit den beobachtbaren Zuständen deutscher Alltäglichkeit in Verbindung bringt, ist mutmaßlich ein böser Rechter, ein Verschwörungstheoretiker, ein (Neo-)Rassist und ein potenzieller Verfassungsfeind, der dringlich von der Haldenwangtruppe beobachtet und somit ultimativ stigmatisiert gehört.

Fassen wir das bisherige zusammen: Beobachtungen und Fakten sind plötzlich rassistisch und verschwörungstheoretisch.

Aber das ist noch nicht alles. Je wahrnehmbarer sich die Realität um uns herum verändert, desto mehr Menschen werden mit dieser Veränderung in ihrem Nahbereich konfrontiert – und somit natürlich akut „gefährdet", diese zu benennen, und zwar trotz des bereits mehrdimensionalen Maulkorbs. Also braucht es zur Zementierung der offiziell verkündeten „Wahrheit" umso mehr Akteure sind Vollzeit, die ganzheitlich und mit

Steuergeldern schwer aufmunitioniert an der Aufspürung und Bekämpfung der zunehmenden „Rassisten" und „Verschwörungstheoretiker" arbeiten. Hierbei sei vor allem das „breite Bündnis" zwischen der Bundesregierung, dem parlamentarischen Parteienspektrum außer der Alternative für Deutschland, den gesellschaftsklempnerisch im Sinne der neuen Weltordnung tätigen NGOs und Stiftungen, den sonstigen Parteivorfeldorganisationen, parteinahen Stiftungen und den Gewerkschaften dringend erwähnt. Schon die berüchtigte Achse Bundespräsident Steinmeier, #wirsindmehr und Feine Sahne Fischfilet spielte hierbei eine herausragende Rolle.

Die „Vierte Gewalt" im Staat, die Presse, sowie etwa die Amadeo-Antonio-Stiftung gehen sogar soweit, „Verschwörungstheoretiker" generell als potenziell stets gewaltbereite Mörder aus rassistischen Motiven zu stigmatisieren (3). All jene, die die objektiv von Destatis ermittelte Bevölkerungsentwicklung in Worte fassen und dazu sagen, dass sie das nicht gut finden, sind also potenzielle Mörder? Ernsthaft?

Hier gilt derzeit die einfache Gleichung: Je deutlicher sich die Realität in unserer Gesellschaft abbildet, desto mehr muss in den sogenannten Kampf gegen Rechts investiert werden, welcher längst ein Kampf gegen die Benennung der Realität geworden ist. Dazu werden Geschütze auf vielen Ebenen in Stellung gebracht.

Lassen Sie mich mehrere einfache Beispiele benennen: Hans-Georg Maaßen wurde 2018 als Verfassungsschutzchef ersetzt (4), nachdem er die Einhaltung seines geleisteten Amtseids über die Wahrung der bundesregierungsamtlichen Wahrheitsinteressen gestellt hatte.

Die Regierung bewilligt 115 Millionen für das Vorzeigeprojekt „Demokratie leben" (5), welches sich beinahe ausnahmslos Projekten mit dem Ziel des Kampfes gegen Rechts widmet. Mehr noch: Sie erwägt sogar ein „Demokratieförderungsgesetz" (6), welches in die gleiche Richtung zielt. Auf europäischer Ebene möchte ein bisher noch viel zu wenig beachtetes Europäisches Rahmenstatut (7) zur Förderung der Toleranz von 2009 die Kritik an ideologisch sakrosankten Kühen gleich vollumfänglich „eliminieren": Darin ist in Sektion 2e vorgesehen, dass die EU „konkrete Maßnahmen" ergreifen solle, um „Rassismus, Vorurteile nach Hautfarbe, ethnische Diskriminierung, religiöse Intoleranz, totalitäre Ideologien, Xenophobie, Antisemitismus, Homophobie und Anti-Feminismus zu eliminieren".

Einmal ganz abgesehen davon, dass der letztgenannte dieser Begriffe, „Anti-Feminismus", kein genetisch oder kulturell determiniertes Gruppenmerkmal ist, sondern eine politisch-ideologische Kampfkeule: Wenn die Verfasser des Papiers gewollt hätten, dass nicht die Kritik am Feminismus, sondern die Kritik an Frauen als Gruppe „eliminiert" werden soll, dann hätte der Begriff „Misogynie" verwenden werden müssen.
Die EU wünscht also eine „Eliminierung" von Kritik und Deutschland macht sich auf allen Ebenen, im trauten Gleichschritt, mit dem gerne zitierten „breiten gesellschaftlichen Bündnis" auf den Weg im Kampf gegen Andersdenkende und Kritiker – selbst wenn dieses Ansinnen vom Grunde her möglicherweise mit dem Grundgesetz kollidiert. Dabei wird den unbedarften Bürgern suggeriert, dass die Meinung dieses Bündnisses die Mehrheitsmeinung sei. Tatsächlich sind viele der Dauergäste auf #wirsindmehr-Demonstrationen entweder abhängig oder ehrenamtlich Beschäftigte bei den jeweils namentlich erwähnten Akteuren, Stiftungen und Organisationen. Diese gehorchen somit bewusst oder unbewusst

dem urzeitlichen Quasi-Naturgesetz „Wes Brot ich ess, des Lied ich sing."

Dies lässt sich zum Beispiel trefflich in Speyer beobachten, wo bei solchen Aktionen immer auch große Teile der Stadtverwaltung inklusive Bürgermeisterin und Oberbürgermeisterin als amtliche „Erzwinger" dieses Eindrucks der scheinbaren Mehrheitsmeinung mitlaufen. Im Speyrer Stadtrat wurde – ganz im Geiste dieses Gedankens und ohne etwaige Haltungsprobleme in Bezug auf etwaige Kollisionen mit dem Grundgesetz – allen Mandatsträgern eine Agenda aufgezwungen, nach der „grundgesetzwidrige" politische Anschauungen diskriminiert werden dürfen – was üblicherweise darin gipfelt, dass alle unbequemen Äußerungen als „Hass" und „Hetze" gebrandmarkt werden.

Aber springen wir wieder auf die höchste staatliche Ebene, die wie selbstverständlich die Gesinnungsdiktatur nach Kräften stützt. Nach der Logik: „Ein Volk, das es nicht gibt, kann auch nicht ausgetauscht werden." Frau Merkel unterstützt diesen Gedanken subtil, indem sie grundsätzlich von der „deutschen Bevölkerung" statt dem „deutschen Volk" spricht. Aus indigenen Deutschen wird dabei auch ganz schnell mal „die, die schon länger hier leben" – eines ihrer berüchtigtsten Zitate. Dabei gilt es bei Frau Merkel immer gut zuzuhören, denn sie sagt in ihren Reden häufig ganz beiläufig, was geschehen wird. Und beschreibt damit exakt das, was unter dem Wort von „großen Austausch" vielfach subsumiert wird: „In vielen deutschen Großstädten werden in den nächsten Jahren mehr Kinder mit Migrationshintergrund eingeschult als Kinder, die aus deutschsprachigen oder deutschstämmigen Familien stammen." Beide zitierten Merkel-Sätze stammen übrigens aus der gleichen Rede (8).

Auch Herr Maas unterstützt diese schleichende Verleugnung des deutschen Volkes, indem er von seinem Ministerium neuerdings den Begriff „deutsches Volk" in Twitterbeiträgen in Anführungszeichen setzen lässt (9). Seit 2018 ist dieser Mann deutscher Außenminister. Zuvor fiel er als Justizminister durch seine Zensur-Ambitionen des Internets auf. Maas gilt als politischer Hardliner. Er ist glühender Verfechter der Zuwanderung. Die Kritik an der Flüchtlingskrise 2015 bezeichnete er als „irrationale Angst".

Auch die Einstellungen unseres Bundespräsidenten zur deutschen Sprache (10) und zu Deutschland insgesamt (11) sind in diese Kategorie der Selbstverleugnung einzureihen. „Eine spezifisch deutsche Kultur ist, jenseits der Sprache, schlicht nicht zu identifizieren.", trompetete 2017 die damalige Integrationsbeauftragte Aydan Özoguz (12). Inzwischen ist diese Überzeugung in den höchsten Ebenen der Politik fest verwurzelt.

Und diese „vorbildliche", in Teilen schlichtweg antidemokratische „Haltung" gegen die eigene Herkunft lernen unsere Jüngsten bereits in der Kita und in den Schulen von der Pike auf – stets voller „Courage" gegen „Rassismus".

Um die Bevölkerung nicht durch allzu deutliche Zahlen zu dem sich immer drastischer verschiebenden Verhältnis von Deutschen zu Ausländern zu verunsichern – etwa in den Statistiken zu Schul- und Ausbildungsabbrechern, Hartz-IV-Empfängern oder vor allem zur Kriminalität -, muss dann eben dringend die deutsche Staatsbürgerschaft breiter gestreut werden. So stimmt dann das propagierte warme, weiche, flauschelige Weltbild wieder – wenn der vermeintliche Nachweis erbracht werden kann, dass die Folgen einer Problemmigration auch oder sogar überwiegend „Deutsche" betreffen. Frei nach dem Motto: „Was wollen Sie denn, sind doch alles Deutsche!? Das ist ein typisch deutsches Problem!"

Ganz in diesem Sinne wurde auch juristisch ein Wandel vollzogen (13): Früher war man Deutscher per Abstammung. Seit dem rot-grünen Einwanderungsgesetz von 2000, samt doppelter Staatsbürgerschaft und Ergänzung des „ius sanguinis", dem Abstammungsprinzip, auf das „ius soli", das Geburtsortprinzip, gelten völlig neue Spielregeln. Automatisch werden etwa die Kinder von Ausländern, aber auch Flüchtlingen oder nur temporär Schutzsuchenden zu „Deutschen", sofern die Eltern eine dreijährige Duldungsgenehmigung besitzen oder seit acht Jahren rechtmäßig hier gelebt haben. Angesichts der hohen Geburtenraten gerade bei diesen emigrationsstämmigen Bevölkerungsgruppen entsteht so eine sich selbst beschleunigende Dynamik.

Doch selbst dieses reformierte Staatsbürgerschaftsrecht geht manchen noch nicht weit genug. Vergangene Woche wurde ein erneuter Auswalzungsversuch seitens der Grünen unternommen (14), der die deutsche Staatsbürgerschaft möglichst vielen, die in Deutschland leben, zuteilwerden lassen will – natürlich mit der Vorstellung, dass jeder, der hier lebt, dringend daran beteiligt werden muss, täglich unser Zusammenleben „neu auszuhandeln".

Bestimmte Dinge finden auch einfach nicht statt, werden platt verleugnet. Wie zum Beispiel die Islamisierung. Von einer solchen darf selbst dann nicht gesprochen werden, wenn in Deutschland der beliebteste Vorname für männliche Neugeborene mittlerweile Mohammed lautet (in seinen vielen Schreibweisen); wenn die Moscheen wie Pilze aus dem Boden schießen; wenn die Anzahl der vom Verfassungsschutz beobachteten islamistischen Gefährder sprunghaft ansteigt; oder wenn sich – aus kulturell sensibler Rücksichtnahme -unser Leben und unsere Kultur und unsere Gewohnheiten immer mehr, bis fast zur Unkenntlichkeit verändern. Andererseits versteigen sich dann bezeichnenderweise genau die, die eine Islamisierung leugnen, immer häufiger und prägnanter zu dem Urteil „Der Islam gehört zu Deutschland" – was ja nichts anderes als eine positive Verstetigung der geleugneten Tatsache ist und daher fast zum Schmunzeln rührt.

Und während all diese vielen Bemühung auf allen Ebenen laufen, Kritiker der Zuwanderungspolitik der europäischen Staaten und Islamkritiker, als Verschwörungstheoretiker und (Neo-) Rassisten zu brandmarken, totzuschweigen, mundtot zu machen, mit der Verfassungsschutzkeule zu bearbeiten, wegen angeblichem Hass und angeblicher Hetze vor Gericht zu zerren, läuft die ungezügelte Einwanderung von überwiegend jungen Männern aus islamischen Kontexten nach Europa ungebremst weiter.

Während die härtesten Utopisten unsere Sprache und damit unser Denken mit dem Mehltau der politischen Korrektheit überziehen, unsere Sprache infantilisieren, Begriffe und Ideen ganz im Sinne von linkspädagogischen Argumentationsmustern durch halbwahre Floskel, wohlfeile Phrasen und Kampfbegriffe ersetzen, damit die Realität nicht mehr beschrieben werden kann, ohne linksgrüne Hassreflexe auszulösen, setzt sich die Überwältigung unserer eigenen Kultur durch fremde Kulturen ungehindert fort.

All dies geschieht, während die Realität sprachlich, in Bildern und durch „betreutes Denken" gegen eine machtpolitisch dienliche, ultimative Wahrheit ersetzt wird und diese dem Regierungshandeln zu Willen gemacht wird. Und diese „Wahrheit" wird aus allen Rohren von den zwangsgebührenfinanzierten Propagandamedien und den steuergeldsubventionierten, klassischen, regierungstreu berichtenden Printmedien auf den gesunden Menschenverstand abgefeuert. Dieser Verstand aber wehrt sich zunehmend, weil veröffentlichte Wahrheit von den Alltagserfahrungen und persönlichen Wahrnehmungen der Menschen immer stärker abweicht.

Und in dem Maße, wie ideologische Lügen Menschen zu Widerspruch animieren, wird eine immer größere Kontrolle über die mündige Wahrheitsfindung der Bürger angestrebt und etabliert. Die Bürger bekommen immer deutlicher einen immer engeren Gedankenkorridor vorgesetzt, innerhalb dessen sie zu denken und zu agieren haben. Alles getreu dem stalinistisch anmutenden Motto: „Gedanken sind mächtiger als Waffen; wir erlauben den Bürgern nicht, Waffen zu führen – warum sollten wir es ihnen erlauben, selbstständig zu denken?".

Man hätte hoffen können, dass die Coronakrise hier ein Innehalten bewirkte – denn die Pandemie warf die europäischen Staaten in vielen Belangen stark in ihre nationalen Grenzen zurück. War die Coronamaßnahmenkrise also eine Art Zäsur, die ein europaweites Umdenken und die Rückbesinnung auf „das eigene zuerst", bewirkte? Pustekuchen.

Die Einwanderung mittels Migrations- und Flüchtlingspakt sowie die ungebremste Einreise über den deutschen Asylparagraphen liefen und laufen ungebremst weiter – auch mit Corona. Trotz offiziell temporär geschlossener Grenzen, trotz der immensen gesellschaftlichen und vor allem auch finanziellen Belastungen, die die Coronamaßnahmenkrise für die europäischen Länder mit sich brachten, läuft die Zuwanderung in die ideologisch sturmreif geschossene „Festung Europa" ungezügelt weiter. Als könnte sich der Wechsel der gesellschaftlichen Zusammensetzung und damit auch der Ausrichtung der Wertegemeinschaft gar nicht schnell genug vollziehen.

Was de facto stattfindet, ist in den Augen von Thor Kunkel dennoch keine „Umvolkung". Fast schon zynisch schreibt er in Kapitel 4 („Das „Große Experiment" der Regierung, dass selbst hart gesottene Utopisten sprachlos macht") des „Wörterbuchs der Lügenpresse" (15):

„Nicht, weil es von den Nazis als Synonym für die geplante Germanisierung der Ostgebiete gebraucht wurde, sondern weil es dem realen Vorgang nicht entspricht. Einen echten Austausch hat die Regierung nicht vor – Gott bewahre. Wer soll denn auch das Geld erwirtschaften, das die Dauergäste brauchen, um ihre Familien zu unterhalten? Der geduldige ‚Aleman', dieser Esel des Hauses, wird also noch lange gebraucht. Welches Synonym bietet sich also an? Sehen wir also einmal genau hin. Was die Regierung de facto eingeleitet hat, ist die ‚Kreolisierung' eines europäischen Kulturvolks und die Zwangsvermischung mit importierten Menschenmassen. Die bekannten Schutzbehauptungen (‚Fachkräftemangel': Fachkräfte werden eines Tages unsere Renten bezahlen', ‚Klimaflüchtlinge') gelten als widerlegt, doch fehlt es an einem treffenden Begriff für das gegen den Willen der Deutschen eingeleitete Schmelztiegelexperiment."

Bleibt also noch die Frage nach dem Warum. Wer weiß das schon? Ist doch eh alles reine Verschwörungstheorie…

Abschließend möchte ich in diesem Zusammenhang noch Renaud Camus (16) zitieren, einen staatlich designierten „Verschwörungstheoretiker", der sagt: „Das Wesentliche für die wenigen Reichen, die über bald 8 Milliarden Menschen über alle

Länder hinweg herrschen, ist, [...] dass der Genozid durch Substitution weitergeht, und zwar egal was passiert und koste es, was es wolle. Dass die Zerstörung der Europäer Europas weder in Frage gestellt noch verlangsamt werde. Es steht außer Frage, in dieser Angelegenheit zu sparen. Macht ja nichts: Um die kolossalen Verluste wettzumachen, die durch Pandemie und Vereinzelungsmaßnahmen entstanden sind, erhebt man eben neue Steuern. Am liebsten europäische." Aus Camus' Sicht ist es wichtig, dass an der Zuwanderungspolitik, an Migration-, Asyl- und Flüchtlingsindustrie nicht gespart wird, denn diese verfolgen seiner Meinung nach alle das Ziel, „den weißen Mann und die abendländische Zivilisation durch eine weniger kostspielige, jüngere Menschensorte zu ersetzen, die sich schneller fortpflanzt und somit schneller neue Konsumenten nachliefert."

Unvorstellbar, was der Mann da sagt. Oder etwa nicht? Es lohnt sich, das komplette Interview mit ihm (17) zu lesen. Renaud Camus ist ein französischer Schriftsteller, Philosoph und Politiker. Gebrandmarkt wird er als rechts, rechtsextrem, als Verschwörungstheoretiker. Wahrscheinlich wäre er in Deutschland ein interessantes Ziel für Herrn Haldewang.

Zusätzlich wird er als Vordenker von Attentaten wie Christchurch, Halle, Hanau abgestempelt. Die Schuldzuweisung, jemand sei „Vordenker" oder „Stichwortgeber" von Terrorakten oder Straftaten gewesen und somit ein Mittäter, ist der Versuch, durch Scheinkausalität bestimmte Überzeugungen zu brandmarken. Ein entsprechender gedanklicher Zusammenhang wird nach jeder Straftat mit passendem Opfer zwanghaft konstruiert, genauso wie im Umkehrschluss ebenso zwanghaft ein Zusammenhang mit dem Koran und den dort anzutreffenden Tötungsbefehlen sowie der kulturellen Prägung eben NICHT konstruiert wird. In den Texten von Renaud Camus konnte ich nirgendwo Tötungsbefehle, nicht einmal klitzekleine Andeutungen, Ermunterungen zwischen den Zeilen oder irgendwelche unterschwelligen Botschaften finden; soviel dazu.

Am liebsten wäre es vielen Menschen vermutlich, man würde sich mit Camus' Gedanken gar nicht erst beschäftigen, weil diese Gedanken eben noch nicht durch einen linientreu trimmenden schulischen Kaderzwang zu Globalisierung, Multikulturalisierung und Vermischung eingehegt wurden. Camus ist noch zu einer Zeit aufgewachsen, als Menschen den kritischen Geist noch schulten, hochhielten und nicht in sogenannten breiten Bündnissen blind einer Gesinnungsführerschaft nachliefen. Doch rezipiert wird er jetzt in einer Zeit, in der seine Gedanken von einer breiten gesellschaftspolitischen Front quasi als Feuer an der Lunte von Mördern verdammt werden.

Ein ähnliches Los traf Akif Pirinci (18), der auch nicht von der Pike auf in unserer nachhaltig globalisierungseifrigen und schuldkultorientierten Gesellschaft sozialisiert wurde. Mit seiner Pegida-Rede schaffte er es mit einem doppelten Salto vor deutsche Gerichte und in die gesellschaftliche Scham-Ecke für Rechtsextreme. Interessant, dass in der Auflistung seiner Werke in der deutschen Wikipedia ausgerechnet das Buch „Umvolkung" fehlt. Reiner Zufall? Bei Amazon ist es noch frei erhältlich. Darin heißt es:

„In Zeiten, in denen beinahe jedes Mittel bis hin zur tödlichen Gewaltanwendung Recht scheint, um die Hegemonie der NWO über die Gedanken der Menschen und über ihre Sprache zu zementieren, ist es umso wichtiger, sich selbst und unabhängig zu informieren, zu recherchieren, zwischen den Zeilen zu lesen, sich sein eigenes Bild zu machen. Nicht einfach alles zu glauben, was man in Fernsehen, Druck oder Internet findet. Mit anderen über seine Gedanken zu reden, ja zu streiten. Gerade das Letztere wäre ein Zeichen gelebter Demokratie. Was passiert stattdessen? Man verweigert unter Berufung auf die Unterscheidung zwischen richtiger und falscher Haltung den Gedankenaustausch, die gesellschaftliche Diskussion. Wer sich dennoch ‚falsch' äußert, muss mit den Folgen seiner meinungsfreiheitlich getätigten Äußerung leben."

Ob Camus, Pirinci oder viele weniger prominente Querdenker und besorgte Zeitgenossen: Derzeit erleben über die Maßen viele Bürger mit, wie einfach es ist, das Etikett „Verschwörungstheoretiker" und „Spinner" angeheftet zu bekommen. Dazu genügt es aktuell bereits, sich kritisch gegenüber der Corona-Politik der Bundesregierung zu äußern — äußerst systementlarvend, denn der vorgegebene Gesinnungs- und Haltungskorridor ist wieder ein erkennbares Stück enger geworden.

Deshalb sind eine starke parlamentarische und außerparlamentarische Opposition in jüngerer Vergangenheit nie so dringlich wie heute — ebenso wie die unabhängige Berichterstattung der freien Medien, jenseits vom Mainstream.

1https://www.ardmediathek.de/video/panorama-die-reporter/verschwoerungstheorie-der-gro-e-austausch/ndr-fernsehen/Y3JpZDovL25kci5kZS9hMWFiNTFjMC1hMzkxLTRlODAtOTFli0wZjc3MDQ0YmUxMjY/
2https://www.idz-jena.de/fileadmin/user_upload/Factsheet_Identitaerer_Neorassismus_a4.pdf
3https://www.dw.com/de/motiv-der-angebliche-große-austausch/a-52445990
4https://www.spiegel.de/politik/deutschland/news-des-tages-

hans-georg-maassen-wird-abberufen-a-1236756.html
5https://www.demokratie-leben.de
6https://www.bundesregierung.de/breg-de/suche/regierungspressekonferenz-vom-28-oktober-2019-1686128
7https://www.europarl.europa.eu/meetdocs/2009_2014/documents/libe/dv/11_revframework_statute_/11_revframework_statute_en.pdf
8https://www.bundesregierung.de/breg-de/service/bulletin/rede-von-bundeskanzlerin-dr-angela-merkel-797406
9https://www.wochenblick.at/heiko-maas-aussenministerium-es-gibt-kein-deutsches-volk/
10https://www.morgenpost.de/politik/article228220485/Holocaust-Gedenken-in-Israel-Staatsgaeste-aus-50-Laendern.html
11https://www.faz.net/aktuell/politik/inland/steinmeier-man-kann-dieses-land-nur-mit-gebrochenem-herzen-lieben-16760135.html
12https://causa.tagesspiegel.de/gesellschaft/wie-nuetzlich-ist-eine-leitkultur-debatte/leitkultur-verkommt-zum-klischee-des-deutschseins.html
13https://www.bpb.de/gesellschaft/migration/dossier-migration-ALT/56483/einbuergerung?p=all
14https://www.bundestag.de/presse/hib/698266-698266
15https://www.kopp-verlag.de/a/das-woerterbuch-der-luegenpresse?ws_tp1=kw&ref=google&subref=pool/search&log=extern&gclid=CjwKCAjw3MSHBhB3EiwAxcaEuzPrMw3Zo3twk0uWL3DV8d6Fh4sULaoSInx3UYnV5vWIZu7VHB23jxoCeQcQAvD_BwE
16https://de.wikipedia.org/wiki/Renaud_Camus
17https://ripostelaique.com/apres-le-covid-19-le-genocide-par-substitution-des-europeens-doit-se-poursuivre.html
18https://de.wikipedia.org/wiki/Akif_Pirinçci

14. Juni 2020

7. Höchst brisant: Der Sozialismus reckt sein hässliches Haupt empor – schon wieder

Die Wiedergeburt des Sozialismus im wohlstandsverwahrlosten Westen und die neue linke Kulturrevolution: Propagiert wird, was dem NWO-Agendasetting Vorschub leistet

Befeuert von den NGOs der Globalisierungsanhänger strebt der Sozialismus wieder einmal die Weltherrschaft an. Dabei hat er sich bisher überhaupt nur dort halten können, wo er stark national ausgeprägt ist. Kuba zum Beispiel ist eine sozialistische Republik.

Der Sozialismus hat sich außerdem dort nachhaltig etablieren können, wo er sich eine extreme Form der staatlichen Kontrolle geschaffen hat – in China: „Zentral für das politische System Chinas ist der Führungsanspruch der Kommunistischen Partei Chinas, der auch in der Verfassung verankert ist. Andere politische Organisationen, Medien, Zivilgesellschaft und religiöse Aktivitäten haben sich den Zielen der Partei unterzuordnen und werden streng reguliert", erklärt das Auswärtige Amt. (1)

Schauen wir noch einmal gen Osten: „Nordkorea bekennt sich formal zu den Prinzipien des Sozialismus, allerdings in einer rein koreanischen Variante, die auf dem Begriff ‚Juche' (Selbständigkeit) beruht und im Alltag stark nationalistische Züge trägt." In Nordkorea liegt ein besonders starker Fokus auf dem Führerprinzip, welches erblich seit der Staatsgründung 1948 von den Mitgliedern der Kim-Dynastie ausgefüllt wird.

Und auch in Venezuela (2) weist der Sozialismus eindrucksvoll den Weg in die Armut.

Natürlich gibt es Unterschiede in der Ausprägung; es bestehen allerdings auch augenfällige Gemeinsamkeiten: So geht der Sozialismus aber immer mit einer extremen Form der staatlichen Kontrolle einher, wie Zeitzeugen aus der ehemaligen Deutschen Demokratischen Republik bestätigen können.

Unabhängig von der Tatsache, dass die sorgen- und anstrengungsfreie Umverteilung früher oder später immer weltmeisterlich scheitert, da der größte Feind des Sozialismus nun einmal die beinharte Realität ist, wird gerade in Amerika aber auch in Deutschland umdefiniert und geframed, was das Zeug hält: Sozialismus sei demokratisch. Das ist natürlich Quatsch, weil auch ein mit dem Etikett „demokratisch" ausgepreister Sozialismus eben immer noch Sozialismus ist. Die Non-Profit-Organisation „Prager U" (3) stellte dies sehr eindrucksvoll dar.

Sehr schön lässt sich dies an der Entwicklung der ehemaligen sozialistischen Einheitspartei zur PDS zur Linken nachvollziehen (4). Dort kennt man sich noch aus DDR-Zeiten bestens aus mit der Demokratieperversion eines Unrechtsstaats.

Ich könnte jetzt vom Marx-Denkmal, welches in Trier aufgestellt ist, schreiben; für Klardenker weist es nicht zufällig eine Verbindung nach China auf, der einzig erfolgreichen sozialistischen Diktatur der Welt: „Die Karl-Marx-Statue von Wu Weishan kurz nach der Enthüllung auf dem Simeonstiftplatz […] Ein großes Geschenk für den großen Sohn der Stadt: Die

Karl-Marx-Statue, die China der Stadt Trier als Geburtsstadt des Philosophen zum Jubiläumsjahr 2018 schenkt. Der bekannte chinesische Bildhauer Wu Weishan hat die Bronzeskulptur in einem zweijährigen Schaffensprozess angefertigt." schreibt die Stadt Trier auf ihrer Homepage (5).

Die Volksrepublik China, dieser Staat Mao Tse-tungs, übt seit langem eine Faszination auf die deutsche Linke aus. Etwa 1968 trat die Mao-Bibel ihren sozialistischen Siegeszug um die Welt an. Das weiß auch Ulli Kulke, der in seinem „Welt"-Artikel von 2015 (6) schreibt: „Neben der anderen Bibel hat sie es damit auf den zweiten Platz der Weltliteratur gebracht. Eine Reihe heute prominente Politiker aus der SPD, von den Grünen und den Linken waren damals bei den K-Gruppen, haben mit Maos Sprüchen argumentiert und kokettiert. Minister wie Ulla Schmidt oder Jürgen Trittin und, mit Winfried Kretschmann, inzwischen auch ein Ministerpräsident. Viele verdrängen ihre Vergangenheit."

Es wäre einmal hochinteressant zu wissen, wie viele Mao-Bibel-Beter der sogenannte Marsch durch die Institutionen in Positionen der Macht gespült hat. Und zwar weltweit. Mit diesem Indikator könnte man gut abbilden, welche Früchte die globale sozialistische Kulturrevolution weltweit getragen hat. Man könnte ebenfalls als Indikator hernehmen, welche sozialistischen Anstrengungen heutzutage von NGOs bemüht werden, um Ideen des Sozialismus umzusetzen – wie zum Beispiel die Zerstörung der Familie.

Aber schauen wir heute auf die maoistische Kulturrevolution – und ja, anscheinend braucht es tatsächlich immer so etwas wie eine Revolution, um dem Sozialismus in diktatorische Ämter und Würden zu verhelfen.

In der chinesischen Geschichte wird die Periode zwischen 1966 und 1976 als Kulturrevolution (7) bezeichnet, wobei der Höhepunkt zwischen 1966 bis 1969 liegt. Mao, der mächtigste Mann im kommunistischen China, sucht ab Anfang der 1960er Jahren nach Wegen, seine innerparteilichen Konkurrenten ausschalten und zum Alleinherrscher aufsteigen zu können. Die von ihm erdachte Kulturrevolution gibt ihm diese Mittel in die Hände (8). Unter der Propagandalosung, die „inneren Feinde" auszuschalten, mobilisiert er vor allem Studenten, Schüler und andere junge Menschen, die bürgerliche und kapitalistische Überbleibsel ausmerzen sollen. Millionen Menschen werden öffentlich gedemütigt, gefoltert, ermordet oder in den Selbstmord getrieben (9). Maos führender Ideologe der Kulturrevolution, Lin Biao, fordert: „Alles Alte – ausbeuterisches Gedankengut, alte Kultur, Gebräuche und Gewohnheiten – soll vernichtet werden". In den darauffolgenden Monaten verbreiten die Roten Garden im ganzen Land Terror und Schrecken. Sie zerstören Kunstschätze und historische Gebäude, zertrümmern Bilder und Statuen. Sie treten an, im Namen Mao Zedongs, angeblichen Revisionisten sowie bourgeoisen und kapitalistischen Kräften den Garaus zu machen.

Halten wir also fest: der große sozialistische Führer Mao bedient sich für seine Kampagne vor allem der gehirngewaschenen Jugend. Er stachelt Millionen junger Leute an, den Klassenkampf gegen den inneren Feind zu führen. Sie schließen sich als „Rote Garden" zusammen. Sie erhalten freie Bahn, die vom Vorsitzenden gewünschte Massenbewegung gegen den „Revisionismus" zu lancieren. Zwischen dem 18. August und dem 26. November 1966 strömten sie zu Massentreffen in Peking. Kostenlos in die Hauptstadt transportiert und dort untergebracht, schwenkten die über zehn Millionen jungen Leute das rote Büchlein mit Maos Sprüchen, dass Lin Biao für den Gebrauch in der Armee zusammengestellt hatte.

Nanu, wieso kommt mir diese Geschichte mit der an staatlichen Institutionen ideologisch verblendeten und teils fanatisierten, kostenlos transportierten Jugend so bekannt vor, wenn ich aktuelle Bilder aus Deutschland und jüngst auch Amerika sehe? Parallelen zu quasi staatlich gewünschten und z.T. Steuergeld geförderten Machtdemonstrationen „#wirsindmehr" sind unverkennbar. Selbst unser Bundespräsident, der früher für die vom Verfassungsschutz beobachtete juristische Fachzeitschrift „Demokratie und Recht" schrieb, spendete wortgewandt Beifall (10).

FFF, Extinction Rebellion, BLM, als große Klammer immer wieder die sogenannte Zivilgesellschaft, NGOs, Gewerkschaften und andere sozialistische und kommunistische Parteivorfeldorganisationen – und natürlich, besonders prominent, immer wieder die sich selbst außerhalb unseres Rechtssystems stellende „Antifa": Politisch unterstützt werden all diese transformatorischen Bemühungen mal mehr und mal weniger vom gesamten Parteienspektrum des Bundestags außer der AfD.

Auch dieser Satz ist für China wie für Merkeldeutschland gültig: Der Terror, real wie gesinnungsdiktatorisch, der Roten Garden/des Schwarzen Blocks zerstört jeden gesellschaftlichen Zusammenhalt. Kinder denunzieren ihre Eltern, Freunde schwärzen einander an, Eheleute liefern sich gegenseitig aus.

Chinas Geschichte lehrt: Die Motive der Gymnasiasten und Studenten waren uneinheitlich. Sie reichten von Bewunderung für Mao und seine revolutionären Ideale über akademische oder soziale Eigeninteressen bis hin zur schieren Lust an der

Rebellion gegen Unliebsames. Was sich in den folgenden Monaten und Jahren daraus entwickelte, war ein wildes Treiben, das sich durch Gewalt, Plünderungen, Menschenverachtung und Kulturzerstörung geprägt war. Die Opferzahl der erfolgreichen chinesischen Transformationsbemühungen zum totalitären sozialistischen Regime wird, je nach Quelle, auf 60 bis 100 Millionen Todesopfer geschätzt.

Ja, tatsächlich. Das wird an deutschen Schulen nicht gelehrt. Ich weiß. Warum es nicht gelehrt wird, läßt natürlich wieder Freiraum für Spekulationen. Alan Posener forderte im Februar 2014 in der „Welt" (11) deutlich: „Sagt endlich, dass Mao der größte Massenmörder war."

Wieder sind die rein auf Zerstörung ausgerichteten parallelen Ansätze der jungen und gewaltbereiten Fanatiker beängstigend.

In China bezog der fanatische Furor seine Nahrung unter anderem aus der Frustration vieler junger Chinesen Mitte der sechziger Jahre. Die Jugendarbeitslosigkeit war groß, die Entfaltungsmöglichkeiten für junge Leute klein. Das Leben im Wohn- und Arbeitskollektiv war eintönig und fremdbestimmt. Ablenkung oder Unterhaltung gab es kaum, dafür jede Menge Reglementierung, Überwachung sowie Studium von Maos Schriften.

Bezogen auf unsere westlichen Demokratien lautet die Diagnose ganz ähnlich: Die Jugendlichen sind aufgehetzt gegen alles und jeden. Ihre – aus der in Schule, Medien und Zivilgesellschaft generierten Zukunftsangst tief empfundene – Ohnmacht entlädt sich allerorten in Hass und Zerstörung. Orchestriert werden die Demoeinsätze der instrumentalisierten und vielfach verbildeten Jugend von den globalen Spielern, die den Sinn ihres Lebens und ihr gesamtes Vermögen auf die neue Weltordnung ausgerichtet haben. Die Gewaltausbrüche werden initiiert und weltweit zelebriert von der ebenfalls global vernetzten Antifa.

Das Chaos war damals in China vorprogrammiert. Vielerorts herrschten bürgerkriegsähnliche Zustände. Mao entglitt die Kontrolle über seine eigene Massenbewegung immer mehr. Im Juli 1968 ordnete er deshalb die Auflösung der Roten Garden an.

In Amerika reagiert Trump völlig folgerichtig gegen den sich durch die Antifa etablierenden gesellschaftlichen Umsturz, die anstehende sozialistische Kulturrevolution der Neuzeit und will die Antifa zu einer terroristischen Organisation erklären (12). Und wer wettert hierzulande dagegen? Unsere Zwangsgebühren finanzierten Staatspropagandamedien. Zum Beispiel die „Tagesschau" (13). Dort heißt es, Trump würde „gefährliche voreilige Schlüsse" ziehen. Ja, Präsident Trump möchte keine gewaltsamen Ausschreitungen, Plünderungen, Morde auf den Straßen Amerikas dulden. Er stellt die Sicherheitsinteressen der amerikanischen Bürger über die transformatorischen Interessen der Antifa und deren Hintermänner. Aus der Perspektive der antifaschistisch geprägten, Schuldkult-gekeulten, vermeintlich moralisch erhabenen deutschen Gesellschaft: Unverzeihlich.

Bei uns, in Merkelland, sieht das ganz anders aus. Hier erklären führende Politiker wie zum Beispiel die SPD-Parteivorsitzende Saskia Esken und diverse Bundestagsabgeordnete, selbst Teil der Antifa zu sein. SPD-Ministerpräsidentin Malu Dreyer begrüßt auf einer Demonstration in Kandel freundlich die Aktivisten der Antifa, die Speyrer Oberbürgermeisterin Stefanie Seiler hat im Stadtrat große Schwierigkeiten, zwischen ihrem Amt als Oberbürgermeisterin und ihrer Lieblingsrolle – nämlich Antifa-Aktivistin zu sein – zu unterscheiden.

Will man ausnahmsweise einmal aus der Vergangenheit lernen

und denkt die Parallelen zwischen dem China von damals und dem Deutschland von heute zu Ende, erklären unsere Politiker damit nichts anderes, als Teil der fanatischen Umstürzler einer anstehenden weltweiten sozialistischen Kulturrevolution zu sein: Straßen werden umbenannt, Denkmäler gestürzt, Geschichte wird ganz neu geschrieben.

Bei uns wird anläßlich der jüngsten Demonstrationen während Corona überdeutlich, dass es staatlich unerwünschte Demos gibt, bei denen die Polizei angehalten ist, hart durchzugreifen. Dem entgegen stehen die erwünscht wie tolerierten Demos zu „Black Lives Matter", wo sich oft das Hundertfache der angemeldeten Demonstranten ohne Einhaltung der Coronavorschriften versammelte. Klemens Kilic brachte diesen Umstand in einem YouTube-Video (14) besonders prägnant auf den Punkt.

Fazit: Propagiert und toleriert wird anscheinend wirklich alles, was dem NWO-Agendasetting Vorschub leistet. Erwünscht und geliebt sind die willigen Vollstrecker der international-sozialistischen Agenda, die Antifa: nämlich als der erhoffte Brandbeschleuniger der weltweiten Transformation. Das großkapitalistisch, medial, politisch und gewalttätig inszenierte Tal der Tränen der internationalsozialistischen Weltrevolution soll wohl auf dem Weg zur NWO durchschritten werden – koste es, was es wolle.

Zerstört wurde auf dem Weg der großen Transformation bereits so einiges. Der zynischste Treppenwitz ist allerdings, dass die jungen Revolutionäre, die der schönen, gerechten, sozialistischen Wohlfahrtswelt huldigen und ihnen die Grundfesten unserer Gesellschaft im Kampf gegen den Kapitalismus opfern, in ihrer Verblendung selbst nicht merken, dass sie instrumentalisiert und für dumm verkauft werden. Denn für alle offensichtlich und klar erkennbar hat sich der „funktionierende" chinesische Sozialismus mit einem knallharten, weltumspannenden Haifischkapitalismus verheiratet, der für die weltbeherrschende Finanzelite das beste aus allen Systemen vereint: NWO, freier Handel, offene Grenzen, Zensur, gläserne Bürger, maximal beherrschbare Konsumenten, die durch das erzwungene kollektivierende politische System gut planbar dem Haifischkapitalismus als willige, hochindividualisierte Sklaven zur Verfügung stehen.

Und was geschieht in China nochmal mit Abweichlern? Eben. Wollen wir da wirklich hin? Aha.

Wir dürfen also nicht müde werden, die Zusammenhänge der scheinbar völlig arbiträren letzten Zuckungen unserer großen europäischen Kultur und unserer sozialen Marktwirtschaft in den Kontext des Großen und Ganzen zu setzen und die ideologisch verblendeten Menschen aufzuklären. Sonst enden wir vermutlich in einer sozialistisch totalitär geprägten Dystopie irgendwo zwischen George Orwells „1984" und Aldous Huxleys „Brave New World".

Wie heißt es bei Orwell: „Alle geschichtlichen Aufzeichnungen sind zerstört oder gefälscht worden, jedes Bild ist neu gemalt, jede Statur und jedes Gebäude sind umbenannt, jedes Datum verändert worden. Und dieser Prozess setzt sich Tag für Tag, Minute für Minute fort. Nichts existiert mehr, außer eine endlose Gegenwart, in der die Partei immer recht hat."

Und bei Huxley: „Die Menschen werden ihre Knechtschaft lieben."

1https://www.auswaertiges-amt.de/de/aussenpolitik/laender/china-node/politisches-

portraet/200846
2https://www.nzz.ch/feuilleton/venezuela-zeigt-sozialismus-produziert-armut-ld.1394244
3https://www.prageru.com/video/democratic-socialism-is-still-socialism/
4https://www.bpb.de/nachschlagen/lexika/politiklexikon/17995/partei-des-demokratischen-sozialismus-pds
5https://www.trier.de/kultur-freizeit/geschichte/trierer-persoenlichkeiten/karl-marx/karl-marx-statue/
6https://www.welt.de/geschichte/article150401478/Das-Credo-eines-Diktators-umgarnte-die-Welt.html
7https://www.handelsblatt.com/arts_und_style/aus-aller-welt/china-lexikon-kulturrevolution/2952020.html?ticket=ST-9685549-Xefp1QwTGbgAq5dUPMCN-ap4#
8https://www.jugendopposition.de/lexikon/sachbegriffe/148572/kulturrevolution-in-china
9https://www.deutschlandfunkkultur.de/50-jahre-kulturrevolution-in-china-das-verdraengte-trauma.979.de.html?dram:article_id=353991
10https://www.deutschlandfunk.de/frank-walter-steinmeier-vom-linken-jura-studenten-zum.694.de.html?dram:article_id=378785
11https://www.welt.de/kultur/literarischewelt/article125158458/Sagt-endlich-dass-Mao-der-groesste-Massenmoerder-war.html
12https://www.tagesspiegel.de/politik/nach-aufstaenden-in-us-staedten-trump-will-die-antifa-als-terrororganisation-einstufen/25876538.html
13https://www.tagesschau.de/ausland/trump-antifa-proteste-101.html
14https://www.youtube.com/watch?v=-C84DtBx05k

28. Juni 2020

8. Höchst brisant: Das Maß ist voll – macht euch endlich ehrlich!

Bürgerkrieg und multiethnische Konflikte ante portas: Die bittere Konfrontation mit der Wirklichkeit, allen Lügen und Beschönigungen zum Trotz

In der Nacht zum 21. Juni wurde in Stuttgart bekanntlich krawallmäßig einiges geboten (1). Und sofort ging das Framing los. Die ganze Geschichte ist so wundersam wie schlichtweg unglaublich.

Die jungen Männer (ich habe keine einzige Frau wahrnehmen können), die dort getobt, Polizisten körperverletzt, Schaufensterscheiben zerstört und Geschäfte geplündert haben, sind im deutschen Presse- und Polizeijargon „die Party- und Eventszene". Ein neues Synonym, eine neue Umschreibung ist geprägt. Sie ist im Kern eine Beschönigung und maximale Verharmlosung des Sachverhalts.

Wir kennen das schon: Die übliche Beschreibung eines Täters gipfelt in der vielsagenden Bezeichnung „Ein Mann". Die so erzeugte maximale Unschärfe dient der Anonymisierung von Verbrechern, die durch diese Kategorisierung eintauchen können in das deutsche Meer der Geschlechtskollegen. So kann zumindest sprachlich wunderbar vertuscht werden, um wen es sich – in manchen Deliktkategorien mehrheitlich – handelt. Diese „Ein-Mann"-Gruppen bevölkern in großen Massen die Parks, Plätze und Innenstädte Deutschlands. Zumeist gottlob friedlich, oft bedröhnt durch alle möglichen Substanzen, oft in Begleitung von Testosterongroupies. Sie sind laut, dickhodig, raumgreifend, latent aggressiv. Und: Sie sind allzeit bereit.

Wer an seinem Leben und seiner körperlichen Unversehrtheit hängt, macht – natürlich nur aufgrund rein böswilliger Vorurteile, versteht sich – einen großen Bogen um diese Gruppen. Auch „No-Go-Areas" heißen nur so, weil es englisch und chic klingt, UND nicht etwa, weil sich dort inzwischen selbst die Polizei nicht mehr unbesorgt hineintraut. Ansprechen möchte dieses Problem niemand, denn man würde sofort des Hasses, der Hetze und – ganz wichtig – neuerdings auch des Rassismus bezichtigt.

Dieser linksideologisch erzwungenen Sprachlosigkeit haben wir die aktuelle Berichterstattung aus Stuttgart zu verdanken. Ministerpräsident Kretschmann von den Grünen mimt den Ahnungslosen (2): „Das konnte ja niemand ahnen", gibt er zum Besten. Natürlich wollten Sie das nicht ahnen, Herr Kretschmann, denn Sie sind immer noch auf Multikulti-Tralala abonniert. Auswertungen von Kriminalitätsstatistiken oder andere Fakten und Expertisen, die die vorhandenen Gewaltpotenziale für Szenarien wie in der Stuttgarter Innenstadt deutlich machen, verweisen Sie realitätsverweigernd (wie alle Linksrotgrünen) in den Bereich von Hass und Hetze.

Um das Offensichtliche nicht benennen zu müssen, wurde deshalb nun die neue Umschreibung geprägt – und nun kommen die Täter also allen Verlautbarungen nach nicht aus dem zugewanderten Allahu-Akbar-Sediment der Gesellschaft, sondern sie entspringen jenem „bunten Mix rund um den Globus" (so die Polizei Stuttgart), der nun als „Party- und Eventszene" verniedlicht wird. Ein Begriff wie eine Beruhigungspille, der hier nun für meist migrantische junge Männer aller möglicher Nationen, deren Gewaltexzesse bereits in anderen Zusammenhängen „legendär" sind, gebraucht wird.

Diese haben eine erstaunliche Gemeinsamkeit: Exzessives „Feiern".

Das ist doch toll: So können endlich auch rückblickend große Partynächte wie die Kölner Silvesternacht 2015 sprachlich verklärt werden. Erinnert sich überhaupt noch jemand, was damals geschah? Das Silvester auf der Domplatte (3) liegt zwar schon viereinhalb Jahre zurück, doch vergessen werden WIR dieses Ereignis sicher nicht: Über 1200 Strafanzeigen gab es damals, über 650 mutmaßliche Opfer sexueller Gewalt. Doch wenn das, nach neuester Sprachregelung, eigentlich ja nur eine Riesenparty und ein besonders großes „Event" war, dann ist ja alles in bester Ordnung. Bombenstimmung auf der Domplatte!

Doch nicht nur zu besonderen Ereignissen geht es rund. Die sogenannte „Party- und Eventszene" liefert sich auch großangelegte Clanstraßenkämpfe, wie etwa in Essen (4) oder immer wieder in Berlin (5), [...] wobei sich die Liste der von Clanfehden-, Pardon: der von Partys betroffenen Städte inzwischen geradezu beliebig fortsetzen lässt. Und nicht nur in Deutschland. Das wohl heftigste „Partygelage" fand jüngst in Dijon statt, wo nordafrikanische Gruppen und tschetschenische Clans teilweise unter Einsatz von Schnellfeuergewehren und anderen Kriegswaffen ihre „Feier" genüsslich zelebrierten (6). Wahrhaftige Bürgerkriegs- und Straßenkampfszenarien spielten sich ab, und das mitten in Europa (7). Frankreich musste schließlich sein Militär schicken – als Party-Crasher.

Befriedet wurde dieser an der beschriebenen Nationalitätengrenze stattfindende Clankonflikt allerdings durch Imame (8). Ja, Sie haben richtig gelesen: Nicht etwa der französische Rechtsstaat setzt den Waffenstillstand in Dijon durch, sondern ein Gespräch zwischen dem nordafrikanischen Imam und dem tschetschenischen Imam; vermutlich ist dies auch effektiver, muss man hier beinahe resigniert konstatieren. Denn die staatliche Autorität wird längst nicht mehr anerkannt, die Gegengesellschaften folgen ihrer eigenen Rechtsordnung. Auch in Deutschland sind islamische Friedensrichter im Kommen.

Nichts hat natürlich nichts mit nichts zu tun, und dass hier nicht etwa die Justiz durchgriff, sondern Imame erfolgreich verhandelt haben und nur so ein aufkeimender Bürgerkrieg gebannt werden konnte, ist letztlich doch ein großes Glück für Frankreich. N'est-ce pas? Der deutsche Zeitungsleser ist ohnehin seit den späten 1980er Jahren an die Berichte aus Frankreich gewöhnt, wo bereits die geringste irgendwie als unangemessen empfundene Polizeikontrolle das Potential birgt, ethnische Konflikte der Sonderklasse und brennende Vorstädte zu „provozieren" (9). Ganze Generationen von Französisch-Leistungskursen haben in Deutschland darüber bereits Klausuren geschrieben. Die französischen Party- und Eventszenegänger rekrutieren sich dabei zumeist aus den ehemaligen Kolonien in Afrika, aber auch aus Übersee.

Ein weiteres Ereignis, was man in der Retrospektive der Party- und Eventszene zuschreiben könnte, war Bataclan. Bei den Angriffen auf das Fußballstadion Stade de France (10) sowie auf Cafés, Bars und Restaurants wurden am 13. November 2015 130 Menschen getötet und 683 verletzt. Ja, ich weiß: Jetzt bin ich böse, denn ich überspitze. Aber nicht viel. Und ich setze noch einen drauf, und gehe geschichtlich noch viel weiter zurück: Denken Sie auch an die Party- und Eventszenen vor den Toren Wiens, hier von der „Welt" (11) beschrieben: „Feierlich überreichte Sultan Mohammed IV. seinem Großwesir die grüne Fahne des Propheten. An diesem 3. Mai 1683 brach das etwa 160.000 Mann nebst 200 Kanonen zählende türkische Heer von Adrianopel (Edirne) auf und marschierte in Richtung Belgrad.

Doch die serbische Stadt war nicht das Ziel des Kriegszuges. Kara Mustafa, ein von Ehrgeiz und Machtgier erfüllter Mann, wollte etwas erreichen, woran die Türken 1529 gescheitert waren – die Eroberung von Wien, der Schlüsselfestung des christlichen Abendlandes."

Oder noch früher, etwa die Auseinandersetzung mit der Party- und Eventszene bei Poitiers: „Nicht viele Ereignisse des Mittelalters zählen heute noch zur Allgemeinbildung. Karl Martells Sieg bei Tours und Poitiers 732 gehört zweifellos dazu. In populären Geschichtsdarstellungen gilt die Schlacht als der Schlüsselmoment, in dem der fränkische Hausmeier ,das christliche Abendland' gegen ,den Islam' verteidigt habe. Richtig daran ist immerhin: Karl hat damals einen Sieg gegen ein Heer von Arabern und Berbern erfochten", schreibt der „Spiegel" (12).
In Deutschland, ja in ganz Europa hat die jüngste Ausprägung der Party- und Eventszene mehr oder minder schleichend Einzug gehalten, die regelmäßig für kulturell bereichernde Einzelfälle sorgt, die wie Blaupausen aus ganz gleich welchem Bürgerkrieg oder dem Gemetzelregister eines IS oder Boko Haram wirken; zwar nicht überall in derselben „Feier-Intensität", dafür aber als fast flächendeckendes Phänomen.

Wer sich nicht von der allgemeinen Beschwichtigungs- und Verharmlosungstour einlullen und narkotisieren lässt, dem drängen sich Fragen auf: Hat hier wirklich nichts mit nichts zu tun? Werden wir islamisiert und dürfen es nicht wahrhaben wollen (13)? Sind die „Ein Mann"-Gruppen im besten wehrfähigen Alter vielleicht gekommen, um zu herrschen? Wollte nicht der Islam – und will es nach wie vor – das christliche Abendland unterwerfen (14)? Und was ist eigentlich mit der Dhimmisteuer (15), fällt darunter eigentlich auch Hartz IV?

Ich darf vielleicht zum Thema Partys und Events noch eines klarstellen: In meiner Jugend, in meiner Party- und Eventzeit habe ich nahezu kein Konzert, keinen Rave, keinen Christopher Street Day, keine Love Parade, keine Party und kein Event ausgelassen, das etwas auf sich hielt. Doch niemals waren diese von Gewalt und Plünderungen geprägt. Unsere Party- und Eventszenegesellschaft bestand damals etwa hälftig aus Männern und Frauen. Dazu kamen eine große Anzahl schillernder Gestalten, die in keine Kategorie wirklich passten.

Man hörte großartige Musik, tanzte, trank – einige sprachen anderen Substanzen zu, wenn ich diesen als Kontrollfreak auch stets abhold war. Wir waren wie eine große Familie, wir waren friedlich, wir hatten großen Spaß, wir lachten und wir feierten zusammen – im klassischen Wortsinne. Vereinzelt waren Migranten aller möglichen Nationen dabei, die gerne gesehen waren und nicht weiter auffielen, weil sie genauso drauf waren wie wir.

Ich möchte mir deshalb vehement verbitten, meine/unsere Erlebnisse von früher in einer echten Party- und Eventszene auch nur in die Nähe der Gewaltorgien aus Stuttgart – und damit bezeichnenderweise auch in die Nähe der anderen oben genannten Verbrechen – zu rücken, so wie dies von Sprachklitterern heute versucht wird, die sich die Dinge beim Namen zu nennen nicht mehr trauen.

Politik und Presse müssen endlich benennen, was uns elementar bedroht, sonst gehen wir als Gesellschaft kaputt. Kein Wunder, dass bald niemand mehr glaubt, was er in steuergeldfinanzierten Meinungsblättern liest. Oder von aus Zwangsgebühren finanzierten Staatspropaganda-Sendern eingetrichtert bekommt. Die Realität ist eine andere als das, was uns dafür verkauft wird, ob sie uns gefällt oder nicht.

Und wer migrantische, oft auch dunkelhäutige Horden gewaltbesoffen durch die Innenstädte Deutschlands ziehen sieht, die Körperverletzungen, Plünderungen oder gar Morde als ihr Recht feiern, der muss sich zwangsläufig an das triumphierende Gebaren von Eroberern erinnert fühlen, die eine Festung gestürmt haben. Rauben, morden, vergewaltigen, plündern, brandschatzen: Willkommen zurück im Mittelalter. Nur, dass es diesmal ein ganzer Kontinent ist, der im Begriff ist zu fallen: Die Festung Europa, die Festung des Westens in der Jetztzeit – und dies ohne nennenswerte Gegenwehr. Denn jede Verteidigung gegen die immer dreister auftretenden Eroberer wäre selbstverständlich Rassismus und politisch nicht korrekt.

Wenn wir diese unsere angestammte Heimat für unsere Kinder und Enkel bewahren wollen, dann müssen wir als Allererstes klare Worte von Presse und Politikern einfordern – und diesen Worten müssen auch endlich Taten folgen. Das Problem kann nur gelöst werden, wenn es klar benannt wird. Und Politiker, die uns diesen Multikulti-Totentanz der Gesellschaft (und damit Straßengewalt Raub, Mord, Plünderung und Vergewaltigung) als Bereicherung verkaufen wollen, gehören augenblicklich abgewählt – mindestens.

Um dies zu verhindern, zündet die Regierungspolitik gemeinsam mit einer immer stärker staatsfinanzierten Presse eine Nebelkerze nach der anderen, damit wir von der Flutung des Kontinents mit „Party- und Eventgästen" abgelenkt werden. Und dank der famosen „Effektivität" unseres Grenzschutzgebahrens wissen wir nach wie vor nicht, wer eigentlich zu uns hereinkommt.

Und die ebenfalls oft staatliche subventionierte Antifa, jene

Roten Garden der Gegenwart, fährt fröhlich ins nahöstliche Krisengebiet zur Fort- und Weiterbildung an der Waffe. In vielen Städten Deutschlands hat sich bereits wahrnehmbar eine Querfront gebildet: die Migrantifa. Böse gesagt sind all diese eruptiven Gewaltorgien Warnzeichen, wenn nicht gar Bestandteile aus dem Baukasten „Wie bastele ich mir einen Bürgerkrieg". Dumm ist, wer das nicht erkennt – und ignorant, wer es nicht zu Ende denkt.

Immer mehr Menschen fragen sich: Was hat die Regierung mit uns vor? Kann es wirklich sein, dass unsere Politik die Vorzeichen nicht sieht? Ich denke, die Regierung sieht den weißen Elefanten sehr deutlich. Sie ist aber entweder nicht Willens oder nicht in der Lage, ihn sprachlich zu fassen – geschweige denn, ihn einzufangen, bevor er durch den Porzellanladen galoppiert und dabei noch den letzten Rest der Auslagen zerschlägt.

Große Transformationen stehen bevor. Wir werden zu Zeitzeugen der letzten Zuckungen eines elitären Systems, dessen Bestrebungen, ihren dekadenten sozialistischen Ideologien in den Sattel eines totalitären Systems zu helfen wollen, immer blutigere Züge annehmen. Die Regierenden und die ihnen zugeneigte Presse schlagen immer abenteuerliche Saltos und Pirouetten, um die Bürger von der Wahrheit abzulenken. Statt die fatalen Folgen einer aus dem Ruder gelaufenen Zuwanderung, von Integrationsversagen und Islamisierung zu benennen, lautet das Mantra: „Der Islam gehört zu Deutschland!"

Aber ein Wort der Wahrheit zerstört 1000 Lügen – weil die Menschen letztlich besser mit dem Herzen als ihrem Verstand sehen. Allerspätestens, wenn der individuelle Kontakt zur Realität ihnen die Augen öffnet und sie aus der Lüge fallen lässt.

Realität und Wahrheit lassen sich nicht dekonstruieren und unendlich neu deuten. Auch Sprache kann Realität nur bedingt umformen. Und erzwungene Sprachlosigkeit macht Ereignisse nicht ungeschehen.

Am Ende vom Tag sind die meisten Zuwanderer friedlich und friedliebend. Gottseidank ist aber ein Tsunami kein Spiegelei. Islam bedeutet nicht Frieden. Und Unwissenheit ist nicht Stärke.

1https://www.swr.de/swraktuell/swr-extra-2015-102.html
2https://www.n-tv.de/mediathek/videos/politik/Niemand-konnte-so-was-ahnen-article21863270.html
3https://www.deutschlandfunkkultur.de/koeln-die-folgen-einer-silvesternacht.1001.de.html?dram:article_id=375086
4https://www.waz.de/staedte/essen/essen-strassenkampf-mit-fuenf-verletzten-hat-einen-clanbezug-id229004111.html
5https://www.krone.at/1979428
6https://www.cicero.de/aussenpolitik/unruhen-frankreich-bandenkrieg-dijon-einwanderer-drogen-strassenkampf-lepen-marinelepen-le-pen-auslander-polizei-eingreifen-berichterstattung-anarchie-krieg
7https://www.spiegel.de/panorama/spiegel-tv-ueber-krawalle-in-dijon-man-fasst-keinen-tschetschenen-an-a-37882e27-bf3d-4fe3-bb69-502d2355ca68
8https://www.marianne.net/societe/dijon-recit-d-un-western-termine-en-traite-de-paix-dans-une-mosquee
9https://www.lemonde.fr/idees/article/2011/07/15/trente-ans-de-crise-des-banlieues-trente-ans-de-blocages-politiques_1549134_3232.html
10https://www.wn.de/welt/kultur/neues-bataclan-buch-lehrstuck-in-toleranz-900531
11https://www.welt.de/geschichte/article149358500/Polens-Panzerreiter-retteten-Wien-vor-den-Tuerken.html

12https://www.spiegel.de/geschichte/die-schlacht-bei-tours-und-poitiers-a-702dd182-0002-0001-0000-000149319045?context=issue
13https://www.cicero.de/kultur/islam-kritik-islamisierung-laila-mirzo-scharia-dschihad-thilo-sarrazin-metoo-erdogan-tuerkei
14https://www.youtube.com/watch?v=JuTWBFGYaNc
15https://www.zeit.de/2014/32/christen-verteibung-irak-tradition

12. Juli 2020

9. Höchst brisant: Warum ich quotophob bin

Ich bin gegen jede Quote – und nicht nur, weil ich gegen die Zwangsfeminisierung der Gesellschaft bin

Ich bin quotophob, weil ich Enkelin, Tochter, Nichte und Mutter von Frauen und Männern bin. Ich bin von ihnen geliebt und getragen worden, habe mein Aufwachsen in einer traditionellen, christlichen Familie genossen. Mir wird erst jetzt schmerzlich bewusst, dass unsere zukünftigen Generationen diese wunderbare Erfahrung immer seltener machen dürfen. Überspitzt gesagt, werden sie aus diesem Paradies vertrieben, um in der lieb- und gottlosen Beziehungswüste des Gender-Gagalandes Deutschland ihr tristes und traditionsloses Dasein zu fristen.

Um die tatsächliche Zersetzungs- und Zerstörungskraft von Quoten wirklich wertschätzen zu können, muss man sich zunächst das Zerrbild Familie anschauen, das unsere postmoderne Gesellschaft prägt.

Unsere Familienministerin, Franziska Giffey (SPD), fiel mir in der allerersten Familienausschusssitzung dieser Legislaturperiode, der sie beiwohnte, dadurch auf, dass sie von ihrem Ministerium als „Frauenministerium" sprach. Ein Versprecher? Wohl eher Regierungsprogramm! Frau Dr. Giffey, die für die plakativen Bemühungen ihrer Doktorarbeit gerügt wurde, wird gerne zitiert mit ihrem Credo „Frauen können alles… (1). Und wenn sie es nicht können, dann sagen wir eben: dieser Satz ist Fakt und Forderung zugleich. Und weil es eine

Forderung ist, müssen wir eben die Bedingungen schaffen“. Ein ermunternder Wahlspruch, der leider dem Abgleich mit der Realität nicht standhält. Frauen können z.B. nicht zeugen. Diese Rückkopplung mit der Realität tut der generellen gedanklichen sozialistischen Marschrichtung aber bekanntlich keinerlei Abbruch.

Wer sich mit der Politik der letzten Jahrzehnte beschäftigt, wird sehr schnell feststellen, dass diese unter der Leitlinie steht: „Frauen können nicht nur alles, Frauen können alles besser.“ Und wenn die Realität dem entgegensteht, dann wird sie ebenso lange durch Quotieren vergewaltigt und durchgebogen, bis sie zum kruden Weltbild passt.

Schlechte Nachrichten, liebe Männer, Ihr werdet selbst von euren eigenen Geschlechtsgenossen verraten und verkauft: „Die Frauenquote funktioniert in anderen Ländern nur, weil sie früher damit angefangen haben.“ sagt Anders Indset (2). Egal wohin er reise, sehe er 29-jährige Frauen in Schlüsselpositionen. Das sei kein Wunder, sondern ein Plan. „Frauen können alles besser als Männer: Sie sind bessere Vertriebler, besser im Verhandeln, besser in der Führung. Das einzige, was sie nicht so gut können, ist, sich gegenseitig zu unterstützen und nach vorne zu bringen.“ so der Wirtschaftsphilosoph. „Hinzu kommt: 90 Prozent der Kaufentscheidungen werden von Frauen getroffen. Und was machen wir? 80 Prozent Männer kreieren Produkte, die 90 Prozent Frauen kaufen sollen. Dafür gibt es einen Begriff, der heißt Stupidität.“ Soweit Indset, der digitale Jesus aus Norwegen.

Und überhaupt: Wozu braucht „frau“ überhaupt Männer? An Universitäten laufen dazu selbstverständlich schon einschlägige Studien. Eine von dieser besonders willfährigen Untersuchungen fand heraus, dass Männer Frauen offensichtlich krank machen (3). Alles dreht sich um die Frau. Frauenrat, Frauenquote, Gleichstellung von Frauen. Männer und Väter sind zunehmend und vor allem schmerzlich spürbar abgemeldet. Die Feminisierung der Gesellschaft schreitet mit großen Schritten voran.

Um nur einige besonders markante Eckpunkte zu nennen: In der Männermode gerät aktuell der Rock immer mehr in den Vordergrund (4).

Durchgesetzt hat er sich - außer in Schottland, wo er ja heimisch ist - in westlichen Gesellschaften nicht. Je androgyner der Mann, desto "Hipster". Weil die biologische Realität aber so ist, wie sie nun mal ist, wenden sich Frauen nun häufig von diesen epilierten, mani- und pedikürten, häufig komplett enteierten, teebeutelschwingenden Zauberwesen ab - und den testosteronstrotzenden Vertretern des einwandernden Steinzeitpatriarchats zu; allzu häufig mit den entsprechenden Folgeschäden für die Frauen im Einzelnen, aber auch für die Emanzipation im Ganzen. Dumm gelaufen für Deutschlands Frauen. Danke, liebe Feministinnen, für nichts!

Auch folgende Information macht sehr nachdenklich: Frauen wollen zunehmend Männer sein, und Männer Frauen. Laut dem Statistischen Bundesamt in Wiesbaden ist die Anzahl der Geschlechtsumwandlungen in Deutschland zwischen 2005 und 2012 von 444 auf 1.124 Eingriffe gestiegen. Es gibt einen regelrechten, nachweislichen Hype, wie der Kinder- und Jugendpsychiater Alexander Korte (5) unlängst aufklärte. Dabei werden Transpersonen durch LGBT für die konstruktivistische und ideologische These, Geschlecht sei frei wählbar, missbraucht. Dass dem eben aber nicht so ist, zeigt sich in dem enormen Leidensdruck der Betroffenen, der sich darin äußert „im falschen Körper zu sein". Dabei wissen diese Menschen sehr genau, wer sie sein wollen und wen sie lieben. Sie haben sich das eben nicht ausgesucht.

Künstliche Befruchtung macht inzwischen auch die fleischliche Zusammenkunft mit Männern unnötig (6). Im Grunde macht sie allerdings auch langfristig Frauen unnötig. Denn nachdem die feministische Gesellschaft Männer und Frauen definitorisch von ihrer biologischen Essenz durch die behauptete Unabhängigkeit von gewähltem und biologischem Geschlecht entkoppelt hat, bleiben die Keimzellen arbiträr im Gendergaga-Niemandsland zur freien Verfügung. Alles ist möglich, nichts "muss" mehr.

Und ja, die Ideologie treibt seltsame Blüten. So gibt es z.B. auch „Väterinnen" (7): Frauen, die eigentlich Männer sein wollen und sich bereits einer geschlechtsangleichenden Behandlung unterzogen haben oder noch unterziehen, bedienen sich ihres Biologismus, um Kinder zu empfangen und auf die Welt zu bringen. Sie glauben, ich sei verrückt? Mitnichten! Bitte lesen Sie nur in den entsprechenden Quellen nach (8).

Und diese Entwicklungen schlagen sich dann auch im Abstammungsrecht nieder (9). Mit der „Ehe für alle" und den Segnungen der modernen Reproduktionsmedizin kam die Forderung auf, unsere Gesetze zu Lasten der Kinder anzupassen. Die rechtlichen Innovationen lesen sich wie eine Schülerzeitung aus der Anstalt.

Kurz zusammengefasst: Die Zeiten, in denen Kinder ein Recht hatten zu wissen, woher sie stammen, wer ihre Mutter und wer ihr Vater ist, sind lange vorbei. Die traditionelle Familie hat als Leitbild ausgedient. Je perverser, anormaler, abstruser oder - in politisch korrektem Neusprech - je „bunter" und „diverser" eine familiäre Konstellation ausfällt, desto weiter strahlt heutzutage ihr beispielgebender Leuchtturmcharakter.

Jeder hat anscheinend ein selbstproklamiertes Recht auf ein Kind, egal wie heftig die medizinischen Klimmzüge hierfür ausfallen müssen. Der Mensch spielt Gott, ist Herr über Leben und Tod. Denn egal, wie verrückt die Konstellation auch ist: Die in Frage stehende Beziehung jeglicher Zusammensetzung muss anscheinend ein Recht auf das Konsumgut Kind haben. Im Gegensatz dazu hat etwa das ungeborene Kind bis zum Ende des dritten Monats gar kein Recht, nicht einmal das auf Leben. Und selbst danach oft nicht.

Ja, und auch die Kinder haben selbst immer weniger Rechte; daran ändert auch die Nebelkerze nichts, ihre Rechte ins Grundgesetz schreiben zu wollen. Dieser Schachzug sichert nur dem Staat ein noch größeres Zugriffsrecht auf die Kinder und damit seine Vormachtstellung vor den Eltern, vor allem vor der natürlichen, "traditionellen" Familie.

Seit Deutschland zu größten Freiluftanstalt geworden ist, muss man wirklich mit allem rechnen. Wie lange müssen wir wohl noch warten auf die Forderung nach staatlichen Quoten auch im privaten Bereich? Und da sind der Phantasie leider ebenfalls keine Grenzen gesetzt: Quoten für homo- oder heterosexuelle und sonst wie geartete Paare. Man kann Mädchen und Jungen quotieren, Männer, Frauen, die anderen Geschlechter. Man kann kluge, dumme, dicke, dünne, rote, weiße, schwarze, gelbe wie-auch-immer farbige Kinder quotieren. Man kann quotieren, wer mit wem Sex haben oder sich verpaaren muss. Man kann quotieren, wer sich fortpflanzen darf und wer nicht. Und schließlich: Wer leben darf und wer nicht.

Blöd wird es halt für Frauen, wenn auch eine Orgasmusquote eingeführt wird. Haben die eifrigen Feministinnen auch darüber schonmal nachgedacht? Wahrscheinlich nicht. Wer gar keinen hat, dem fehlen auch keine multiplen.

Hat jetzt jeder verstanden, dass mit jeder Quote das individuelle Leben, die individuelle Freiheit massiv eingeschränkt wird? Dass sich der Staat unter dem Deckmäntelchen größtmöglicher

Gerechtigkeit aufschwingt, Quoten zu installieren, die geradewegs ins Fegefeuer der sozialistischen Allmachtsphantasien und damit zu Zwang führen? Denn wie sonst, wenn nicht durch Zwang, sollten Quoten durchgesetzt werden?

Zeitgenössische Feministinnen, die sich ja anmaßen, zum Segen aller Frauen eine bessere Frauenpolitik zu machen, merken anscheinend gar nicht mehr, wie sie sich dadurch selbst abschaffen - denn natürlich erzeugt jeder Druck Gegendruck (10): Gebärtaschen und Brutkästen machen perspektivisch Mütter obsolet (11).

Frauen werden durch Sexroboterpuppen (12) ersetzt, wie auch Männer (13). Werden dadurch bald echte Beziehungen komplett überflüssig (14)? Frauen wollen Konsum und Selbstverwirklichung - und können am Ende dann alles, außer glücklich sein. Sex wird abkonsumiert als die gegenseitige (Ego-)Masturbation. Tiefere Empfindungen sind verpönt. Liebe, Nähe, Intimität, und die tiefe Verbundenheit der Sexualität geraten zum miefigen Sumpf, der vermieden werden will. Das Objekt der Begierde ist austauschbar, Persönlichkeit und tiefere Gefühle werden auf dem Altar der narzisstisch gepflegten Individualität geopfert. Die Gnade, Leben schenken zu können, wird verweltlicht, der Zeugungsakt mutiert vom mystischen Akt der Verschmelzung zweier Liebender hin zur rein medizinisch-technischen Intervention. Genau wie die Abtreibung: Diese ist von der nur in Ausnahmefällen indizierten Tötung ungeborenen Lebens zur Föten-Massenvernichtung (und bei über 100.000 Tötungen pro Jahr darf, ja muss man von Massenvernichtung sprechen!) – geworden. Zudem ist jede Abtreibung auch ein stückweit der Mord an der Seele der verhinderten Mutter, ein Schritt in eine große Leere des Seins.

Und Quoten? Sie sind schließlich die Symptome dieser kranken, männerverachtenden Gesellschaft im Endstadium. Sie spalten die Gesellschaft weiter auf. Sie töten Exzellenz, Freiheit, Motivation, Berufung und Individualismus gleichermaßen. Wer kassandrische Dystopien schätzt, der lese Kurt Vonneguts Kurzgeschichte „Harrison Bergeron", oder schaue eine der hervorragenden Verfilmungen zum Thema (15), was in totalitären Gesellschaften so alles möglich ist, im Namen des „Guten".

Nicht von ungefähr möchten die Frauen, die sonst so arg nach noch mehr Frauen im Bundestag schreien, nicht hören, was andere Frauen im Bundestag zu sagen haben, die explizit anderer Meinung sind als sie selbst: Ich verweise hier nur auf Transkript meiner Rede zum Thema (16), mit allen protokollierten Zwischenrufen, mit der wir als AfD uns gegen die Kommission zur Quote wehren. Denn: Es braucht keine Quote!

Als Fazit möchte ich zusammenfassen: Ich bin herzlich quotophob, weil Quoten für mich ein schmerzliches Symptom einer zutiefst kranken, gottlosen Gesellschaft sind, die in ihrem vorgeblichen Gerechtigkeitswahn trefflich alle Bevölkerungsgruppen gegeneinander aufwiegelt und ausspielt. Und als Nebeneffekt all dessen werden Familien und Beziehungen zerstört.

Quoten sind aus den oben genannten Gründen hirnrissig. Sie benachteiligen in guter feministischer Tradition zunächst Männer, letztlich aber uns alle, weil zugunsten der Quote auf Eignung, Motivation, Kompetenz, Erfahrungen, Qualität und Exzellenz verzichtet wird.

Quoten sind riesige Nebelkerzen, die vortäuschen, es ginge um Gerechtigkeit und Gleichstellung, wo es doch um etwas ganz anderes geht, wie oben dargestellt.

Und damit es möglichst viele ach so selbstgerechte Frauen endlich auch verstehen: Wenn man die Quotenregelung für Frauen in Führungsetagen, Parlamenten und sonstigen

Prestigejobs fordert, dann muss man sie auch für andere Berufsgruppen fordern - denn ansonsten bedeutet sie ja eine schändliche Diskriminierung aller Männer, die Drecksarbeit machen. Deshalb, Ihr Quotenforderer: Macht euch doch wenigstens ehrlich und entsagt der allzu offensichtlichen Begierde nach Geld, Macht und Prestige. Fordert eine Frauenquote für alle Berufe - auch ebensolche mit körperlich schweren Arbeiten wie Pflastern, Betonbauern, Kanalarbeiter, Dachdeckern, Gleisbauarbeiten, Bergleute, Handwerker und so fort.

Und was eigentlich, wenn sich für die durch Quoten eröffneten „Chancen" keine Quotenfrauen finden? Werden dann Frauen - ganz wie es in modernen sozialistischen „Demokratien" so üblich sein muss, um Quoten auch zu erfüllen - in diese Berufe gezwungen?

Und was, wenn sich nicht genügend Männer finden für die 50-Prozent-Quote für Hebammen, Nageldesigner, Kosmetiker, Tagesmütter, Erzieher, Grundschullehrern, Prostituierte usw.? Wegen "gleichem Recht für alle" müssten dann dort doch auch Männer zwangsweise hineinquotiert werden!

Ein letzter einsamer Ruf in der quotensozialistischen Feministinnenwüste: Liebe ungläubige Feministinnen der Neuzeit: Ihr betätigt euch als der Sargnagel unserer freien, emanzipierten, christlich- abendländischen Gesellschaft, während ihr die eher weniger zarte Pflanze des zuwandernden Steinzeitpatriarchats als Faszinosum hegt und hätschelt, weil es euch selbst anscheinend nicht betrifft! Es wird dereinst als Treppenwitz in die Geschichte eingehen, dass dieses importierte Patriarchat euch, eure Töchter und Söhne (und leider uns alle!) früher oder später unterwerfen wird.

1https://www.rtl.de/cms/familienministerin-franziska-giffey-frauen-koennen-alles-4494876.html
2https://rp-online.de/nrw/staedte/moers/anders-indset-frauen-koennen-alles-besser-als-maenner_aid-19015801
3https://www.gofeminin.de/beliebt-im-netz/maenner-machen-frauen-krank-laut-studie-s2419108.html
4https://www.derstandard.at/story/1269448162456/unisex-mode-in-japan-bock-auf-rock
5https://www.die-tagespost.de/gesellschaft/feuilleton/Wir-erleben-einen-regelrechten-Hype;art310,200632
6https://www.netdoktor.de/kinderwunsch/kuenstliche-befruchtung/
7https://www.zeit.de/kultur/2016-08/geburt-vaeter-transsexualitaet-queer-feminismus-10nach8
8https://www.deutschlandfunk.de/fortpflanzung-jenseits-der-geschlechter-vaeterin-und-mutter.740.de.html?dram:article_id=436771
9https://www.arag.de/service/infos-und-news/rechtstipps-und-gerichtsurteile/ehe-und-familie/08368/
10https://www.tvspielfilm.de/news-und-specials/interviewsundstories/kuenstliche-gebaermutter-muetter-bald-ueberfluessig,4521153,ApplicationArticle.html
11https://aerzte-fuer-das-leben.de/fachinformationen/schwangerschaft/eve-entwicklung-einer-kuenstlichen-gebaermutter/
12https://www.stern.de/digital/technik/sexroboter--gehen-wir-bald-nur-noch-mit-maschinen-ins-bett--7250692.html
13https://www.br.de/mediathek/video/die-zukunft-der-sexualitaet-3-7-homo-digitalis-sexroboter-und-der-digitale-hoehepunkt-av:5a6203d7ee06e30017875255
14https://www.youtube.com/watch?v=GndMCkyn5g0
15https://www.youtube.com/watch?v=37F2wrY8g6o
16https://www.youtube.com/watch?v=fomVmMuvWBk&feature=youtu.be

26. Juli 2020

10. Höchst brisant: „Kinder-Armut" in Deutschland – Marxistische Familienpolitik auf dem Vormarsch

Wie die Politik die Familie erfolgreich dekonstruiert

Was die marxistische Familienzerstörung unter Stalin und Lenin in einem totalitären Staat nicht hat leisten können, läuft in der „Konsensdemokratie" unter einer angeblich christdemokratischen Bundeskanzlerin, unglaublich leise und fließend, auf Hochtouren.

Alle (!) unter Stalin und Lenin gegangenen Schritte der Zerstörung der Familie durch den Marxismus, die Hubert Hecker in seinem Artikel bei „katholisch.de" (1) kenntnisreich nachzeichnete, hat die seit Jahrzehnten ideologisch gehirngewaschene deutsche Gesellschaft bereits nachvollzogen. Marx schrieb in seiner 4. These über Feuerbach: „…die Familie … muss theoretisch und praktisch vernichtet werden", und erläuterte an anderer Stelle seine Vernichtungsvision: „Mit dem Zerfall des Kapitalismus wird auch die Basis der Familie zerstört werden. Wir werden dieses heiligste Bündnis, diese heiligste Verbindung, zerstören und die Familienerziehung durch die Gesellschaftserziehung ersetzen." Dies dürfte uns bereits vage bekannt vorkommen; ich möchte dennoch ein paar weitere Parallelen aufzeigen.

Marxismus damals: Das Programm der Familienvernichtung leitete der Bolschewikenführer Lenin damit ein, „dass die Ehe als Basis der Familie ihrer sittlichen und religiösen Verbindlichkeit beraubt wurde. Die bisher ‚heiligste

Verbindung' sollte zu einer beliebigen Form des Zusammenlebens banalisiert werden. Dazu wurde die Zivilregistrierung der Eheschließung eingeführt, die Scheidung leicht gemacht und die Abtreibung auf Staatskosten propagiert." (Hecker)

Marxismus heute: Ehe für alle. Als die „Ehe für alle" im Juni 2017 bei der Abstimmung im Bundestag eine Mehrheit fand, war dies ein großer Erfolg im jahrzehntelangen Kampf für die Gleichberechtigung gleichgeschlechtlich liebender Menschen. Der Weg zu dieser entscheidenden Abstimmung forderte seinen Preis – er führte nämlich geradewegs über die Leiche des besonderen Schutzes der Ehe nach Artikel 6 Grundgesetz: Dieser meinte ursprünglich die fruchtbare Verbindung von Mann und Frau, die den Fortbestand der Nation sicherte, nicht jedoch die sterile Verbindung zwischen gleichgeschlechtlichen Paaren.

Die philosophische Dekonstruktion von Mann und Frau führte in der Praxis zu einem „Anything goes" von allerlei sonstigen Paarungen, die nun allesamt den gleichen Rechtsstatus haben wie die Ehe zwischen Mann und Frau. Mittlerweile sind in der gesellschaftlichen Verblendung so weit fortgeschritten, dass die vielgepriesene „Gleichstellung" von sterilen Verbindungen mit fruchtbaren Verbindungen selbst vor dem „Recht auf Kinder" nicht Halt macht – denn schließlich können sich ja auch kinderlose Paare bestehend aus Mann und Frau medizinisch-technisch reproduktiv auf die Sprünge helfen lassen oder dürfen adoptieren, „oder, oder, oder", ganz im Sinne der Beliebigkeit der Dekonstruktion.

Und ebendies hat dann eben auch für den Wunsch nach Kindern in allen anderen Verbindungen zu gelten, denn sonst wäre es schließlich Diskriminierung. Dass die Biologie höchstselbst es ist, die hier deutlich „diskriminiert", spielt schon lange keine Rolle mehr. Der „homo marxiens" glaubt ernsthaft, er habe die Natur, die Biologie und damit die Geschlechter, ebenso wie angeborene Neigungen und traditionellen Familienbegriff längst überwunden.

Das Kindeswohl wird hierbei völlig ausgeblendet; es wird sich dem ideologischen Imperativ schon unterordnen! Notfalls gibt der marxistische Staat bei der durch Steuergelder finanzierten Wissenschaft ein paar signifikante Studien in Auftrag, die das Gewünschte belegen – und basta, schon „schaffen" wir auch das.

Und wenn der völlig bemaulkorbte, staatsfunkhörige, durchgegenderte, enteierte, mit dem Erwirtschaften von Steuern mehr als ausgelastete Normaldeutsche das mit der Reproduktion und dem Erhalt der Nation nicht mehr gebacken kriegt – wen interessiert das? Dann soll eben die ganze Welt Deutschland bevölkern, indem einfach jeder Deutscher werden und den Fortbestand unserer Nation sichern kann. Auch wenn er aus Kulturen kommt, in denen die Toleranz für nicht-traditionelle Formen der Paarbildung gleich Null liegt und Anhänger „fortschrittlicher" Familienmodelle schon mal am Baukran oder auf dem Richtplatz enden... Doch zurück zum eigentlichen Thema, bevor ich mich in Rage schreibe.

Marxismus damals: „Ab 1925 ordnete Lenins Nachfolger Josef Stalin eine planmäßige und landesweite Kampagne gegen die bürgerliche Familie an. In der Hauptstoßrichtung sollten Mädchen, Frauen und Müttern die Liebe zu Kindern sowie das Kümmern um Erziehung und Aufzucht der Kleinen ausgetrieben werden. Heimgestaltung und Hausarbeit wurden schlechtgeredet. Die Frauen sollten sich in den staatlichen Arbeitsprozess einspannen lassen." (Hecker)

Marxismus heute: Aus dem Recht, selbst und ohne Erlaubnis ihres Mannes einen Arbeitsvertrag zu unterschreiben (In Kraft seit 1977), ist längst eine Verpflichtung geworden, da sonst viele Familie von dem einen Gehaltscheck, den der Vater erwirtschaftet, nicht leben können. Das war in den 1970ern noch ganz anders als heute. Und damit die Frauen ebenfalls als steuerliche Melkkühe zur Verfügung stehen, werden sie mit Errungenschaften (respektive Zumutungen) überzogen wie frühkindlicher Fremdbetreuung ab dem dritten Monat, Kita, Ganztagsschule und Hort. Es kommt eben ganz auf die persönliche Lebensperspektive und allzu oft auf den Grad der ideologischen Verblendung an.

Marxismus damals: „Mit Krippen und Kantinen sollten also die Mütter befreit werden von Hausarbeit, Kinderaufzucht und -erziehung in den Familien, um in den Fabriken Schrauben zu drehen und Muttern zu zeichnen. Damit sollte zugleich der Lebensraum der Institution Familie zu einer Schlafgemeinschaft entleert und somit zerstört werden. Diese ‚Vernichtung der Familie‘, wie Marx es nannte, ließ Stalin als Emanzipation der Frauen verkaufen." (Hecker)

Marxismus heute: Frauen halten es unreflektiert und fernab eines Zugangs zu ihrem inneren Selbst für die höchste Berufung, aushäusig erwerbstätig zu sein. Dies ist das Idealbild von Familie, welches man in allen heutigen Kinderbüchern dominant vorfindet, und inzwischen auch vielfach das Vorbild, welches in den Familien gelebt wird.

Dabei erleben viele Kinder die ständig wiederkehrende Trennung von der Mutter als größtmögliche Stresssituation und Trauma. Wir können heute durch viele transgenerationale Traumastudien davon ausgehen, dass diese Trennungstraumata genetisch „hard-kodiert" an die nächste Generation weitergegeben werden – mit weitreichenden Auswirkungen auf das Familienleben.

Das gilt übrigens auch für Trennungstraumata durch Scheidung: Kinder werden staatsseitig zu gemeinschaftslosen, „wir"-befreiten Individualisten geprägt, und dies so früh wie möglich. Kein Wunder, dass immer mehr Ehen scheitern und immer mehr Alleinerziehende das Gesellschaftsbild prägen. Ich empfehle in diesem Zusammenhang die Lektüre von Dr. Christoph Hutters Abhandlung „Gesellschaftliche Folgen von Trennung und Scheidung" (2).

Und auch das heikle Thema Abtreibung ist in diesem gesellschaftspolitischen Kontext, im Ziel einer ideologisch-politischen „Familienplanung" zu sehen.

Marxismus damals: „Schwangerschaften mussten mit der staatlichen Arbeitsverwaltung abgestimmt werden – bei Planrückständen drängten die Planungsleiter zur Abtreibung. Bald nach der Geburt wurden die Mütter gezwungen, ihre Kleinkinder in die Krippe zur gesellschaftlichen Erziehung abzuliefern. Diesem Zwang zur Kinderablieferung entsprach der Zwang, für den Sozialismus als Traktoristin, Maschinenbedienerin oder in Stoßbrigaden zu arbeiten." (Hecker)

Marxismus heute: 100.893 Schwangerschaftsabbrüche (3) sprechen eine deutliche Sprache. Die wenigsten von ihnen – weniger als vier Prozent – sind aus medizinischen Gründen erfolgt, noch weniger aus kriminologischen Gründen, wie statistische Untersuchungen (4) klar belegen. Hauptgrund ist folglich, dass die Schwangerschaft nicht ins Lebenskonzept passt. Da müssen wir uns als Gesellschaft eigentlich dringend die ein oder andere Frage stellen.

Marxismus damals: Als die sowjetische Staatsführung zu der Erkenntnis gelangt, dass zu wenige Kinder geboren werden, folgte eine 180-Grad-Wende in der Familienpolitik: „Somit markierte das Jahr 1936 mit den großen Säuberungen, Prozessen und Massenhinrichtungen auch eine Krise der stalinistischen Gesellschaftspolitik. Es zeigten sich die katastrophalen Auswirkungen, die von der bolschewistischen Anti-Familienpolitik ausgingen: Zunahme von Scheidungen und Abtreibung, Absacken der Geburtenrate, neue Verwahrlosung von Jugendlichen, Unzufriedenheit der Frauen." (Hecker)

Marxismus heute: Jede Familienpolitik, die die Familie mit mehreren Kindern gutheißt, wird grundsätzlich in die Nähe der völkischen Bemühungen zur Steigerung von Geburtenraten und Erziehung neuer Helden und – noch schlimmer – in die Nähe des nationalsozialistischen Mutterkreuzes gerückt. Stattdessen öffnet Frau Merkel, um die „deutsche" Nation zu erhalten (?), die Grenzen für den Rest der Welt.

Für eine Familienpolitik, die diesen Namen auch verdient, ist viel zu wenig Geld da für alle" Noch-nicht-so-lange-hier-Lebenden", egal mit welchem Aufenthaltsstatus, aber sehr wohl selbst für Großfamilien, Männer mit mehreren Ehefrauen und Frauen, die ganz in der kulturellen Tradition der Herkunftsländer dann wirklich reine Gebärmaschinen sind. Ebenso wie für Stiftungen und NGOs, die diese Agenden vorantreiben, indem sie einerseits für Migration aus mittelalterlich-traditionalistischen Ländern trommeln, aber die „schon-länger-hier-Lebenden" mit einer familien- und persönlichkeitszersetzenden Genderpolitik überziehen

Allerdings ist die marxistisch durchseuchte Regierungspolitik im Bestreben, die „klassische" Familie zu zerrütten, noch lange nicht fertig – denn hier und da gibt es ihn noch immer auch bei Deutschen, den traditionellen Familienzusammenhalt in traditionellen Familien. Deshalb müssen immer schwerere Geschütze aufgefahren werden: Man möchte Kinderrechte im Grundgesetz verankern – und zwar ausdrücklich und separat; dies ist für diesen gott- und empathielosen Staat wichtig. Nur so können Kinder sichtbar und mit gesetzlichem Segen frühzeitig aus dem Familienverbund herausgelöst werden, indem Erziehung an staatliche Vorbedingungen geknüpft wird; und nur so kann der Staat die Vormachtstellung vor den Eltern erlangen.

Frühe Versuche, die Kinderrechte ins Grundgesetz zu schreiben, scheiterten noch am erbitterten Widerstand der Gesellschaft, vor allem der Familien, die den Braten längst gerochen haben. Doch dem Staat genügt die Prägungshoheit über den Kinderbetten schon lange nicht mehr. Er möchte die Kinder durch die vorgesehene Grundgesetzänderung in seinen Händen wissen, dem Zugriff der marxistischen Gesellschaftspolitik restlos ausgeliefert und ohne dabei lästigen, liebenden und fürsorgenden Eltern in irgendeiner Weise rechenschaftspflichtig zu sein. Er möchte sein Humankapital von der Stunde der Geburt an besitzen und ihm die neue Weltordnung nach Gutdünken aufprägen. Dazu passt, dass der erste Brief, den jeder Erdenneubürger vom Staat erhält, seine Sozialversicherungsnummer ist. Eltern werden ausgemustert – nicht nur sprachlich. Wer erinnert sich nicht an den Vorstoß, „Vater" und „Mutter" durch „Elter 1" und „Elter 2" ersetzen zu wollen?

Nun kommt direkt die nächste strukturelle Attacke auf die Familie hinterher – versteckt hinter dem Kampfbegriff „Kinderarmut". Aber, Herrgott noch einmal: „Kinderarmut" gibt es nicht. Es gibt nur Familienarmut. „Kinderarmut" ist ein statistisches Konstrukt, welches so tut, als existierten Kinder in der Welt als separate wirtschaftliche Einheit, denen man einen Geldbetrag X zurechnet.

Das ist aber nachweislich überwiegend falsch. Die wenigsten Kinder haben weder Vater noch Mutter, sondern leben mit mindestens einem dieser geliebten Menschen zusammen. Diese zusammenlebende Einheit ist immer als Gesamtkonstrukt zu betrachten. Durch den emotional hochaufgeladenen Begriff „Kinderarmut" soll uns glauben gemacht werden, dass es Eltern gibt, die selbst gar nicht arm sind, aber ihre Kinder in Armut darben lassen. Hand aufs Herz. Glaubt das jemand wirklich ernsthaft? Dieses Framing dient nur als Steigbügelhalter für den nächsten skandalösen Versuch, Kinder grundgesetzlich von ihren Eltern zu trennen, aus ihren Familien herauszulösen.

Ja, seien wir ehrlich: Wir leiden in Deutschland unter Kinderarmut. Aber anders als gemeinhin vermittelt: Wir Deutsche bekommen viel zu wenige Kinder. Die Gründe hierfür müssen endlich klar benannt werden dürfen und es müssen Auswege aus dieser für das Volk der Deutschen letztlich tödlichen demografischen Entwicklung gefunden werden – ohne Rücksicht auf die Schwinger der Rassismuskeule und ohne mutterkreuz-allergiebedingtem Schaum vorm Maul. Seine Heimat – Deutschland – lieben, sich dem deutschen Volk zugehörig oder zumindest von Herzen verbunden zu fühlen, Familien unterstützen: Das ist die Devise. Und sie steht nicht für „Rassismus", sondern für puren Selbsterhalt.

Die Wiederherstellung der prämarxistischen Bürgerlichkeit scheint im derzeit praktizierten dekonstruktivistischen Sozialismus der deutschen Regierungspolitik zwar unmöglich. Dennoch müssen wir den Familien zurufen: Wehrt euch endlich gegen die marxistisch geprägte Familienpolitk, die in Wahrheit die feindliche Übernahme sämtlicher Menschen der Familie als

Personen darstellt und diese zu Humankapital und final Bürgenden für die Neue Weltordnung degradiert! Und jeder, der seine Stimme der (gesellschaftspolitisch de facto marxistischen) Einheitspartei CDUCSUFDPSPDBündnis90/DieGrünenDieLinke gibt, wählt Mama, Papa, Kinder, Oma, Opa – und damit Deutschland – nachhaltig ab.

1https://katholisches.info/2018/08/25/die-marxistische-familienzerstoerung-unter-lenin-und-stalin/
2https://efle-beratung.de/fix/files/910/doc/Gesellschaftliche%20Folgen%20von%20Trennung%20und%20Scheidung.pdf
3https://www.destatis.de/DE/Themen/Gesellschaft-Umwelt/Gesundheit/Schwangerschaftsabbrueche/_inhalt.html
4https://de.statista.com/statistik/daten/studie/243927/umfrage/anteil-der-schwangerschaftsabbrueche-nach-altersgruppe-und-begruendung-des-abbruchs/

9. August 2020

11. Höchst brisant: Sind Maskenhysterie und Inobhutnahmen alternativlos?

Der Coronahype gefährdet das Kindeswohl

Ist es eigentlich oberstes Staatsziel, den Einzelnen um jeden Preis allein vor dem Tod durch Corona zu bewahren? Warum? Und seit wann? Wer hat das so bestimmt? Mit welchem Recht?

Durch harsche und willkürlich anmutende, massiv die Freiheit des Einzelnen und der Gesellschaft beschneidende Maßnahmen sollen wir also vor Corona geschützt werden. Wieso ausgerechnet vor dem Tod durch Corona?

Ich meine: Unsere Gesellschaft wird lernen müssen, mit dem Todesrisiko durch Corona zu leben. Genau wie mit allen anderen Todesrisiken auch – Verkehr, Krebs, HIV, Herzinfarkt, Haushaltsunfall und vielen mehr. Die Regierung hat scheinbar Wirksamkeit und Verhältnismäßigkeit von Maßnahmen zum Schutz vor Corona völlig aus den Augen verloren.

Ins Visier geraten nun die Kinder. Sie sind die Zukunft der Gesellschaft und bedürfen daher – besonders in der Coronazeit – einer besonderen Aufmerksamkeit und Sensibilität bei Schutzmaßnahmen. Sehr oft werden diese kritisiert, wenn sie über den notwendigen Infektionsschutz hinausschießen.

Wichtig ist bei all den Diskussionen die Unterscheidung zwischen Infektion und Erkrankung. Schauen wir uns die Fakten an: Aktuell werden für Deutschland durch das John-Hopkins-Institut 9.180 Sterbefälle mit Covid-19 ausgewiesen. Wir wissen mangels Obduktionen jedoch nicht, wie viele Menschen direkt an Corona gestorben sind, sondern nur, dass sie das Virus im Körper hatten, als sie starben.

Bis zum 6. August 2020 (1) waren in Deutschland offiziell insgesamt 0,25 Prozent der 83,02 Millionen Menschen – 214.289 – irgendwann einmal mit dem Virus infiziert. Von diesen 214.289 Menschen waren an diesem Tag aktuell noch 10.190 Menschen infiziert. Das wiederum sind 0,0122 Prozent. Anders ausgedrückt: 99,978 Prozent der Bevölkerung waren nicht infiziert (2).

Auf die Altersklassen 0-9 Jahre entfallen nur 1,8 Prozent der Infektionen und 4,3 Prozent auf das Alter 10-19 Jahre. Infizierte Kinder und Jugendliche machen also einen verschwindend geringen Teil der Gesamtbevölkerung aus (3). Nur am Rande sei erwähnt, dass im Vergleich dazu, die Influenza-Infektionen 2018/19 in diesen Altersgruppen bei 13 Prozent lagen (4). Von Kindern und Jugendlichen geht zudem eine nur geringe Gefahr für eine Weiterverbreitung des Corona-Virus aus.

Angesichts dieser absolut marginalen Fallzahlen lassen wir Schulen ausfallen, entziehen Eltern dem Arbeitsprozess und gefährden unseren Nachwuchs sowohl in psychischer als auch bildungstechnischer Hinsicht? Tappen wir hier nicht in eine kognitive Falle, im angelsächsischen Sprachraum bezeichnet als „denominator neglect", die Vernachlässigung des Nenners?

Hierzu ein Vergleich, der die Verhältnismäßigkeit verdeutlicht. Laut RKI erleiden 2,8 Millionen Menschen in Deutschland jährlich einen Haushaltsunfall (5). Die Wahrscheinlichkeit, sich im eigenen Haushalt zu verletzen, ist somit 13mal höher, als sich mit Corona überhaupt nur zu infizieren.

Es wird höchste Zeit, dass wir angesichts der Fakten wieder zur Normalität zurückkehren und uns sachlich damit auseinandersetzen, wie wir mit Erkrankungswellen zukünftig umgehen sollen. Menschlichkeit, Menschenleben, Rechtstaatlichkeit, Wirtschaft und Existenzgrundlagen dürfen nicht in einer oft nicht nachvollziehbaren Verbots- und Vorschriftenhysterie geopfert werden.

Am kommenden Montag starten in Nordrhein-Westfalen wieder die Schulen. Dort soll auch im Unterricht eine Maske getragen werden. Der Ärzteverband Marburger Bund hat eine Maskenpflicht im Schulunterricht – wie von Nordrhein-Westfalen vorgesehen – laut „Frankfurter Allgemeine Zeitung" (FAZ) als sinnlos kritisiert (6). „Wenn alle auf ihren Plätzen sitzen und Abstand sichergestellt ist, macht das Tragen von Masken während der Unterrichtsstunden überhaupt keinen Sinn und wäre eine überflüssige Behinderung", sagte die Bundesvorsitzende Susanne Johna. Und sie ergänzt: „Sinnvoll ist die Maske dann, wenn es eng wird, etwa beim Verlassen der Klasse, vor dem Schulkiosk oder auf dem Pausenhof, wenn mehrere Klassen gleichzeitig Pause haben."

Mehrere Länder haben dennoch eine Maskenpflicht an Schulen angekündigt. In Nordrhein-Westfalen müssen vom kommenden Montag an Schüler an allen weiterführenden und berufsbildenden Schulen eine Mund-Nase-Maske tragen. Das gilt zunächst bis zum 31. August – sowohl im Schulgebäude als auch im Unterricht. Soweit Lehrkräfte den empfohlenen Mindestabstand von 1,5 Metern nicht sicherstellen können, gilt die Pflicht zur Mund-Nase-Bedeckung auch für sie.

Hinsichtlich dieser Einschätzung und der oben zitierten Fakten, tritt die Hilflosigkeit der Regierungspolitik umso deutlicher zu Tage: Der Mundschutz mutiert zum politischen Symbol des

Aktionismus: "Seht her, wir tun etwas und wir haben auch die Kinder und Schulen gut im Blick. Auch diese sind von uns – mit Mundschutz – bedacht."

Dieses Signal ist zusätzlich grotesk, weil wir beachten müssen, dass die Regierungspolitik bei all diesen forschen Dekreten noch immer eine genaue Definition „wirksamer Masken" schuldig geblieben ist. Nach wie vor ist auch ein aus grobmaschiger Wolle selbstgehäkelter oder ein aus Zwiebel- oder Kartoffelnetz gebastelter Mund- und Nasenschutz zulässig – mit zentimetergroßen offenen Maschen. Wie wirkungsvoll ein solcher ist, möge bitte jeder selbst beurteilen. Aber auch viele der käuflich erwerblichen Exemplare schützen weder Träger noch Gesellschaft. Das haben mittlerweile viele Menschen kapiert und fangen an, die Sinnhaftigkeit zu hinterfragen.

Wo sind wir bloß gelandet? Anstatt auf wirkungsvolle Maßnahmen zu setzen, fördert man Hysterie, Blockwartmentalität und bleibt beim wirkmächtigen Kritikunterdrückungssymbol, der Maske. Doch statt alle Energien in diese Zwangsbedeckung zu stecken, sollte man auf Alternativen schauen; denn über eines besteht wohl Einigkeit: Für die gute Bildung unserer Kinder ist der Präsenzschulbetrieb unersetzlich.

Und natürlich auch für die Familien und die Wirtschaft. Familien benötigen die Schulzeit ihrer Kinder, um arbeiten gehen zu können, da sie sonst die Aufsicht nicht gewährleisten können; das ist so in einer Gesellschaft, in der Familien von einem Gehalt nicht mehr auskömmlich leben können. Und die Wirtschaft hat in ihren internen Prozessen und Vorgängen ihre Arbeitnehmer – ob sie Eltern sind oder nicht – fest eingeplant. Natürlich ist sie weder willens noch in der Lage, bis in alle Ewigkeit grundfalschen Weichenstellungen der Politik, die Vater und

Mutter in die Erwerbstätigkeit zwingen, auf dem Rücken ihrer Firma auszutragen.

Und was, wenn das dauerhafte Tragen von Masken unseren Kindern sogar schadet? Gesundheitlich wie psychisch? Diese Fragen sind noch immer nicht ausreichend geklärt. Eines steht allen „Faktenfindern" und „Correctiven" dieser Welt zum Trotz fest: Nicht für jeden (7) ist das dauerhafte Tragen von Mund-Nasen-Bedeckung unbedenklich.

Soll hier etwa ein großangelegtes Menschenexperiment auf Kosten unserer Kinder durchgeführt werden? Das wäre hochgradig unethisch und unmoralisch. Zudem stellt sich auch hier die Frage: Wo bleibt da die Verhältnismäßigkeit? Zudem der Schutz durch Masken wissenschaftlich nach wie vor zweifelhaft ist.

Jenseits aller Polemik gibt es offensichtliche und wirkungsvollere Alternativen zur Mund-Nasen-Bedeckung – etwa durch besseren Luftwechsel in Räumen. Das Portal „Heilpraxis" (8) schreibt hierzu: "Infektiöse Aerosole, also kleinste Teilchen, die längere Zeit in der Luft schweben können, stellen nach derzeitigen Erkenntnissen eine große SARS-CoV-2-Ansteckungsgefahr in Innenräumen dar. Mithilfe von Mund-Nasen-Bedeckungen lassen sich diese kleinsten Teilchen nicht filtern. Die Aerosole können sich innerhalb eines unbelüfteten Raumes anreichern, wodurch die Gefahr einer Infektion steigt. Während in den wärmeren Monaten die Innenräume gut belüftet sind und viele Aktivitäten nach draußen verlagert werden können, besteht die Gefahr, dass in den Wintermonaten die Infektionen wieder stärker ansteigen, da sich die Menschen vorwiegend in geschlossenen Räumen aufhalten."

Daraus ergibt sich: Sind Räume richtig belüftet – auch im Winter

-, so ist mehr für die Minimierung des Ansteckungsrisikos getan als durch symbolische Gesichtsbedeckungen. In Schulen, Kitas und öffentlichen Gebäuden wäre daher die Installation wirksamer Lüftungssysteme zur Luftumwälzung weit sinnvoller. Ich halte das für einen hervorragenden Vorschlag, der sofort in die Umsetzung müsste. Offensichtlich hat Deutschland viel Geld, denn wir geben es für alles Mögliche und Unmögliche aus. Ich denke, jedem von uns fallen auf Anhieb zahlreiche Beispiele ein, die belegen, dass deutsches Steuergeld mit den falschen Schwerpunkten – Stichwort: "alle Welt zuerst" - mit gutmenschlicher, ja nationalmasochistischer Wonne ausgegeben wird.

Dabei sollte Deutschland deutsches Steuergeld für die wichtigste Einheit im Staat, die Familie, einsetzen, um humanen und humanistischen Präsenzunterricht an Schulen gewährleisten zu können. Dazu gehören meines Erachtens nicht nur technische Maßnahmen, sondern auch die Schaffung baulicher Voraussetzungen, die zwingend notwendig sind, um die Abstandsregelungen gewährleisten zu können. Aber auch behördliche Flexibilität ist gefragt: Viele Städte haben Stadt- und Messehallen, die derzeit ihrer regulären Verwendung quasi entzogen sind, welche sofort für Präsenzunterricht genutzt werden könnten – sofern man denn wollte. Dasselbe gilt auch für Turnhallen.

In der Flüchtlingskrise erwies sich der Staat als unglaublich kreativ, was die Bereitstellung improvisierter Räumlichkeiten für sogenannte Schutzsuchende anbetraf. Sogar eilig neu gebaut wurde für Flüchtlinge bundesweit wie verrückt – aber um Schulen in der Pandemie nach- und umzurüsten, ist kein Geld da? Dabei ist in Deutschland Bildung unverzichtbar – und umso wichtiger im Zeitalter der Dauerflutung unseres Landes mit Menschen aus bildungsfernen Schichten, mit oft weniger als dürftigen Deutschkenntnissen.

Auch müssten wir unsere Energien in die zahlenmäßige Aufstockung des Lehrpersonals an Schulen stecken, damit in deutlich kleineren Gruppen unterrichtet werden kann. Und dass wir eine Verbesserung der digitalen Infrastruktur und technischen Ausstattung von Schulen dringlich investieren müssen, liegt seit Jahren auf der Hand. Der hochgelobte „Digitalpakt" hat diesbezüglich zu keinen nennenswerten Verbesserungen geführt. Warum ist die digitale Aufrüstung notwendig? Weil Digitalisierung die Unterstützung des Lernprozesses durch digitale Medien bzw. flankierende Lerneinheiten erst möglich macht.

Sie kann man auch infrastrukturell und organisatorisch maßgeblich den Schulbetrieb unterstützen: Der Unterricht mit dem Lehrer, die Vermittlung des Lernstoffs kann so in zwei oder drei Räumen gleichzeitig übertragen werden. Der Lehrer kann dabei beispielsweise von Raum zu Raum gehen, um dennoch persönlich zu betreuen. Da ist viel kreativer Gestaltungsspielraum, um vorhandene Ressourcen vernünftig zu nutzen, bis wir bessere Grundvoraussetzungen flächendeckend geschaffen haben werden. Die Digitalisierung des Schulalltags kann Lehrer somit enorm entlasten.

Allerdings ist die Digitalisierung des Unterrichts um ihrer selbst willen nicht lernförderlich; sie kann den Präsenzunterricht niemals in Gänze ersetzen. Deshalb müssen wir Hygienemaßnahmen finanzieren, angefangen bei der lange überfälligen Sanierung von Schultoiletten, der Ausstattung von Klassenräumen mit Handwaschbecken, Papiertüchern und Desinfektionsspendern sowie der Sicherstellung einer ausreichenden Raumbelüftung (siehe oben).

Dies sind nur einige wenige Ideen, die wir als AfD-Fraktion bereits am 30. Juni 2020 (Drucksache 19/20568) in den Bundestag eingebracht haben. Wenig überraschend, dass sie von den Altparteien samt und sonders abgelehnt wurden. Doch selbst diese Ideen können nur ein Auftakt zur grundlegenden Umgestaltung unseres Bildungswesens in ein krisensicheres System sein. Viele dieser Forderungen beinhalten neben der Bewältigung der pandemischen Situation auch nachhaltig wirksame Maßnahmen gegen die generelle Bildungskrise in diesem unserem Land.

Vielleicht noch ein paar Überlegungen zum Schluss, die die Prägung unserer Kinder maßgeblich beeinflussen.

Die Mund-Nasen-Bedeckung entmenschlicht das Gegenüber. Mimik ist vielfach nicht mehr zu erkennen, da sich diese natürlich nicht auf die Augen beschränkt. Das macht unsere Kommunikation um ein Vielfaches emotionsärmer und sprachlastiger: Die so wichtige non-verbale Kommunikation wird reduziert. Mund-Nasen-Bedeckungen erfüllen nicht nur in dieser Hinsicht alle Kritikpunkte, die in den letzten Jahren gegen die religiöse Vollverschleierung vorgetragen wurden und sollen jetzt hier nicht im Einzelnen vorgetragen werden. Bei Interesse bietet sich im Netz (9) ein weiterführender, wissenschaftlich fundierter, kontroverser Einblick in die Thematik.

Sind also die Coronamaßnahmen, insbesondere die Mund-Nasen-Bedeckung, mittlerweile etwa zur sichtbaren Erscheinungsform einer neuen religionsartigen Regierungsgläubigkeit geworden, die dem Träger das irdische Himmelreich und „ewiges Leben", im Sinne einer Sicherheit vor der Corona-Ansteckung, vorgaukelt? Fast könnte man dies meinen. Dass wir Deutsche für derartiger Religionsderivate nach wie vor empfänglich sind, zeigt bekanntlich bereits die Klima-

Religion. Sogenannte „Leugner" werden dort – wie auch jetzt bei Corona – mit beinahe mittelalterlich anmutendem Verfolgungseifer auf dem medialen Scheiterhaufen verbrannt.

Unsere Kinder werden unter der Knute der Mund-Nasen-Bedeckungen auf die neue Religion geprägt, deren religiöse Inhalte fluide sind, während Regierung aber im Wesentlichen den „Gottesstatus" beansprucht. So lernen die Jüngsten schon früh, dass dieser „Gott" allmächtig ist, dass sich gar unter dem Deckmäntelchen des Infektions- und Gesundheitsschutzes (10) das Recht herausnehmen kann, in Familien eingreifen zu wollen; Familien, die entweder nicht „maulkorb-willfährig" sind oder womöglich auch zuvor schon an anderer Stelle durch Systemkritik auffällig wurden. Mit der Folge, dass Kinder und Familien zunehmend Angst haben, sich ducken – und artig Maske tragen.

Gibt es wirklich so viel mehr Gewalt in den Familien? Oder geht es vielmehr auch darum, dass Gesundheitsämter in mehreren Bundesländern bei Corona-Verdachtsfällen die Isolation von Kindern anordnen? Wie diese Woche unter zu Recht großer Aufregung (11) bekannt wurde, sollen infizierte Kinder getrennt vom Rest der Familie in Quarantäne separiert werden. Bei Zuwiderhandlung droht die Inobhutnahme des Kindes. Mir bricht es das Herz, wenn kranke Kinder im Moment der höchsten Not aus ihren Familien deportiert werden sollen. Das soll gut sein für Kinder? Wo ist da die Verhältnismäßigkeit? Wo bleibt hier der Widerstand der empörten Familien?

Letztendlich gilt es auch, den Kindern wieder Zugang zu Eigenverantwortung zu verschaffen. Niemand sollte die Verantwortung für sich selbst in die Hände anderer Menschen und schon gar nicht in die des Staates legen müssen. Das führt generell zu einem Gefühl der eigenen Ohnmacht, der

Selbstunwirksamkeit und des Ausgeliefertseins. Nur wer lernt, Verantwortung für sich selbst zu übernehmen, erlebt sich als wirksam und mündig. Wer die Verantwortung für sich selbst und seine Familie nicht tragen kann, ist mit der Verantwortung für andere, die sie selbst nicht tragen können, völlig überfordert.

Letztlich befördert eine solche Konstellation nur die Allmacht des Staates, oder besser: sie beflügelt die Allmachtsphantasien der uns schon länger in den totalen Sozialismus treibenden Regierenden. Dass diese Phantasien hart auf dem Boden der Realität zerschellen, das haben uns die Corona-Krise und die in ihrem Gefolge ergriffenen Maßnahmen gezeigt. Der Staat konnte die den selbst angemaßten Verantwortungen – Schule, Betreuung, Pflege… – bislang nicht gerecht werden. Er war stets auf das Funktionieren der Einzelnen und der Familien angewiesen. Staatliche Angebote waren, wenn überhaupt nur in homöopathischen Dosen für sogenannte "Systemrelevante" vorhanden. Dass der Staat die Familien ersetzen kann, ist und bleibt ein marxistisches Hirngespinst.

Dazu noch ein paar abschließende Überlegungen, die „kinderleicht" nachzuvollziehen sind: Wenn ich zu einer Risikogruppe gehöre, schütze ICH mich. Wenn ich Immunsuppressiva einnehmen muss, kann ich natürlich nicht mein Immunsystem einfach durch Sport und Ernährung etc. stärken. Das ist nicht die Schuld oder das Problem der anderen; dann muss ICH mich selber besser schützen – etwa mit FFP3-Masken mit Filter und sehr guter Hygiene.

Und: Ich nehme Rücksicht auf andere Menschen, indem ICH zuhause bleibe, falls ich Krankheitssymptome habe. Und falls ich das nicht kann, halte ich Abstand, trage eine wirksame Maske, wasche häufig die Hände, und huste/niese in die Armbeuge oder ein Taschentuch – genauso wie ich das schon vor 2020 getan habe.

Ja, das Maskentragen zu kritisieren, ist hochgradig politisch. Es ist aber auch Ausdruck von gesundem Menschenverstand und ein Zeichen gegen die Willkür der nicht evidenzbasierten Maßnahmen.

Fazit: Schluss mit Hysterie und Willkür! Schluss mit Weltrettungsphantasien! Schluss mit Augenwischerei und dem Herumgedoktore an Symptomen! Stattdessen: Zurück zur individuellen Freiheit und zur Verantwortung des Einzelnen! Rückkehr zu Pragmatismus und sinnvollen, zukunftsgewandten sowie zukunftsträchtigen humanen und humanistischen Wegen aus der Coronamaßnahmenkrise für Deutschland! Und zwar – jawohl – ganz wörtlich für „Deutschland zuerst".

1https://de.statista.com/statistik/daten/studie/1102667/umfrage/erkrankungs-und-todesfaelle-aufgrund-des-coronavirus-in-deutschland/
2https://www.rnd.de/gesundheit/aktuelle-corona-lage-am-20-7-2021-zahlen-karten-und-grafiken-fuer-deutschland-und-die-welt-ZF7G5L2KOREUFDX5XF4HGGXDFI.html
3https://de.statista.com/infografik/21676/anteil-der-corona-infektionen-in-deutschland-nach-altersgruppen/
4https://influenza.rki.de/Saisonberichte/2018.pdf
5https://www.deutsche-familienversicherung.de/sachversicherung/hausratversicherung/ratgeber/artikel/die-meisten-unfaelle-passieren-zu-hause/
6https://www.faz.net/aktuell/gesellschaft/gesundheit/aerzteverband-masken-im-unterricht-ergeben-ueberhaupt-keinen-sinn-16895838.html
7https://www.aerzteblatt.de/nachrichten/112344/Nicht-fuer-jeden-ist-das-Tragen-einer-Maske-unbedenklich

8https://www.heilpraxisnet.de/naturheilpraxis/coronavirus-geringere-viruslast-durch-raumluftreiniger-20200811521010/
9https://www.researchgate.net/publication/312024038_Kulturtheoretische_und_neuropsychologische_Uberlegungen_zu_Fundamentalismusproblemen_Migration_und_prekarer_Identitatsbildung_in_unruhigen_Zeiten_am_Beispiel_dysfunktionaler_neurozerebraler_Habitualis
10https://www.presseportal.de/pm/126040/4572046
11https://www.nw.de/nachrichten/meinung/22838030_Kommentar-Behoerden-gefaehrden-Kinder-und-liefern-Corona-Gegnern-Munition.html

23. August 2020

12. Höchst brisant: Anstand und Moral? Fehlanzeige!

Willkommen in der schönen neuen Welt der Frühsexualisierung

In unserer sozialidyllischen, beinahe gewaltsam auf bunten Regenbogen getrimmten Welt erhebt sich der nächste Testballon der Pädophilen und wenn er am gesellschaftlichen Firmament aufsteigt, ohne zu zerplatzen, ist eine weitere Stufe der gesellschaftlichen Akzeptanz erklommen. Und irgendwann ist der Sex mit Kindern, egal welchen Alters, dann straffrei und gesellschaftlich anerkannt. Warum ich mich aufrege? Wenn Abbildungen in der Werbung eindeutige sexuelle Bezüge aufweisen.

Für mich als vierfache Mutter ist die Grenze des guten Geschmacks meilenweit überschritten, etwa bei der Vorstellung oder auch nur der Fantasie, dass Babyschnuller von der Form her in die Nähe von männlichen Geschlechtsteilen gerückt werden. So etwas ist kaum denkbar und fühlt sich an wie ein Sakrileg. Jedenfalls für Menschen, für die Kinder sakrosankt und besonders schützenswert sind.

Die vollkommene Unschuld von Kindern und deren Grundbedürfnis nach „Erkundung der Welt mit dem Mund" („orale Phase") ist eine vollkommen normale Entwicklungsspanne, in der das Kind den Mund quasi als dritte Hand benutzt. Nach Sigmund Freud verschafft alles, was man mit dem Mund machen kann – Saugen, Lutschen, Essen – dem Baby Bedürfnisbefriedigung und Lust, und dient gleichzeitig der

Spannungsreduktion. Gute Zusammenfassungen dazu finden sich im Internet (1).

Es liegt also in der Hand der verantwortungsvollen Eltern aufzupassen, was für das Baby erreichbar herumsteht, -liegt oder -hängt. Jemand, der dabei Penisse im Sinn hat, selbst in Form von Schnullern, der sollte sich selbst diverse Fragen stellen. Wenn derjenige im Zusammenhang mit dem Saugbedürfnis eines Babys an seinen eigenen Penis denkt, hat er meines Erachtens nach gedanklich eine rote Linie überschritten, weil er so das Baby als Objekt seiner Begierde seiner eigenen, „erwachsenen" Triebbefriedigung unterordnet. In diesem Fall müsste man fast schon erleichtert sein, wenn er diese Tat „nur" in Gedanken und nicht in der realen Welt umsetzt. Wie Psychologen die Motive solcher Gedanken und Phantasien (und im schlimmsten Fall Handlungen) beurteilen, lässt sich sicher nur im Einzelfall eruieren. Was jedoch die Justiz in diesem Land – zumindest noch – über derlei Taten in der realen Welt denkt, ist sonnenklar: §176 StGB.

„Die Gedanken sind frei" ist eines meiner Lieblingsvolkslieder – und ja: Jeder darf unbedingt denken, was er möchte. Wer jedoch Einblicke in seine Gedankenwelt und die Feinjustierung seines moralischen Kompasses gewährt, indem er sich Penisschnuller-Scherzartikel zu Karneval oder anderen Verkleidungsgelegenheiten um den Hals hängt, der muss sich mehr als nur fragende Blicke gefallen lassen.

Einst haben wir uns als Kinder noch verkleidet als jemand, der wir gerne sein wollten, den wir bewunderten oder der uns sonst wie faszinierte. Manchmal wollten wir uns auch gänzlich mit ihm identifizieren, weil es unser Traum war, (wie) diese Figur zu sein. Ausgehend von dieser Tradition der Travestie zu Karneval, Halloween oder ähnlichem stellt sich heute die Frage:

Welcher Boomer hängt sich bitteschön Penisschnuller-Scherzartikel um den Hals, verkleidet sich als Möchtegern-Pädophiler oder als jemand, der mit pädophilen Scherzen und Grenzüberschreitungen „provozieren" möchte? Wer nuckelt im Selbstoffenbarungsmodus gar selbst an einem Penisschnuller? Zumindest bei den meisten heutigen Eltern drohen die „Penisschnuller-Nutzer" nämlich definitiv noch anzuecken.

Bei den jüngeren Generationen gelten leider bereits andere Maßstäbe. Nicht nur Linke und Grüne, auch linksgrünes Gedankengut hat definitiv seinen Marsch durch alle Institutionen erfolgreich bewältigt. Dazu gehört, neben dem „Kampf gegen Rechts" und dem manischen Klima-Retten, auch das zum Hauptlebenszweck erhobene Thema „Ausleben der eigenen Sexualität". Und die entsprechende Erziehung muss natürlich möglichst früh beginnen.

Nicht von ungefähr ist der Traum der Pädodemokraten zuerst unter den Grünen entstanden, die besonders in ihren Gründungszeiten ganz offen für Sex mit Kindern eintraten; ich erinnere da nur beispielhaft an die „Cohn-Hosenlatz-Bendits" (2) und die Volker Becks dieser Welt. Ersterer schwelgte in einer französischen Talkshow anno dazumal, in den Anfangstagen der Grünen, offen davon, was passiert, wenn ein kleines fünfjähriges Mädchen beginnt sich auszuziehen. Es sei großartig, weil es ein Spiel ist; ein wahnsinnig erotisches Spiel. Cohn-Bendit wörtlich: „Die Sexualität eines Kindes ist etwas Fantastisches."

Beck stand ihm nicht viel nach und wollte Sex mit Zwölfjährigen straffrei machen (3); 1988 steuerte er einen Beitrag für den Sammelband mit dem bezeichnenden Titel „Der Pädosexuelle Komplex" bei, in dem die teilweise Entkriminalisierung von gewaltfreiem Sex mit Kindern fordert. Immerhin wies er darin zumindest die noch radikalere

Forderung einer völligen Entkriminalisierung zurück, die damals etwa „in der Schwulenszene tonangebend war", so die „taz" (4). Ab 1993 distanzierte sich Beck dann von seinem früheren Standpunkt und wollte sogar gerichtlich erwirken, dass er nur noch mit seiner damaligen Distanzierung von einer totalen Kindersex-Entkriminalisierung zitiert werden dürfe – nicht jedoch mehr mit seiner damaligen Gutheißung einer Teillegalisierung. Der Rechtsstreit lief über viele Jahre, bis am 30. April dieses Jahres „Zeit online" (5) von seinem Ende berichtete: Der Bundesgerichtshof hatte geurteilt, dass „Spiegel online" das vollständige Manuskript des Grünen-Politiker von 1988 veröffentlichen durfte.

In der Aufarbeitung ihrer von Pädophilen mitgeprägten Parteigeschichte gibt es bei den Grünen unterschiedliche Arbeitsstände. Die Berliner Grünen (6) haben hier relativ früh „vorgelegt", doch die Bundespartei tut sich mit der schonungslosen Aufarbeitung nach wie vor schwer, wie es scheint. Still ruht der See, und vieles wird auf die 1968 geschoben: Das war halt damals „Zeitgeist".

Also alles Schnee von gestern? Mitnichten. Im Gegenteil: Der perverse Zeitgeist penetriert nun flächendeckend die Köpfe der Kinder, zerreißt mit schierer Wollust das Jungfernhäutchen der Schamgrenze von Kindern. Je früher, desto besser – und staatlich verordnet natürlich. Das geht bereits im Kindergartenalter los, zum Beispiel mit „Lutz und Linda": 2015 präsentierte die für gesundheitliche Aufklärung (BZgA) Erziehern auf der Bildungsmesse „didacta" ihre neue „Kindergartenbox" zur frühkindlich-sexuellen Bildung unter dem Motto „Entdecken, Schauen, Fühlen!". Im Mittelpunkt stehen darin zwei prägnante Stoffpuppen: „Lutz", der Hoden und Penis hat, und „Linda" mit ihrer dazu passenden Scheide. Idealerweise sollte, so die Empfehlung, der Puppe „Lutz" mit trickreicher Hilfe der Erzieher vor den Augen der Kleinkinder in den Kindergärten und -krippen beiläufig „die Hose runterrutschen" und die beiden Puppen in sogenannten „Kuschelecken" platziert werden.

Mit solcherart Puppenspiel werden dann optisch und haptisch explizite Fragen für alle Kinder beantwortet, und zwar öffentlich und im Gleichschritt und dies, obwohl der eigene Körper, die eigene Sexualität eigentlich etwas sehr Persönliches ist, was Kinder instinktiv gegen Fremde und Zudringlichkeiten schützen und verteidigen. Es sei denn, die Zerschlagung der Scham führt sie eben an eine durchsexualisierte Normalität heran, in der Sexualität als Konsumgut öffentlich ist. Dann werden Kinder nicht mehr zu Denkern erzogen, sondern zu „Bedürfnisbefriedigern": Nicht mehr „cogito ergo sum", sondern „coito ergo sum" scheint die Devise zu sein. Man fragt sich, zu wessen Nutzen?

Schaffenskraft, Energie und Kreativität werden fehlkanalisiert in eine frühzeitige ideologische Beschäftigung mit bzw. Fixierung auf die eigene Sexualität. Statt der natürlichen Entwicklung ihren Lauf zu lassen, werden Kinder schon im Kindergarten vor die Entscheidung gestellt, welches „Geschlecht" sie sein wollen. Weil die absolute Minderheit der Gesellschaft bald lesbisch, schwul, bisexuell, transgeschlechtlich oder intergeschlechtlich ist, dann muss im Rahmen der „Erziehung zu Toleranz und Vielfalt" natürlich jedes Kind möglichst früh in seiner Persönlichkeitsentwicklung empfindlich gestört werden, so scheint es. Alle Kinder sollen auf das „neue Normal" geprägt werden – obwohl dieses weniger unter 10 Prozent der Gesellschaft überhaupt betrifft. Heterosexualität, die natürliche Normalität, wird de facto abgeschafft. Die Tragweite dieses gesellschafts- und erziehungspolitischen Skandals haben viele Eltern noch nicht ansatzweise begriffen.

Lutz und Linda sind übrigens keine Scherzartikel, sondern fanden Eingang in die angewandte „Sexualerziehung" für Kindergärten. In Rheinland-Pfalz sind diese Boxen im Einsatz, wie eine Anfrage der AfD-Fraktion durch die Abgeordnete Dr. Sylvia Groß im rheinland-pfälzischen Landtag ergab. Die beiden Nackedeis in Plüschform (bei denen man sich eigentlich wundern muss, dass sie „Lutz und Linda" und nicht „Yasemin und Mohammed" heißen) stehen in einer aufschlussreichen Tradition – erinnern sie doch stark an „Lisa und Jan", ein sogenanntes „Aufklärungsbuch" für Kinder ab 5 Jahre und deren Eltern, in welchem bereits 1991 Professor Uwe Sielert masturbierende und sich nackt an einem Baumstamm „"wundscheuernde" Mädchen sowie homosexuelle Handlungen von Jungs abbildete (und etliches mehr), nebst dem dazu passenden Kinderlied: „Spaß macht dich im Ohr zu lecken...". Dort finden sich dann jede Menge „eindeutige" Textstellen und Illustrationen.

Wer sich einige dieser die vielsagenden Abbildungen aus Sielerts Buch „Lisa und Jan" antun möchte, der wird in einschlägigen Veröffentlichungen im Netz (7) fündig. Übrigens: besagter Uwe Sielert, der wie wohl kein zweiter Wissenschaftler in Deutschland Einfluss auf die Frühsexualisierung und Erziehung zur „Vielfalt" von Kleinkindern im Sinne linksgrüner Ideale nahm, war unter anderem langjähriger Berater der evangelischen Kirche sowie der BZgA. So schließt sich der Kreis.

Unter der damaligen Familienministerin Ursula Von der Leyen veröffentlichte besagte BZgA 2007 die Broschüre „Körper, Liebe, Doktorspiele", ehe sie diese – auf heftigsten Elternprotest hin – wieder einziehen ließ (8). Warum die Eltern gegen dieses Machwerk im Geiste Sielerts Sturm liefen, ergibt sich bei der

Lektüre von selbst: Die Familie sollte den – unter gedanklicher Anleitung von Sielert entwickelten – Ratschlägen zufolge ein einziges „Ringelpiez mit Anfassen" werden, wie der renommierte Professor Dr. Gerhard Amendt vom Institut für Geschlechter und Generationenforschung den Inhalt kritisch zusammenfasste.

In den vergangenen 13 Jahren hat sich die verheerende Entwicklung dennoch fortgesetzt. Ein Tabu nach dem anderen fällt. So erfahren schon die Jüngsten im KiKa-Kinderkanal: „Wenn Du in Deinem Kopf denkst, dass Du ein Mädchen bist, dann BIST Du ein Mädchen." 3- bis 9-jährige Kinder werden so in ihrer sexuellen Orientierung beeinflusst – zur besten Sonntagssendezeit. Auch die öffentlich-rechtlichen Medien beteiligen sich nach Kräften an der „Sexualerziehung" – oder eher an der frühkindlichen Prägung – frei nach dem Motto „anything goes".

Und sogar die Schulen mit hoheitlichem Staatsauftrag machen mit: In der Bundesdrucksache WD 8 -3000 – 071/16 kann jeder nachlesen, was in seinem Bundesland diesbezüglich so angesagt ist. Eine weitergehende Detailrecherche lohnt allerdings, weil z.B. am Beispiel des Postulats „Rheinland-Pfalz unter dem Regenbogen" (Untertitel: „Akzeptanz für Lesben, Schwule, Bi, Trans*, Inter*sexuelle") auf der Webseite des Jugend- und Frauenministeriums die eigentlichen Ziele deutlicher werden, als dies aus der notwendigerweise kurzen und trockenen Zusammenfassung des wissenschaftlichen Dienstes hervorgeht (9).

So wachsen dank permanenter Gehirnwäsche Menschen heran, die das „neue Normal" propagieren und selbst frühzeitig verinnerlicht haben: Geschlechter und sexuelle Vorlieben können vermeintlich „frei gewählt" werden, sittenwidrig oder moralisch verwerflich war gestern. Normal ist nicht mehr normal. Wer heute unter trendigen Jugendlichen und jungen Erwachsenen etwas auf sich hält, kreiert mal eben ein neues, „gefühltes" Geschlecht. Sexualität muss irgendwie „besonders" sein, gelebte Ökosexualität ist das Minimum an Chic.

Tabus gibt es keine mehr: An Schulen wird Analsex auf der Bühne nachgespielt, z.B. in NRW (10). Wer nicht glaubt, dass dahinter Methode steckt, möge bitte die Lehrmaterialien unter dem Titel „Schule der Vielfalt" in NRW studieren, wo solcherlei Angebote vom Schulministerium und von der Initiative „Schwul-lesbische Aufklärung" („SchLAu) empfohlen und gefördert werden. Zur Frage, wieviel Wissenschaft hinter der „Pädagogik der sexuellen Vielfalt" steckt, sei auf das Interview mit dem Präsidenten der Deutschen Gesellschaft für Sozialwissenschaftliche Sexualforschung (DGSS), Dr. Jakob Pastötter, anlässlich des Tags der Menschenrechte 2014 verwiesen (11).

Es ist nur folgerichtig, dass dieser Sexualisierungs- und Relativierungswahnsinn schließlich im Konzept der „Ehe für alle" gipfelt. Liebe Leser, ich denke, wir sind uns weitestgehend einig, dass jeder das Recht hat, zu lieben, wen er will und wie er will – solange dies einvernehmlich und im Rahmen unserer Gesetze geschieht. Ich wünsche mir von Herzen, mit der Sexualität anderer Leute nicht ständig belästigt oder genötigt zu werden – auch nicht in einer regenbogenbunten Kuschelwelt zum Beispiel durch Penisschnuller- Scherzartikel.

Mit allergrößtem Nachdruck fordere ich: Hände weg von unseren Kindern! Sie dürfen niemals zu Objekten für pädophile Phantasien erniedrigt werden! Sie staatlicherseits, verbindlich vorgeschrieben, permanent in ihrer Scham zu verletzen, sie in der sensibelsten Phase ihrer Persönlichkeitsentwicklung derartig zu enthemmen und sie auf eine biologisch irrwitzige Ideologie der „Vielfalt" zu prägen, ist in meinen Augen ein Verbrechen. Wenigstens aber ist es ein himmelschreiender Skandal.

Diese sogenannte „Erziehung zu Vielfalt" stellt für mich eine staatlich geförderte, in Rahmenlehrplänen, Handreichungen und Lehrmaterialien fest verankerte sexuelle Übergriffigkeit gegen unsere Kinder dar, die weit über die klassische Sexualerziehung oder „Aufklärung" hinausgeht. Sie hat es sich zur Aufgabe gemacht, Kindern pausenlos in der Gruppensphäre, im öffentlichen Raum Fragen zu beantworten, die diese niemals gestellt haben – über ihre sexuelle Identität, ihr „Rollenverständnis" oder ihr „Geschlechtergefühl". All dies hat mit kindergerechter Aufklärung so viel zu tun, wie fremdmotivierte Schüleranalsexdarstellungen auf der Bühne der Schulaula mit natürlicher sexueller Entwicklung.

Diese schädliche und schändliche Irrlehre nachhaltig zu unterbinden und sie aus den Kindergärten, Schulen und Köpfen zum Wohle des Individuums und der Gesamtgesellschaft zu verbannen, sehe ich als eine meiner vordringlichen Aufgaben als Politikerin und Mutter von vier Kindern.

1https://www.9monate.de/baby-kind/gesundheit-entwicklung/entwicklungsphasen-des-kindes-nach-sigmund-freud-id149666.html
2https://www.faz.net/aktuell/politik/inland/daniel-cohn-bendits-paedophile-aeusserungen-und-traeume-12164560.html
3https://www.welt.de/politik/deutschland/article120237364/Beck-wollte-Sex-mit-Zwoelfjaehrigen-straffrei-machen.html
4https://taz.de/Streit-ueber-Paedophilie-Bericht/!5406201/
5https://www.zeit.de/gesellschaft/zeitgeschehen/2020-04/volker-beck-bgh-urteil-urheberrecht-manuskript-

paedophilie
6https://www.tagesspiegel.de/politik/berliner-gruene-und-kindesmissbrauch-warum-sich-paedophile-bei-den-gruenen-engagieren-konnten/11804804.html
7http://www.derfreiejournalist.de/?e=148
8https://www.spiegel.de/politik/deutschland/koerper-liebe-doktorspiele-von-der-leyen-stoppt-umstrittene-aufklaerungsbroschuere-a-497527.html
9https://mffki.rlp.de/de/themen/vielfalt/rheinland-pfalz-unterm-regenbogen/
10https://www.welt.de/regionales/nrw/article156317177/Kinder-sollen-Analsex-in-der-Schule-spielen.html
11http://www.derfreiejournalist.de/?e=144

6. September 2020

13. Höchst brisant: Von wegen Kindeswohl – der Corona-Staat schreckt vor nichts mehr zurück

Inobhutnahmen, Kindesentzug, bedrohte Familien: Schluss damit! Für kranke und isolierte Kinder sind allein die Eltern zuständig, nicht der Corona-Staat

In der Corona-Krise werden durch eine völlig irrationale und unsinnige Politik des Aktionismus Grundregeln und natürliche Vorgänge in Familien gestört – und zwar in einem Ausmaß, das inzwischen sozial schädlich und menschenunwürdig ist.

Seit Anbeginn der menschlichen Entwicklung wissen Eltern intuitiv und instinktiv, wann es ihrem Kind nicht gut geht – und was es von ihnen in dieser Situation benötigt. Und was Kinder vor allem brauchen, wenn sie krank sind, ist zum einen natürlich ausreichend Zeit, sich auszukurieren – und zum anderen, vor allem, die Geborgenheit der Familie. Zeit mit ihren Eltern zu verbringen und deren Nähe spüren zu können ist unverzichtbar. Die Aurorin Nina Gaglio, die selbst Mutter ist, hat zu diesem Thema einiges veröffentlicht, und sie hat recht mit ihrer Aussage: Kranke Kinder haben andere Bedürfnisse als kranke Erwachsene.

Gaglio schreibt: „Sobald eine Erkältung oder Kinderkrankheit auch nur im Anflug ist, bekommt meine Tochter schlechte Laune und Schlafprobleme… Das kenne ich schon von meinem Mann und kann daher genau vorhersagen, wann wir das Krankenlager aufschlagen müssen. Anders als bei uns Erwachsenen reichen

Ruhe und Schlaf dann aber nicht aus, um gesund zu werden. Kinder brauchen viel mehr als das! Und damit meine ich keine Medikamente oder Hühnersuppe. Das kann natürlich helfen, Krankheitssymptome schnell verschwinden zu lassen. Aber gesund sind die kleinen Menschen dann noch lange nicht."

Jede Mutter kennt das: Weil die Kleinsten grundsätzlich viel stärker auf ihre innere Stimme hören und dem Wesen ihrer Natur folgen als Ältere, „kleben" sie im Krankheitsfall geradezu an Mama oder an Papa und suchen deren Nähe. Viel ist darüber auch in der Presse (1) berichtet worden.

Sogar Kinderärzte betonen die Bedeutung einer intensiven elterlichen Zuwendung als beste Medizin für Kinder. Die „Kinderärzte im Netz" (2) berichten, dass gerade bei Erkältungen und Grippesymptomen, wenn Kinder das Bett hüten müssen, ein besonders großes Bedürfnis nach Geborgenheit besteht. Sie führen aus: „Deshalb sollte ein Elternteil bzw. die Betreuungsperson immer in Blick- bzw. Rufkontakt bleiben. Tagsüber kann dafür im Wohnzimmer bzw. wo sich die Betreuungsperson gerade aufhält auch ein „Schlafnest" eingerichtet werden." Und die damalige Pressesprecherin des Berufsverbandes der Kinder- und Jugendärzte (BVKJ), Kinder- und Jugendärztin Dr. Gunhild Kilian-Kornell, betonte 2006, es sei absolut wichtig, dass ein Elternteil bzw. eine Betreuungsperson immer in Blick- und Rufkontakt zum Kind bleibt: „Vorlesen, Geschichtenerzählen und Streicheleinheiten helfen, Kindern Geborgenheit zu vermitteln", so die Medizinerin.

Hätte man noch vor einem Jahr derartig triviale Erkenntnisse in einer Kolumne wiedergegeben, hätte sich jeder Leser verwundert die Augen gerieben, was eine öffentliche Aufzählung solch banaler Selbstverständlichkeiten eigentlich soll, die doch zum Allgemeinwissen zählen und von niemandem ernsthaft in Abrede gestellt werden.

Zustände, die 2019 noch niemand geahnt hätte.

Doch wir sind inzwischen leider in der Corona-Zeit angelangt – und es scheint, dass im Jahr 2020 diese universellen Weisheiten im Umgang mit kranken Kindern auf einmal keine Gültigkeit mehr haben – zumindest nicht für hysterische Politiker und Behörden in ihrem Regulierungs-, Kontroll- und Gängelungswahn im Zeichen einer angeblichen Pandemie-Eindämmung.

Inzwischen zählen unantastbare Grundaxiome unserer freiheitlichen Rechtsordnung weniger als die Erfüllung von Quarantäne- und Isolierungsvorschriften im Corona-Wahn. Von erkrankten oder auch nur infizierten Kindern wird eine strikte Trennung zur übrigen Familie verlangt – und das innerhalb der eigenen Wohnung. Die faktische Isolation wird zur Vorschrift, und zur Überwachung von deren Einhaltung darf inzwischen anscheinend sogar die grundgesetzlich garantierte Unverletzlichkeit der Wohnung zur Disposition stehen.

In Sachsen drohte man, Kinder in Obhut zu nehmen, wenn die Eltern nicht unverzüglich die von ihnen verlangten Einwilligungen in die gültigen Coronamaßnahmen an Schulen unterschrieben (3). Begreiflicherweise liefen Eltern dagegen prompt Sturm: Man muss kein Verfassungsrichter sein, um zu wissen, dass ein bloßer Coronaverdacht bzw. die Verweigerung infektiologischer Verhaltensregeln noch keinen Kindesentzug begründen kann. Doch dass deutsche Landesregierungen, Schul- und Gesundheitsämter in ihrem Tunnelblick derartige – aus gutem Grund nur in absolut eng begrenzten Ausnahmefällen vorgesehene – Verwaltungsakte erpresserisch in Verbindung mit

Unterwerfungsakten gegenüber der Corona-Politik bringen, lässt sehr tief blicken. Und dass es wieder einmal nur die AfD war, die als einzige politische Partei diesen Skandal politisch anprangerte, beweist, wie kaltschnäuzig die Altparteien inzwischen mit Familien- und Kinderrechten umspringen.

Immerhin: Der Protest von Elternverbänden 4) und der AfD (5) – selbst im Bundestag – führte im genannten Fall in Sachsen tatsächlich zu einem Einlenken. Dort hatte man regierungsseitig wohl nicht mit so viel Widerstand gerechnet – jedenfalls nicht in dieser Intensität -, denn das sächsische Kultusministerium ruderte daraufhin tatsächlich zurück, und strich die entsprechende Passage (6) aus dem Elternbrief.

Für viel Wirbel sorgte auch vor einem Monat die Stellenanzeige einer Einrichtung der Diakonie Köln, die eine pädagogische Fachkraft suchte – unter anderem, um in Obhut genommene Kinder isolieren zu können. Es kam zu einem regelrechten Aufschrei in den sozialen Medien, der natürlich auch zu wütenden Beschwerden bei der Diakonie kam, bis hin zu ärgsten Drohungen einschließlich der Androhung von Gewalt bis hin zum Mord. (Derartige Reaktionen kann ich in keinem Fall gutheißen, sind sie doch nach meinem Dafürhalten ein Gradmesser für die zunehmende Verrohung unserer Gesellschaft). Dennoch war die überschießende Reaktion zu erwarten: Wenn Menschen in ihrem ureigensten Nah- und Elementarbereich, der Familie und dem eigenen Nachwuchs, auch nur einen Anflug von Bedrohung wittern, sehen sie rot.

Die Diakonie ließ den Text der Stellenanzeige schnell sang- und klanglos prompt ändern (7) und versuchte, die Ursprungsaussage durch eine Presseerklärung zu dementieren: Es sei gar nicht darum gegangen, Kinder und Jugendliche „aus einem intakten Elternhaus zu nehmen, weil es unterschiedliche

Auffassungen zu Corona und Quarantäne" gebe. Sofern die „zahlreichen Anrufer und Mail-Schreiber" dies vermuteten, handele es sich um ein Missverständnis. „Das ist unser erster Shitstorm, und er ist heftig", so die Einrichtung.

Tatsächlich – ging es hier wirklich nicht darum? Oder handelt es sich vielmehr um eine Beschwichtigung à la „Niemand hat also die Absicht eine Mauer zu bauen"? In diversen Anordnungen und Schreiben deutscher Behörden an Familien kommen jedenfalls ganz andere, zwar äußerst präzise Vorstellungen davon zur Geltung, was den Betroffenen bei „unterschiedlichen Auffassungen zu Corona und Quarantäne" blüht, und diese zeigen, dass die Sorge durchaus berechtigt ist. So verschickte das Ordnungsamt in Bornheim etwa eine „Ordnungsverfügung" mit unverhohlenen Drohungen.

Beispiele dieser Art gibt es inzwischen unzählige. Auf Facebook berichtete vorgestern eine alleinerziehende junge Mutter aus Berlin, sie sei behördlich aufgefordert worden, ihren kleinen Sohn zu isolieren, der bereits in Quarantäne ist – obwohl er, laut Test, Corona-negativ ist. Sie schreibt, ihr sei im Gespräch mit dem Gesundheitsamt ernsthaft empfohlen worden, dem Kleinen „Essen und einen Eimer für seine Notdurft in sein Zimmer zu stellen". So weit ist es in unserem hochentwickelten Sozialstaat mit seinem weltweit vorbildlichen Gesundheitssystem inzwischen gekommen.

Abgesehen von den traumatisierenden Folgen derartig herzloser und menschenverachtender Bürokratieexzesse: Derselbe famose Gesundheitsstaat, der durch einen (aus heutiger Sicht völlig nutzlosen) Lockdown selbst den Beweis erbrachte, dass gerade die Eltern gesellschaftlich unverzichtbar sind, um die gesellschaftliche Ordnung minimal aufrechtzuerhalten (Stichwort Homeschooling und Tagesbetreuung bei geschlossenen Kitas, Schulen, Tagesstätten): ausgerechnet dieser Staat also maßt sich jetzt an, die Betreuung kranker oder unter Quarantäne stehender Kindern besser leisten zu können als die Eltern und die eigene Familie? Welch eine dreiste und skandalöse Selbstüberschätzung.

Wenn im Zuge der wahnhaften Corona-Politik tatsächlich Kinder isoliert, gegen ihren eigenen Willen von den Eltern getrennt und in staatlich kontrollierten Einrichtungen unter Quarantäne gestellt werden – ob für 14 Tage, für fünf oder nur für einen -, dann sind wir nicht nur bald wieder bei DDR-Verhältnissen angelangt, wo ein übermächtiger Staatsapparat willkürlich in die Familien hineinregiert. Sondern wir legen auch den Grundstock für eine ganze Generation von traumatisierten Kindern. Wenn dies zur gängigen Praxis werden sollte, wird die Psycho- Branche bald eine nie dagewesene Hausse erleben.

Vergegenwärtigen wir uns zur Erinnerung an dieser Stelle noch einmal die Parameter zur „Seelischen Kindeswohlgefährdung" (8). Vielleicht klingelt es hier bei dem einen oder anderen ja? Tatsache ist, dass unsere Regierung und die Ordnungs- wie auch Gesundheitsbehörden, im Namen einer völlig aufgebauschten Virusbedrohung, den Kindern in diesem Land die wichtigsten Dinge vorenthalten wollen, die sie (laut einhelliger Überzeugung von Ärzten, Psychologen und Eltern) zum Gesundwerden benötigen. Sie verhängen Maßnahmen, die geeignet sind, Kinder emotional und seelisch zu misshandeln.

Ich will der Politik und den Amtsvertretern noch nicht einmal Schädigungsvorsatz oder irgendwelche Bösartigkeiten unterstellen. Eher ist es wohl so, dass unserem selbsternannten Nanny-Staat vollends das Augenmaß abhanden gekommen ist. Seine handelnden Organe glauben allen Ernstes, sie könnten elterliche Fürsorge durch „Fachkräfte" ersetzen. Wohl auch deshalb suchen sie verstärkt Pädagogen auf dem Markt. Die gibt es zwar en masse – und es werden ja auch ständig neue Planstellen produziert; man denke nur an die gestern von Gesundheitsminister Jens Spahn angekündigte Schaffung von 5.000 neuen Stellen im Öffentlichen Gesundheitsdienst (ÖGD).

Doch gerade die Sozialpädagogen haben bereits Hochkonjunktur dank der „Flüchtlingsintegrationsindustrie". Die, die da noch auf dem Arbeitsmarkt übriggeblieben sind, sind dann ganz bestimmt und sicherlich die „besten der besten", die erfahrensten Kapazitäten ihres Faches – und sie sollen sich, ganz im Sinne der ideologisch geformten Staatsdenke, besser zur Versorgung kranker und unter Quarantäne stehender Kinder eignen als deren eigene, sie liebenden und um ihren Nachwuchs besorgten Eltern? Aber sicher doch! Ironie off. Jeder möge sich hier selbst ein Bild machen. Und wer den Denkfehler der Regierenden findet, darf ihn gerne behalten.

Noch einmal, in aller Deutlichkeit: Kinder gehören primär zu ihren Eltern! Inobhutnahmen zum Schutz von Kindern sind allenfalls absolute Ausnahmen und Einzelfälle – und dürfen nicht zur Regel werden! Und da uns Corona vermutlich nie mehr verlässt, weiß tatsächlich keine Familie, ob sie nicht als nächstes betroffen sein wird. So entsteht immer weitere Unsicherheit – dank einer in der Bundesrepublik bisher nie gekannten Maßnahmenhörigkeit und Staatswillfährigkeit. All dies ist die Folge purer Angst; geschürter, geplanter, gewollter Angst.

Die einzige Partei, die sich öffentlich mit aller Macht gegen diese Zustände und verhängnisvollen Entwicklungen wehrt, ist die Alternative für Deutschland. Das sollten sich alle Eltern in Deutschland vergegenwärtigen.

1https://www.brigitte.de/familie/schlau-werden/besser-als-medizin--was-kranke-kinder-wirklich-brauchen-11061414.html
2https://www.kinderaerzte-im-netz.de/news-archiv/meldung/article/kranke-kinder-brauchen-viel-zuwendung/
3https://www.rtl.de/cms/kultusministerium-sachsen-kinder-weg-bei-fehlender-unterschrift-aufregung-um-elternbrief-4546763.html
4https://www.landeselternrat-sachsen.de/corona/#elementor-toc__heading-anchor-3
5https://afdbundestag.de/hoechst-coronaverdacht-darf-kein-grund-fuer-kindesentzug-sein/
6https://afdbundestag.de/hoechst-afd-fraktion-wirkt-saechsisches-kultusministerium-aendert-elternbrief/
7https://www.t-online.de/nachrichten/deutschland/id_88371510/wirbel-um-corona-stellenanzeige-deshalb-sucht-die-diakonie-paedagogen.html
8http://www.landkreis-fuerth.de/fileadmin/redakteure/AB242/Dr._Thoms.pdf

20. September 2020

14. Höchst brisant: Invasive Arten gefährden Flora und Fauna in Europa

Biologische Migration vermag einheimische Ökosysteme zu bedrohen – Denken erwünscht!

Kennen Sie das? Da ist man noch im gutmenschlichen Post-Moria-bzw. Post-Samos-Freudentaumel, ist zudem schier ekstatisch ob der Kontigentierung von Zuwanderung nach Europa durch Migrationspakt 1, Flüchtlingspakt 1 sowie perspektivisch Migrationspakt 2; alles gut geregelt, denkt man. Zeit, sich mit etwas völlig anderem zu befassen.

Und dann stolpert man im Internet über diese ökoaktivistische Seite von Pro-Wildlife (1). Eine Seite, deren Inhalt einen nachdenklich zurücklässt. Dort steht: „Hilfe, die Aliens kommen." Reißerische Schlagzeile, Clickbaiting… na und – denkt man sich. Tägliches Geschäft. Aber sieh an: Hier wird doch tatsächlich einmal über die Folgen von biologischer „Migration" nachgedacht.

„Viele Tierarten wandern, um sich erfolgreich fortzupflanzen und wettbewerbsfähig zu bleiben. Daher ist es ganz normal, dass Tiere und Pflanzen neue Lebensräume besiedeln. Diese Fähigkeit wird auch angesichts des Klimawandels zur Erhaltung von Arten immer wichtiger werden. Organismen wandern allerdings normalerweise lokal, meist über kurze Distanzen in Gebiete mit ähnlichen Bedingungen, wobei Meere und Gebirge seit jeher natürliche Barrieren bilden. Diese sind für die meisten Arten unüberwindbar und grenzen verschiedene Lebensräume voneinander ab – wäre da nicht der Mensch. Er hilft vielen Tierarten bewusst oder unbewusst beim wandern und bringt sogenannte invasive Arten in neue Lebensräume."

Hmm. Der Mensch bringt also sogenannte invasive Arten in neue Lebensräume, indem er sie aktiv dorthin transportiert? Könnte einem irgendwie bekannt vorkommen. Doch es geht weiter:

„Vor allem seit dem Boom von Schifffahrt und Flugverkehr und seit damit große Distanzen in kurzer Zeit spielerisch überwunden werden können, werden Tier- und Pflanzenarten aus ihrem natürlichen Verbreitungsgebiet an weit entfernte Orte gebracht, in die sie eigentlich von selbst gar nicht gelangen könnten."

Soweit, so klar. Niemals könnten Grauhörnchen in einer solchen Zahl auf natürlichen Wanderrouten innerhalb so kurzer Zeit in unser Ökosystem gelangen und sich dort so massiv und rasant ausbreiten. So kommt es dann schnell zu der alarmierenden Schlagzeile: „Grauhörnchen verdrängen heimische Eichhörnchen."

Ist dies nun gut oder eher schlecht? Jedenfalls fühlt sich der Leser ein wenig unangenehm angefasst – schließlich mag er doch das einheimische Eichhörnchen. Es hat ihn rot und scheu sein ganzes Leben lang begleitet und ist ihm irgendwie vertraut… Eine Verdrängung im Sinne eines Artenaustauschs findet selbstverständlich nicht statt. Punkt. Immerhin bereichert das Grauhörnchen das heimische öde Ökosystem und der Leser fühlt sich freudbeduselt, beruhigt und bereichert. Doch Moment mal – gleich im nächsten Satz traut man doch seinen Augen nicht:

„Einige dieser Arten bereichern das Ökosystem und vermehren die Artenvielfalt, viele haben allerdings unerwünschte Auswirkungen auf ihren neuen Lebensraum sowie die dort heimischen Arten und breiten sich rasant und massenhaft aus. Sie werden als invasive Arten oder auch ‚alien species' bezeichnet, die die biologische Vielfalt und die heimischen Ökosysteme gefährden und weltweit Schäden in Milliardenhöhe verursachen.“

Wie bitte? Die invasiven Arten gefährden die heimische biologische Vielfalt und verursachen weltweit Schäden in Milliardenhöhe? Ach was. Ja, dürfen die das denn? Allein in Europa wird der Schaden in Millionen Euro fast nicht zu beziffern sein... Geht's noch? Wieso lässt man sich das gefallen? Fragen über Fragen. Wie auch diese: Woher kommen invasive Arten eigentlich ?

„Arten wurden ausgesetzt, um als natürliche Waffe die Landwirtschaft zu optimieren oder die Natur nach den Wünschen des Menschen zu verändern.“

Aha. Aber jetzt mal bitte etwas genauer...: „Exotenhandel schleust immer neue Arten ein... Da seit Jahren der exotische Heimtierhandel boomt, werden auch hierüber vermehrt gebietsfremde Arten in Umlauf gebracht. Viele der Exotenhalter sind schnell mit dem neuen Haustier überfordert, haben die Kosten oder die Haltungsanforderungen unterschätzt und setzen die erworbenen Tiere einfach im nächsten Wald oder Teich wieder aus; andere Tiere entkommen. Schildkröten, Kaimane und andere Exoten sind deshalb in unserer Natur zu finden. Reptilien im sechsstelligen Bereich werden jedes Jahr nach Deutschland importiert, da ist es kaum verwunderlich, dass viele dieser Exoten in unserer Natur landen. Haufenweise ausgesetzte Schmuckschildkröten vertilgen heimische Amphibien- und

Insektenlarven.“

Nun ja. Der Leser hat wohl schon immer geahnt, dass es sich hier um eine ganze Branche handelt, die gnadenlos und ums Verrecken ihre eigenen Interessen durchsetzt. Aber dass der Exotenkäufer schnell überfordert ist, die hohen Kosten unterschätzt hat, keine artgerechte Haltung bieten kann, wundert nun nicht wirklich. Offensichtlich dürfen die Auswirkungen auf die heimatliche Kultur und Natur wirklich nicht unterschätzt werden. Wenn die ganzen Leckerbissen von den invasiven Arten vertilgt werden, bleibt für die heimischen, weniger aggressiven Arten weniger übrig. Auch das ist Naturgesetz. Für einige ist dann wohl auch Aussterben angesagt: ersetzt, verdrängt, gefressen durch die invasive Arten? Doch der Leser bleibt nicht lange ratlos – und erfährt schon in den nächsten Sätzen, „Aliens“ eine Gefahr für die einheimische Fauna sind:

„Wer durch Europas Städte, Wälder und Landschaften wandert, dem fällt es schwer, noch sicher zu sagen, welche nun eigentlich einheimische Arten sind.“

Ja, warum auch nicht? Viele Arten haben sicher ihre Nische längst gefunden, gefährden Nichts und Niemanden und integrieren sich vortrefflich in die heimische Flora und Fauna. Sind quasi beliebt, allseits geschätzt, tatsächlich bereichernd und nicht mehr wegzudenken.

„In Europa gelten etwa 1.150 Tier- und 12.000 Pflanzenarten als nicht-heimisch. [...] Sie waren fähig, im neuen Lebensraum seit mehr als 100 Jahren zu überleben. Besonders gut gelingt dies dort, wo Menschen die natürlichen Ökosysteme verändert und durch ihr Eingreifen geschwächt haben.“

Ahem, räusper... Und weiter: „Viele invasive Arten finden hier ähnliche Lebensbedingungen wie in ihrem ursprünglichen Verbreitungsgebiet vor. Allerdings fehlen hier natürliche Regulatoren wie Pathogene, Parasiten und Fressfeinde und so können sich invasive Arten ungehindert vermehren. Sie konkurrieren mit einheimischen Arten um ohnehin immer knapper werdende Ressourcen und Lebensraum, sind oft gut angepasst und widerstandsfähig und verdrängen deshalb viele einheimische Arten. So fraßen eingeschleppte Nutztiere ganze Inseln leer und beraubten die einheimischen Arten ihrer Lebensgrundlage."

Ja, das ist nun wirklich ein Problem, da nun wirklich sogar jeder Leser kennt und erkennt: Einheimische Arten werden tatsächlich verdrängt und ihrer Lebensgrundlage beraubt. Vom eingeschleppten Krankheitsrisiko ganz zu schweigen. Denn: die Krankheiten wandern mit.

„Einige eingebrachte Arten stellen als Fressfeinde eine Bedrohung für einheimische Arten dar. Sie bringen nicht selten Krankheiten und Parasiten mit, gegen die sie selbst, nicht aber einheimische Arten, immun sind. (…) Auch für uns Menschen können invasive Arten eine gesundheitliche Gefahr darstellen. Ein Beispiel ist die Wanderratte, die mit Pestfloh und Pestbakterium im Schlepptau nach Europa kam und dort für Millionen von Toten sorgte. Vor kurzem landete die Tigermücke in den Schlagzeilen, die Überträger des gefährlichen Zika- und Dengue- Virus ist."

Das klingt nun wirklich ungemütlich. Aber es ist bei weitem noch nicht alles:

„Einkreuzungen der Gene gebietsfremder Arten können zu schleichenden genetischen Veränderungen und dem Verlust genetischer Vielfalt einer Art führen."

Oha! Verlust von genetischer Vielfalt einer Art durch Einkreuzung. Doch Verlust von Vielfalt, das hat der geneigte Leser nun wirklich mit der Muttermilch aufgesogen, ist mit das Schlimmste, was einem Biotop passieren kann – da doch Diversität für jedes Ökosystem das Beste ist. Doch das ist immer noch nicht alles.

„Negative Auswirkungen auf Ökosysteme können auch Veränderungen in Wasserhaushalt, Vegetationsstruktur oder Nährstoffdynamik sein. Neben ökologischen Auswirkungen und Gefahren für den Menschen richten invasive Arten auch massive ökonomische Schäden an. So führen zum Beispiel eingeschleppte Schädlinge wie der Maiswurzelbohrer, die Kastanienminiermotte oder die Schiffsbohrmuschel zu hohen wirtschaftlichen Einbußen."

Na, aber das geht doch nicht! Dagegen muss man doch etwas tun können! Präventiv am besten – denn wenn so eine Kastanienminiermotte mit ihrer großen Sippschaft erst einmal da ist, kann sie ja wohl nie mehr zurückgeschickt werden. Und tatsächlich, tatataaa: Bevor dem Leser vollends mulmig wird, werden sie präsentiert, die notwendigen Gegenmaßnahmen gegen invasive Arten.

„Nicht alle eingebrachten Tiere sind eine Bedrohung für unser Ökosystem. Laut Bundesamt für Naturschutz sorgen nur etwa zehn bis 15 Prozent der gebietsfremden etablierten Tier- und Pflanzenarten in Deutschland für Probleme bei einheimischen Tieren und Pflanzen. Findet eine Art jedoch einen geeigneten Lebensraum vor und etabliert sich dort, ist es oft zu spät und sehr teuer, eine Invasion zu verhindern. Schnelles Handeln ist wichtig, denn jede Art hat andere Auswirkungen auf das Ökosystem und diese sind schlecht vorhersehbar. Deshalb sollte die Einfuhr und Einschleppung gebietsfremder Arten möglichst früh verhindert werden, um die heimischen Ökosysteme und deren Arten zu schützen."

Ja, denkt sich der Leser: Das ist richtig. Liebe Bundesregierung, bitte handeln Sie ! Schützen Sie endlich die heimischen Ökosysteme und deren Arten! „Wirklich wirksame Präventivmaßnahmen, wie zum Beispiel ein Einschränken des Handels mit exotischen ‚Heimtieren' und Zierpflanzen, wurden von den Regierungen bisher leider versäumt..." Und derweil fliegen die Flugzeuge und fahren die Boote weiter nahezu uneingeschränkt.

Parallelen zum derzeitigen Alltagsgeschehen in Deutschland und der EU sind nicht beabsichtigt, sie kann und darf es ja auch gar nicht geben. Hier ist ausschließlich von Tieren und Pflanzen die Rede. Von Tieren! Und Pflanzen! Daraus kann man doch keine Schlüsse ziehen... es wäre unethisch, unmoralisch, rassistisch, verschwörungstheoretisch, reichsbürgerisch und natürlich voll Nazi!

Honni soit qui mal y pense – ein Schelm, wer Böses dabei denkt... Und wer dennoch Parallelen findet, darf sie gerne behalten. Weitersagen!

1https://www.prowildlife.de/blog/invasive-arten-in-deutschland/
____

15. Höchst brisant: Es ist höchste Zeit für einen Gedenktag der Opfer von Migration!

Fakten und Wahrheit können keine Hetze sein: Die ungesteuerte Einwanderung fordert einen hohen Preis von den Deutschen

Im Rahmen der grenzenlosen Zuwanderung nach Deutschland ergibt sich seit längerem eine interessante Entwicklung der Kriminalitätsstatistiken. Die Antworten der Bundesregierung auf kleine Anfragen des AfD-Abgeordneten Andreas Mrosek machten erschreckend deutlich, dass eben nicht nur eine Zuwanderung in die deutschen Sozialsysteme stattfindet, sondern auch in die Gefängnisse – und damit in die besagten Statistiken.

Herr Mrosek fragte bereits 2018 in der Drucksache 19/6634 an: „Wie viele Straftaten wurden nach Kenntnis der Bundesregierung, aufgeschlüsselt nach den einzelnen Bundesländern, in den Jahren 2013, 2014, 2015, 2016, 2017 und anteilig im Jahr 2018 von Personen mit Migrationshintergrund, Asylbewerbern und Personen mit abgelehnten Asylanträgen begangen?" Um die Antwort kurz zusammenzufassen: Viele. Sehr viele. Zu viele. Zum größten Teil vermeidbare. Ich empfehle wirklich jedem, die Antwort der Bundesregierung in Ruhe zu studieren.

In der Drucksache 19/21055 fragte Mrosek diesen Sommer erneut nach – diesmal ergänzt um die explizite Frage auch nach den Opfern. Die Antworten der Regierungen für das Jahr 2019 sind ebenfalls sehr erhellend: Alle fünf Tage wird ein Deutscher Opfer eines Totschlags durch einen Tatverdächtigen mit dem Aufenthaltsanlass „Asylbewerber", „Duldung" oder „unerlaubter Aufenthalt". Jeden Tag werden zwei Deutsche Opfer von Vergewaltigung, sexueller Nötigung oder sexuellem Übergriff im besonders schweren Fall einschließlich mit Todesfolge nach §§ 177, 178 StGB. Jeden Tag werden sieben Deutsche Opfer von Raub, räuberischer Erpressung und räuberischer Angriffe auf Kraftfahrer §§ 249-252, 255, 316a StGB. Jeden Tag werden 18 Deutsche Opfer von gefährlicher und schwerer Körperverletzung sowie Verstümmelung weiblicher Genitalien §§ 224, 226, 226a, 231 StGB.

Natürlich sind die aufgeführten Verbrechen im Verhältnis zu den von Deutschen „mit Volkshintergrund" und denen „mit Migrationshintergrund" begangenen Taten in absoluten Zahlen anteilig geringer – doch sie sind mitnichten zu vernachlässigen. Dies schon deshalb, weil der Anteil der Tatverdächtigen mit dem Aufenthaltsanlass „Asylbewerber", „Duldung" oder „unerlaubter Aufenthalt" an der Gesamtbevölkerung von mittlerweile 83 Millionen Einwohner ungleich viel kleiner ist. Und damit gilt, als logische Ableitung aus den angeführten Statistiken, der Satz: Menschen mit dem Aufenthaltsanlass „Asylbewerber", „Duldung" oder „unerlaubter Aufenthalt" sind im Verhältnis zu denen, „die schon länger hier leben", deutlich krimineller und gewalttätiger.

Bitte prüfen Sie meine Aussagen anhand der Kriminalitätsstatistiken von Bund und Ländern und den hier zitierten Antworten der Bundesregierung unbedingt selbst nach, bevor Sie mir reflexartig vorwerfen, ich würde hier „Hass" und „Hetze" verbreiten. Fakten „hassen" und „hetzen" bekanntlich nicht. Sie sprechen für sich und legen nur erbarmungslos offen, was von den pauschalen Vorwürfen „Hass und Hetze" zu halten ist, die gegen jeden erhoben werden, der es wagt, eine statistische Exegese zu betreiben – eine, die nicht jener Horst Seehofers entspricht und deshalb als nicht existent niedergeknüppelt werden soll.

Mit ihrer Politik betreibt die Bundesregierung in ihrem schier unendlichen Humanitarismus eine eklatante Politik gegen das eigene Volk. Deutschland ist zum ersten Staat der Welt mutiert, der Verbrechen und Kriminalität en masse importiert, die Täter dabei fürstlich beherbergt und alimentiert. Das Volk hat darüber zu schweigen – und dafür wird gesorgt. Ganz offensichtlich werden seit Jahren Gesetze gemacht (man denke nur ans Netzwerk-Durchsuchungsgesetz), um unter dem Deckmäntelchen der Bekämpfung von „Hasskriminalität" objektive und logische Ableitungen aus Kriminalitätsstatistiken ihrerseits zu kriminalisieren, sie als „Hass" und „Hetze" abzustempeln und die bestrafen, die sie klar benennen. So werden Bürger inkriminiert, die sich „pauschalierend" äußern und deshalb angeblich „Volksverhetzung" betreiben.

Nein, eine Nummer kleiner geht es für die Gesellschaftsklempner der Regierung dann wohl nicht. Denn es muss ja jeder wirkmächtig davon abgeschreckt werden, in Worte zu kleiden, was die Kriminalitätsstatistiken, die Antworten der Bundesregierung sowie die eigenen Erlebungen und Beobachtungen hergeben. Die Devise ist klar: Bestrafe einen, erziehe Tausende. Doch ist tatsächlich alles Hass und Hetze? Die Antwort auf diese Frage sollten deutsche Gerichte klären – und nicht Stiftungen wie z.B. Amadeo-Antonio oder Bertelsmann, oder sonstige zivilgesellschaftliche Leuchttürme des „Kampfes gegen Rechts", der längst zu einem Kampf gegen Andersdenkende geworden ist. Durch diese vorgerichtlichen Instanzen werden gesellschaftpolitische Urteile im rechtsfreien

Raum gefällt, die ihre zerstörerische Wirkung im Meinungskampf jedoch umgehend entfalten – beispielsweise in Facebook-Sperrungen oder Youtube-Kanalstilllegungen.

Zudem setzt die Politik alles daran, die Fakten zu unterdrücken und ihre alarmierende Bedeutung zu vernachlässigen – denn sie bieten besorgniserregende Hinweise auf den Kurs, den Deutschland unter dieser deutschenfeindlichen Regierung eingeschlagen hat: Die innere Sicherheit Deutschlands ist auf dem Weg nach Kalkutta, um ein bekanntes Zitat von Peter Scholl-Latour zu bemühen: „Wer halb Kalkutta aufnimmt, rettet nicht Kalkutta, sondern der wird selbst Kalkutta.“

Ich überzeichne womöglich ein wenig – aber sicher nicht viel: Hier ist mit Fug und Recht von „Staatsversagen“ zu sprechen – und nein, hier geht es leider keine „Nummer kleiner“. Denn es wäre die originäre, ganz und gar selbstverständliche Kernaufgabe eines Staates, für die Sicherheit seiner Bürger zu sorgen. Doch diese Bundesregierung tut offensichtlich das genaue Gegenteil. Dies wiegt umso schwerer, da dieselbe Bundesregierung aus meiner Sicht bereits fast alles in ihrer Macht stehende unternimmt, um die innere Sicherheit zusehends zu gefährden und dabei gleichzeitig unbescholtene, ehrbare Bürger zu entwaffnen. Ich darf in diesem Zusammenhängen an die Verschärfungen des Waffenrechts erinnern, das Jäger und Schützen drangsaliert und es immer stärker verkompliziert, legal Waffen zu besitzen.

So wird die Bevölkerung geradezu wehrlos gehalten – mit Hinweis auf das Staatsmonopol der Herstellung und Wahrung der inneren Sicherheit. Nun liegt es allerdings in den naturgemäßen Eigenschaften von Terroristen, Verbrechern und Kriminellen, dass sie sich nicht um deutsche Gesetze scheren. Es ist also davon auszugehen, dass das Waffenarsenal dieser

Menschen unverändert gut gefüllt ist. Parallel dazu nehmen wir ohne Not und regierungsgewollt jede Menge potenziell gewaltbereiter Menschen auf, unter denen – was zu beweisen war – eine unbekannte Zahl ausgemachter oder mutmaßlicher Terroristen ist (1); gerade erst brachte „Focus" eine Schlagzeile zu diesem Thema (2). Die Anzahl der ins Land geströmten wehrfähigen Männer unter den Migranten übersteigt bereits jetzt die Anzahl unserer Soldaten. Dennoch holt die Regierung desungeachtet weitere „minderjährige Flüchtlinge" von jeder griechischen Insel – wo immer gerade ein Lager brennt.

Und natürlich gibt es zu all diesen Tätern bzw. Tatverdächtigen auch die entsprechenden Opfer – in mindestens ebenso großer Zahl, wie oben erwähnt. Ohne nun in irgendeiner Weise Menschenleben und Opfer gegeneinander aufrechnen zu wollen, da jedes Leben wertvoll und jeder Tod eines geliebten Menschen für die Angehörigen unendlich furchtbar ist: Ganz rational betrachtet ist die Anzahl der Coronatoten (d.h. der „an oder mit" Corona Verstorbenen) für diese Regierung der Anlass für gewaltige Einschnitte, für die Etablierung eines „neuen Normals". So etwas wie die vertraute „Normalität" soll es erst nach einer Durchimpfung der Bevölkerung geben. Von der größten Staatsneuverschuldung seit dem Bestehen dieser Republik wollen wir gar nicht reden.

Warum bitte gibt es kein „neues Normal" als Beendigung des Dauerzustands der Zuwanderung über den Asylparagraphen seit 2015 und den diversen teuflischen Zuwanderungspakten? Warum kein „neues Normal" als Antwort auf die mutmaßlich von gewalttätigen Fremden begangenen oben genannten Straftaten? Ein solcher wäre gewissermaßen der überfällige Kontrastpunkt zu „Jetzt sind sie halt da" und dem mittlerweile errungenen Platz 16 des „Global Peace Index" (3). Ja, ich weiß: Horst Seehofer bezog sich in seiner Rede in der vergangenen

Woche auf einen anderen Index, in welchem Deutschland Platz 2 belegt (4). Darin ging es aber insbesondere um restriktive Coronamaßnahme. Und dieser selektive Index veranlasst den deutschen Innenminister natürlich, Deutschland als das „zweitsicherste Land der Welt" darzustellen!? Wohlgemerkt und nicht zu vergessen: Nur in Bezug auf Corona.

Es tut mir leid, doch für mich sind beide Regierungsreaktionen unentschuldbar: Zum einen die völlige Auslieferung des ihr anvertrauten und schutzbefohlenen deutschen Volkes an die „alteingesessene" ebenso wie an die zugewanderte Kriminalität. Und zum anderen das Drangsalieren derselben Bürger durch willkürlich anmutende Coronamaßnahmen, über deren Sinn und Unsinn schon viel geschrieben und gesagt worden ist.

Ich möchte daher heute, an diesem 4. Oktober 2020, all der Opfer von Verbrechen und Gewalt gedenken – besonders auch den Opfern der Merkel'schen Kategorie „Jetzt sind sie halt da" Kategorie. Und ich würde es begrüßen, wenn wir diesen Tag heute und zukünftig gemeinsam als Gedenktag der inneren Sicherheit in Ehren halten. Denn während die Opfer von im rechtsterroristischen Spektrum zu verortenden Gewalttaten und Amokläufen, der antisemitischen und antimuslimischen Straftaten Namen und Gesichter haben und ihre Familien von hochrangigen Politikern Beileidsbezeugungen erhalten, bleiben die Opfer der zugewanderten und der deutschenfeindlichen Kriminalität zu allermeist namen- und gesichtslos. Diese Behandlung mit zweierlei Maß macht mich tief betroffen.

Ich gedenke also heute ALLER Opfer von Verbrechen und Gewalt und wünsche ihnen und ihren Familien – wo immer möglich – viel Kraft, Zuversicht und Gottes reichen Segen. Es ist mir klar, dass kein Gedenken und kein Mitgefühl dieser Welt die begangenen Verbrechen ungeschehen machen kann.

Dennoch möchte ich allen namenlosen Opfern und ihren Familien zurufen: Ich habe euch nicht vergessen. Wir haben euch nicht vergessen. Jeder kann sich an diesem Gedenktag zum Tag der inneren Sicherheit beteiligen und ein warmes Licht der Liebe und des Gedächtnisses für die Opfer und ihre Familien entzünden. Ich danke jetzt schon allen, die sich an diesem friedvollen Gedenken beteiligen.

Möge diese starke Geste an ihrem Wohnort,ihrem ganz persönlichen Ort des Gedenkens den Menschen zeigen, dass „innere Sicherheit" nicht nur der Schutz vor Viren oder den Schutz von Minderheiten beinhaltet. Innere Sicherheit muss im Gegenteil auch den Schutz der Mehrheit beinhalten – und zwar vor gewaltbereiten Minderheiten und vor Verbrechern, wo auch diese herkommen und wie auch immer deren Verbrechen motiviert sein mögen.

Mögen wir uns vergegenwärtigen, dass der Versuch, kulturfremde, nicht-christliche, nicht-humanistische und zum Teil archaisch sowie gewaltbereit sozialisierte Menschen in unsere Gesellschaft zu integrieren, uns letztlich mehr kosten kann als Geld. Es geht um unser Wertvollstes: DIE MENSCHEN, DIE WIR LIEBEN!

Wer sich wie ich, stellvertretend für viele Bürger, an diesem friedlichen Gedenken beteiligt, hofft inständig, unseren Landsleuten und Mitbürgern einen Grund zu geben, auf eine bessere Zukunft zu hoffen, in der es keine Opfer erster und zweiter Klasse mehr geben wird. Eine Zukunft, in der Deutschland in Bezug auf die innere Sicherheit wieder ganz oben mitspielen wird – weil Deutschland dann kein Schlaraffenland und kein Zufluchtsort mehr sein wird für Kriminelle aller Welt, und wo es keine zwei Klassen von Verbrechern – also Verbrecher mit ideologischem Malus und

Verbrecher mit kulturellem Bonus – mehr geben wird.

Ein Deutschland, in dem das Familienministerium nicht länger „Beratungsseiten" finanziell unterstützt, die Propaganda verbreiten, die der Antwort ihres Innenministeriums in Bezug auf die Anzahl und die Herkunft von Straftatverdächtigen (5) unvereinbar entgegensteht. Ein Deutschland, in dem nicht Mahner wie z.B. Robert Vogelmann aus Heilbronn als „flüchtlingsfeindlicher Aktivist" gebrandmarkt werden, „der bereits in der Vergangenheit mehrfach in Berlin mit seiner ‚Leine des Grauens' – einer Auflistung vermeintlicher Straftaten durch Menschen mit Migrationshintergrund – aufgefallen war" (siehe vorherige Quelle), nur weil er sich als plakativer Chronist jener Sorte Straftaten betätigt, die anscheinend nicht ans Licht der Öffentlichkeit kommen sollen.

Ein Deutschland, in dem nicht alle als flüchtlingsfeindlich, migrantenfeindlich, ausländerfeindlich usw. etikettiert und „geframed" werden, die die Multi-Kulti-Tralala-Politik der Regierung kritisieren oder Fakten klar benennen.

Denn eines ist doch wohl klar: Es sind genauso wenig alle zuwanderungspolitik-kritischen Bürger flüchtlingsfeindlich, migrantenfeindlich, ausländerfeindlich usw., wie alle Zuwanderer kriminell oder gewalttätig sind. Dies sind auf beiden Seiten unzulässige Verallgemeinerungen. Doch wenn auf der einen Seite im Regierungspolitikersprech und Regierungspolitikeranwärtersprech sowie den Staatspropagandamedien wie wild etikettiert und geframed wird (im Sinne von „böse Deutsche als Tätervolk" und „gute Zuwanderer als Opfer"), auf der anderen Seite in der Bevölkerung dann aber die Wut auf diese Zumutungen wächst: Dann steuern wir nicht auf eine gelungene Integration von Hunderttausenden oder gar Millionen Menschen zu, sondern auf einen Bürgerkrieg, dessen erste Opfer wir womöglich heute schon zu beklagen haben. Die Geschichtsschreibung weiß es nur noch nicht.

1https://www.welt.de/politik/deutschland/article166229161/So-sollen-potenzielle-Attentaeter-unter-den-Fluechtlingen-enttarnt-werden.html
2https://www.focus.de/politik/deutschland/fluechtlingskrise-im-news-ticker-250-hinweise-auf-terroristen-unter-fluechtlingen-bka-spricht-von-hinweisflut_id_5262933.html
3https://www.tagesschau.de/ausland/ozeanien/global-peace-index-109.html
4https://www.capital.de/wirtschaft-politik/corona-krise-das-sind-die-sichersten-laender-der-welt
5https://www.bundesverband-mobile-beratung.de/2020/06/07/aktualisierte-einschaetzung-der-mbr-zu-den-rechtsextremen-und-rechtsoffenen-versammlungen-in-berlin-am-6-juni-2020/

18. Oktober 2020

16. Höchst brisant: Gesunde Meinungspluralität in Deutschland dank der Freien Medien

Die tägliche, allenthalben erlebte Realität und das eigene Lebensumfeld decken sich immer seltener mit dem, was die GEZ-Staatspropagandamedien und die mit Steuergeld unterstützten Printmedien veröffentlichen

Damit nicht genug: Der Mainstream bezieht seine Hilfen nicht nur vom Staat z.B. unterstützte der große Menschenfreund Bill Gates den „Spiegel" (1). Nachdem ich dies vor einigen Monaten selbst in meiner Jouwatch-Kolumne offengelegt hatte, fühlte sich der Spiegel zu einer Art Dementi motiviert: Nein, natürlich sei dies keine Spende gewesen! Das jedoch hatte ich auch nie behauptet; die Tatsache aber (2), dass diese Gelder geflossen sind, bleibt ja bestehen. Möge sich jeder seine eigene Meinung bilden.

Für diese Presse unserer Zeit sind schon viele Wörter erfunden worden: Lügenpresse, Lückenpresse, Erziehungsmedien, Nannymedien usw. Ob sie zutreffen oder nicht, möge jeder für sich selbst bewerten.

Was die wenigstens wissen: Das Gehirn ist unser Freund. Es lernt gerne unbewusst durch ständige Wiederholungen. Und genau das macht sich vor allem das allgegenwärtige Framing zu Nutzen. Haltungen lassen sich schwer ändern (3); ganz einfach geht das durch das Drücken des Angstknopfes. Die Grünen exerzieren diese Methode seit Jahrzehnten erfolgreich durch Ausrufen des permanent drohenden Weltuntergangs – und neuerdings auch die Regierung, durch Beschwörung der Ansteckungs- und Erstickungsangst durch Corona.

Eine unglaublich gut funktionierende Methode hierfür ist das Neurolinguistische Programmieren (NLP). Kennen Sie nicht? Sollten Sie aber. Ausnahmsweise ist hier einmal der Wikipedia-Eintrag (4) brauchbar. In diesem Kontext sind auch die Sprach- und Gedankenverbote zu sehen, die uns durch die Segnung der „politischen Korrektheit" zuteilwurden und auf das aus der Werbung bekannte Nudging (5) zurückgreifen. Auch diese Methode rundet die Informationspolitik der Regierung und der Staatspropagandamedien trefflich ab.

Ich vermute jetzt einfach mal ganz beiläufig, dass dies einer der Gründe dafür ist, dass die dem gleichgeschalteten linksgrünen Zeitgeist willfährigen, oben benannten Medien zumeist alle die gleichen und möglichst identischen Meldungen bringen – am liebsten noch mit den gleichen Worten und den gleichen Haltungen. Das benutzte Vokabular wird am besten gleich mitgeliefert; erinnert sei nochmals an das „Framing-Manual" der ARD (6) und dessen von politischer Korrektheit nur so durchzogenes Vokabular; Framing und Nudging allenthalben eben.

Und all das in der Hoffnung, dass die uns aufgezwungene Sprache und die aufgezwungene Nachrichtenauswahl die staatlich gewünschte Meinung erzeugt – und damit letztendlich langfristig auch erwünschte Haltungen und Handlungen. Wenn die Mehrheit diese Haltung aufweist, lässt sich die Realität in die gewünschte Richtung verschieben. So kam unsere Kanzlerin immer wieder mit ihren Alleingängen durch – ob 2015 die faktische Grenzöffnung (7) oder 2020 bei der „Rückgängigmachung" der demokratischen Wahl des thüringischen Ministerpräsidenten ebenso wie beim aktuellen

Plan des vom Rechnungshof gerügten Kanzleramtspalast-Bauprojekts (8).

Selten findet sich noch solche ehrlichen, kritischen Berichte wie die in den oben verwendeten Links – und noch seltener echte Meinungspluralität. In Talkshows fehlen zu allermeist Gäste aus der größten Oppositionspartei in Deutschland oder dem ihr nahen Meinungsspektrum. Nie gab es (und gibt es) gegen die Groko eine Abwahlkampagne im Ausmaß des „Ibiza-Gates" (9) und der daraufhin zerbrochenen österreichischen Regierung – und das, obwohl die oben genannten Beispiele tatsächlich allen erdenklichen Grund dafür liefern würden.

Wenn es in den Mainstream-Medien gelegentliche kritische Töne und Artikel gibt, dann dienen diese perfide als Feigenblätter, nach dem Motto: „Seht, wir berichten doch kritisch!". Doch jedermann weiß um die eigentliche Agenda, und so geht weiterhin die Glaubwürdigkeit flöten. Denn trotz und vor allem wegen dieser allgegenwärtigen versuchten Gehirnwäsche und Konditionierung finden sich immer weniger Leser in den Berichten und den Haltungen wieder. Dafür lehnen immer mehr Leser und Fernsehzuschauer die Haltungen, die ihnen öffentlich rechtlich eingetrichtert werden sollen, ab. Ein Beispiel ist „WDR-Omagate" (10).

Immer mehr Menschen fühlen sich gesellschaftlich, medial und politisch mit ihren Meinungen abgehängt. Weil die Politik im Linksstaat (11) schon längst soweit in die eine Richtung weggerückt ist, sind die konservativen Positionen, die in der CDU noch um die Jahrtausendwende Gültigkeit hatten, mittlerweile im rechten Abseits bzw. „Aus" angesiedelt. Das betrifft praktisch alle echten freiheitlichen und libertären Ansichten. Und diese Ausgrenzung befördern eben auch und ganz vornehmlich die Hofberichterstatter der Merkelregierung.

Vor und vor allem unter Obama konnte man Ähnliches in den USA feststellen. Deswegen rollte ja auch eine veritable Schockwelle durch die Reihen der selbsternannten Besserdemokraten, der totalitär Toleranten, der politisch Korrekten, der Snowflakes, der linksgrünanschmiegsamen Medien und Regierungen dieser Welt, als Trump die Präsidentschaftswahlen 2016 gewann – und zwar allen Versuchen der kollektiven Gehirnwäsche zum Trotz.

Wie konnte das passieren? Nun, die von so vielen Stimmen erzeugte Wunschwirklichkeit war nicht mächtig genug, um allgemein wahrnehmbare Realität zu werden. Und warum nicht? Zum einen pflegte und pflegt Präsident Trump eine direkte Ansprache an sein Volk durch Twitter. So dass jeder, der wollte, sich ungefiltert seine eigene Meinung bilden konnte. Zum anderen gab es einige weitreichende Radio- und Fernsehsender, Youtuber und andere Medien, die eben nicht durch die linksgrünideologisch versiffte Brille berichteten und damit den Nerv, die Realitätswahrnehmung, die konservative und freiheitliche Moral der Amerikaner trafen.

Das Zusammenwirken dieser Bemühungen war mächtig genug, eine Gegenrealität zu dem weltumspannenden linksgrün dominanten elitären Meinungsstrom zu schaffen und den allseits präsenten Benebelungszauber zu durchbrechen. Selbst die von deutschen Steuerzahlern mitfinanzierte Wahlkampfhilfe für Hillary Clinton (12) und das „Canvassing" Ralf Stegners (13) konnten Trump damals in seinem Lauf nicht mehr aufhalten. Man mag von diesem Präsidenten ja halten, was man will; darum geht es hier gar nicht. Ich persönlich bin begeistert, wie dieser Mann möglichst gradlinig all seine Wahlversprechen erfüllt und sich dabei großen Zuspruchs erfreut, gerade auch von den Gruppen, die von den Democrats so erfolgreich viktimisiert werden – und in dieser Opferrolle gehalten werden, damit sie sich als Pseudoretter aufspielen können (Schwarze, Homosexuelle usw.).

Er hat den Amerikanern ihren Traum wieder gegeben, ihre Würde und ihren Zusammenhalt. Er ist kein Kriegstreiber wie z.B. sein Vorgänger. Nein: Er macht sicher nicht alles richtig. Aber ganz offensichtlich macht er auch nicht alles falsch. Ich schaue, wie alle Welt, auf die Präsidentenwahl der Vereinigten Staaten und wünsche Mr. Trump von Herzen eine zweite Amtszeit. Eine solche wird den Lauf der Geschichte entscheidend verändern. Das spüren alle und die Welt hält den Atem an. Soviel dazu.

Doch zurück zu Deutschland, zurück zur Mediensituation hier. Die Sprachrohre der linken, weltumspannenden selbsternannten Eliten heulten und jammerten in einem großen „Mimimi". Doch das klingt harmloser, als es wirklich ist: Aus diesem Mimimi entstanden in Deutschland das NetzDG und weitere Gesetze, die dazu führten, dass in den sozialen Netzwerken und großen Plattformbetreibern immer stärker die Zensur Einzug hält – unter dem Etikett sogenannter „Gemeinschaftsstandards". Wer sich zu Unrecht gelöscht weiß, weil er nicht gegen das Grundgesetz verstoßen hat, muss rechtlich dagegen vorgehen. Was ist aus der Unschuldsvermutung geworden? Sie wurde glatt umgekehrt! Und der Gesetzgeber weiß das und nimmt billigend in Kauf, dass den Rechtsweg sowieso niemand beschreitet – da zu kompliziert (wo gibt es schnellere Hilfe?) und womöglich sehr teuer.

Ganze Armadas von steuergeldfinanzierten "Meldern", also Denunzianten" machen sich über unliebsame Meinungsmacher her und zeigen vermeintliche Verstöße gegen die Standards an. Betroffen sind grundsätzlich die Meinungen aus dem konservativen Spektrum. Jeder kann schnell die Erfahrung am eigenen Leib machen. Ich wage zu behaupten, dass allein tausende von Facebook Usern diese schon gemacht haben. Wenn allerdings linker Hass und linke Hetze, Beleidigungen bis hin zu Bedrohungen gemeldet werden, sieht die Reaktion meist anders aus: Diese Meinungsäußerungen verstoßen nicht gegen die Gemeinschaftsstandards. Ausnahmen bestätigen die Regel.

Und wenn Beitrags-, Profil- und Kanallöschungen sowie Zensur noch nicht ausreichen, um unerwünschte Meinungen und Berichte platt zu machen, gibt es „Correctiv" und sonstige Faktenfinder, die diese dann als "Fakenews" einstufen – oft auf Grundlage haarsträubender Argumente und Halbwahrheiten. Ach ja: Und in der Zwischenzeit konnte durch politisch erwünschte „Suchmaschinenoptimierung" auch erwirkt werden, dass bestimmte Einträge bei Google in der Suche schon gar nicht mehr auftauchen – zumindest nicht unter den ersten 23.789 Einträgen.

Leidtragende dieser Entwicklung sind vor allem jene, die versuchen, im Infokrieg die Freiheit der Presse und Meinungsäußerung hochzuhalten: Die Freien Medien. Sie leiden unter all diesen Einschränkungen, hängen nicht am Steuerzahlertropf – und sind dennoch rund um die Uhr mit Informationsaufnahme, -bewertung, –verarbeitung und -veröffentlichung beschäftigt. Sie führen in den meisten Fällen aus echtem, purem Idealismus den täglichen Kampf um den Erhalt der Gegenöffentlichkeit. Denn diese ist so genauso lebensnotwendig für die Demokratie wie der durch sie erst ermöglichte Meinungspluralismus.

Für diesen unbändigen Willen, der Wahrheit und der Wahrhaftigkeit zu dienen, für den grandiosen Fleiß und die unbändige Motivation, die Meinungsvielfalt zu erhalten und für die enorme Leidensfähigkeit, auch Benachteiligungen, Schmähungen, Zensur, De-Platforming und soziale Vernichtung auszuhalten, möchte ich mich an dieser Stelle laut und vernehmbar bedanken.

Wir haben es alle lange kommen sehen, doch nun ist es wieder so weit, dass wir unsere Stimme erheben und ausrufen müssen: Verteidigt die Freiheit in Wort, Geist und Schrift, in Wissenschaft und gesellschaftlichem Diskurs! Und gerade im Kontext der aktuellen Corona-Krise gilt: Freie und kritische Berichterstattung sind damals wie heute das beste Mittel gegen Massenhysterie und Massenpanik. Frei nach dem (eigentlich irrtümlich) Voltaire zugeschriebenen Ausspruch: „Ich muss deine Meinung nicht mögen, aber ich würde dafür sterben, dass du sie sagen darfst!"

Und diese Freiheit ist bedroht. Selten waren die Zeiten für die geistige Selbstbestimmung der Bürger und ihre Freiheitsrechte so stürmisch wie gerade jetzt. Schleichend, aber stetig werden grundlegende Rechte beschnitten oder Gesetze außer Kraft gesetzt. Immer häufiger, in immer stärkerem Maß werden Bürger „Zwangsmaßnahmen zugeführt" und zu „alternativlosen Notwendigkeiten" gegen ihren Willen gezwungen. Und tatsächlich steht eine große Transformation unserer freien, demokratischen Gesellschaft an.

Die ursprünglich vierte Macht im Staat scheint zur Regierungspropagandamaschinerie verkommen, befeuert die regierungsgewünschte Panikmache und somit die Hysterisierung der Massen. Ich bin deshalb den Freien Medien zutiefst dankbar, dass sie ganz oft jenseits von parteipolitischen, ideologischen oder wirtschaftlichen Interessen der zunehmenden Verengung des Meinungs- und Informationskorridors entschlossen entgegentreten. Sie begegnen mit Intelligenz, Vehemenz und kreativem Furor den Zumutungen der politischen Korrektheit und der begrifflichen und gedanklichen Tabus. Sie halten die Fahne des kritischen und unabhängigen Denkens hoch.

Und sie haben damit mehr Erfolg, als ich noch Anfang des Jahres zu träumen wagte: Ihre Artikel und reichweitenstarken Posts schaffen es laut Bericht des „Tagesspiegels" (14) sogar in die „Morgenlage" der Bundeskanzlerin. Natürlich kommt man dabei um das Framing „rechtsextrem" nicht herum, als welches die entsprechende Presseauswahl der Kanzlerin präsentiert wird. Versuchen kann man es ja mal. Doch immer mehr Leute erkennen, dass Fakten eben nicht "Hass und Hetze" oder gar "rechtsextrem" sind.

Und die Frau Bundeskanzlerin muss sich damit auseinandersetzen, was ein immer größer werdender Teil ihres Volkes liest und denkt – trotz der ebenfalls immer üppigeren Steuergelder, die jährlich in den "Kampf gegen Rechts" gepumpt werden – also in den Machterhalt des herrschenden Meinungskartells, und trotz allen Zensurbemühungen, Erziehungsprogrammen, den „zivilgesellschaftlichen" Programmen (#wirsindmehr), und trotz Verleumdungen, Diffamierungen und des ganzen Framings.

Das könnte eben daran liegen, Frau Bundeskanzlerin, dass Realität und Wahrheit eben nicht rechtsextrem sind! Denn jeden Tag begreifen mehr Menschen den "Kampf gegen rechts" eben als das, was er ist: ein Kampf gegen die Realität, ein Kampf gegen das eigene Volk zu Gunsten aller anderen Erdenbewohner, ein Kampf gegen das eigene Land zu Gunsten der NWO („Neue Weltordnung"); siehe hierzu den Koalitionsvertrag der Regierung aus CDU/CSU und SPD, S.146. (15).

Warum ist das so? Corona sei Dank erleben gerade Millionen von Menschen weltweit, aber gerade auch in Deutschland, dass einfach jeder Regierungskritiker plötzlich in die Ecke der widerwärtigen, verabscheuungswürdigen Verschwörungstheoretiker, Aluhutträger, Demokratie- und Menschenfeinde gerückt wird. Immer mehr Menschen hinterfragen nun wegen dieser befremdlichen Erfahrung am eigenen Leib ihr Weltbild und die (für die Bildung desselben konstitutive) Berichterstattung.

Umso richtiger und wichtiger war es, dass nun vergangenes Wochenende der von der AfD-Fraktion ausgerichtete 2. Kongress der Freien Medien stattfand – und zwar im Bundestag, was eine wichtige Symbolwirkung hatte. Die Organisatoren Petr Bystron, Udo Hemmelgarn, Uwe Schulz, Martin Renner und ich selbst konnten die Fraktion davon überzeugen, dass sich – trotz aller Corona-Auflagen und der nicht anders zu erwartenden negativen Berichterstattung der Regierungspresse – auch dieser 2. Medienkongress als Leuchtfeuer im Meer der medialen Finsternis erweisen wird.

Natürlich war die Entscheidung, die Konferenz im Reichstag stattfinden zu lassen, nicht unumstritten; Einige Gäste hätten den Veranstaltungsort lieber abseits der strengen Bundestagscoronaregeln gesehen. Das aber wollten wir gerade nicht: Denn der mit Bedacht gewählte Veranstaltungsort im deutschen Bundestag sollte ein deutlich sichtbarer Dorn im Fleisch der Regierungspropagandamaschinerie sein. Außerhalb des Bundestages hätte dieser Kongress mit seinem so wichtigen Thema niemals so „weh" getan. Es ging darum Unbequemlichkeit zu demonstrieren – und dieser neuerliche Dorn mit Widerhaken war dort genau richtig platziert und bleibt hoffentlich im Fleische der Machtkaste spürbar – genau wie die Artikel und Posts der kanzleramtlichen Morgenlage.

Selbst der Bericht von ARD-"Panorama" (16) über den Kongress geriet in seiner Hilflosigkeit zu Reklame für die Freien Medien und die AfD. Mit keiner Silbe wurde darin natürlich über den Inhalt der Veranstaltung – auch und gerade das Schwerpunktthema Framing – berichtet, sondern nur über Nebenkriegsschauplätze, etwa „Masken und Maskenpflicht". Ein Schelm, wer Böses dabei denkt – denn das Thema des Kongresses, an dem sich die renommierten Redner abarbeiteten, lautete „Framing". Wie passend.

Auf YouTube sind die Highlights der Konferenz dokumentiert und können unter anderem dort jederzeit abgerufen werden (17). Nachfolgend Auszüge aus dem Programm der Veranstaltung vom 10. Oktober:

Martin Renner MdB, medienpolitischer Sprecher der AfD Fraktion – Eröffnungsrede
Thor Kunkel , Schriftsteller – Framing: Vielfalt der alternativen Medien vs. Homogenität der Mainstream-Medien
Claudia Zimmermann, Journalistin, ehem. WDR und Matthias Matussek, ehem. Redakteur Welt und Spiegel – Diskussionsrunde: Kritiker im Abseits
Alexander Wendt , Autor, Journalist Publico, ehem. Focus
Naomi Seibt, Samira Kley – Junge Blogger und die Freien Medien; Erfahrungen, Einblicke und Ausblicke
Carl Benjamin aka Sargon of Akkad, Youtuber – White Fragility "Wir müssen über Rassismus sprechen"; eine Analyse des Buches von Robin di Angelo
Prof. Dr. Norbert Bolz, Philosoph und Medienwissenschaftler
Christian Hafenecker MA, FPÖ-Fraktionsführer im Ibiza– Untersuchungsausschuss – Ibiza-Gate: Regierungssturz durch Kampagnenjournalismus?

Auch der Artikel der „Welt" zum Thema (18) bediente leider anerkannte Framings, beispielsweise das der angeblichen Radikalisierung der AfD, und ließ bei der Zitierung meiner Wenigkeit natürlich wieder das Wichtigste aus: Ja, ich sprach im Kontext der Freien Medien und der AfD in den Parlamenten von „Kriegern für die Freiheit". Die „Welt" sparte jedoch wohlweislich aus, warum ich diesen Duktus bemühte - was aber jeder für sich selbst auf Youtube (19) nachhören kann: Ich bemühte dieses martialische rhetorische Bild für den sich daran schließenden Vergleich mit der biblischen Geschichte von David und Goliath, indem ich die Freien Medien und die AfD in ihren Bemühungen um Freiheit, Wahrheit und Wahrhaftigkeit mit David verglich, der sich dem Goliath eines politisch-medialen Establishments entgegenstellt.

Da bleibt mir eigentlich nur noch der trockene Schlusssatz in Richtung Einheitspolitik und Einheitsmedien: Jeder weiß bekanntlich, wie die Geschichte David gegen Goliath ausgegangen ist!

1https://www.spiegel.de/wirtschaft/corona-stiftung-von-melinda-und-bill-gates-spendet-150-millionen-dollar-a-e89886d8-a012-4196-81d2-3e608acacb14
2https://www.spiegel.de/backstage/fragen-und-antworten-zur-foerderung-durch-die-bill-and-melinda-gates-stiftung-a-dac661f6-210a-4616-b2d2-88917210fed4
3https://www.in-konstellation.de/wp-content/uploads/2019/04/innere-Haltung-von-S.-Dünnebier.pdf
4https://de.wikipedia.org/wiki/Neuro-Linguistisches_Programmieren#:~:text=Das%20Neuro%2DLinguistische%20Programmieren%20(kurz,den%20Kognitionswissenschaften%20sowie%20des%20Konstruktivismus
5http://www.digitalwiki.de/nudging/#:~:text=Nudging%20(Syn

onym%20für%20anregen%2C%20lenken,Gebote%20oder%20
ökonomische%20Anreize%20zurück
6https://www.sueddeutsche.de/medien/ard-framing-manual-
rundfunkbeitrag-sprache-1.4335445
7https://www.welt.de/politik/deutschland/article150982804/Re
chtssystem-in-schwerwiegender-Weise-deformiert.html
8https://www.nzz.ch/international/das-kohlosseum-wird-
erweitert-die-ausbauplaene-fuer-das-kanzleramt-
widersprechen-dem-zweckmaessigen-auftritt-der-berliner-
republik-ld.1581219
9https://www.sueddeutsche.de/thema/Ibiza-Affäre
10https://www.dw.com/de/omagate-wirbel-um-kinderlied-
parodie-dauert-an/a-51840946
11https://www.buecher.de/shop/deutsche-politik--
zeitgeschichte/der-links-staat/jung-christian-gross-
torsten/products_products/detail/prod_id/59151625/
12https://www.focus.de/politik/ausland/waehrend-us-
wahlkampf-millionenbetrag-deutscher-steuergelder-ging-an-
clinton-stiftung_id_6264004.html
13https://twitter.com/ralf_stegner/status/790622604558274560
?lang=de
14https://www.tagesspiegel.de/politik/pressespiegel-des-
bundeskanzleramts-rechtsextreme-medien-auf-merkels-
schreibtisch/26231312.html
15https://www.bundesregierung.de/resource/blob/975226/8479
84/5b8bc23590d4cb2892b31c987ad672b7/2018-03-14-
koalitionsvertrag-data.pdf?download=1
16https://daserste.ndr.de/panorama/archiv/2020/Ignoranz-im-
Corona-Hotspot-AfD-gegen-
Maskenpflicht,panorama9592.html
17https://www.youtube.com/c/AfDFraktionimBundestag/video
s
18https://www.welt.de/politik/deutschland/plus217710536/AfD
-Bei-Corona-sieht-sich-die-Abgeordnete-als-Kriegerin.html

19https://www.youtube.com/watch?v=CezIFCMEtSU

1. November 2020

17. Höchst brisant: Der Abbau der Freiheit

Es droht der Austausch unserer Demokratie gegen Totalitarismus

„Wenn Regierungen krank sind, müssen die Völker das Bett hüten.“

(Ludwig Börne (1786–1837), deutscher Schriftsteller und Journalist)

Welcher Regierung mit totalitärem Anspruch oder machtbesessenen einflussreichen Lobbyisten im Hintergrund wäre es nicht recht, wenn all ihre Kritiker hinter Schloss und Riegel säßen oder zu mindestens mundtot gemacht würden? „Bestrafe einen, erziehe Hunderte“, wusste schon der gute alte Vorzeigedemokrat Mao Zedung, dessen rote Bibel früher der heutige grüne Ministerpräsident von Baden-Württemberg hochhielt. Dann könnte jede Regierung mit Allmachtsphantasien ungestört ihre Pläne umsetzen, denn die Mehrheit der Menschen kann man mit Angst bezwingen.

Dabei ist es egal, wie man die künstlich erzeugte Angst einfärbt. Ob die Androhung der Hölle; Bedrohung durch Gestapo, Stasi oder Rote Garde; ob Atomkriegsgefahr, ob Status- und Einkommensverlust, ob Sippenhaft, Klimakatastrophe, Viruspandemie; ob direkt oder indirekt, psychisch oder physisch, offen oder unterschwellig: Jede Bedrohungslage erzeugt Angst. Dies trifft sich doch gut für eine Regierung, die es sich zur Hauptaufgabe gemacht hat, unter großem Applaus die Probleme zu lösen, die sie selbst verursacht oder unter großem Getöse als solche aufgebauscht hat. Ängstlichen kann man Hilfe anbieten und Helfer werden stets positiv wahrgenommen.

Dieter Stein schreibt in seinem Vorwort unter der Überschrift „High Noon" in der „Jungen Freiheit" vorgestern (1): „Bandulet sieht seit dem Ausbruch der Eurokrise 2010 ein System sich formieren, „das mit Angstverbreitung arbeitet und Risiken aller Art zu minimieren vorgibt, um sich neue Machtoptionen zu verschaffen." Er warnt: „Wo der permanente Notstand herrscht, werden Verträge und Verfassungen ausgehebelt, werden Nebenwirkungen und Kollateralschäden ausgeblendet." Lassen wir hierzu auch die Brandenburgische Landeszentrale für politische Bildung zu Wort kommen: Sie beantwortet die Frage „Was ist eine Diktatur?" sehr aufschlussreich (2).

Typische Merkmale von Diktaturen sind demzufolge (wobei nicht alle immer gleich ausgeprägt sind):

Eine Person, Gruppe oder Organisation hat das Machtmonopol inne.
Eine Gewaltenteilung ist nicht gewährleistet. Grundrechte werden abgeschafft.
Der gesellschaftlich-politische Pluralismus wird außer Kraft gesetzt, inklusive Ausschaltung einer Opposition.
Die Schaffung einer Einheitspartei mit Massenorganisationen.
Eine Ideologie wird zur vorherrschenden, und sie beansprucht alle Bereiche des menschlichen Lebens.
Die Freiheit der Presse wird abgeschafft, Medien gleichgeschaltet und durch Zensur ein Informationsmonopol

gesichert.

Die Macht wird durch außergesetzliche Gewalt staatlicher und parastaatlicher Repressionsapparate abgesichert.

Fällt es Ihnen auch recht schwer, in dieser Tabelle irgendetwas zu finden, was auf die heutige Bundesrepublik nicht zuträfe? Huch!

Das Kollektiv ist alles, der Einzelne nichts? Dann wird es Zeit für den Abbau individueller Rechte zugunsten der sogenannten gesellschaftlichen Gemeinschaft. Nur bedeutet dann „Gemeinschaft" weniger einen freiwillig gewählten, bewussten Zusammenhalt, sondern sie ähnelt vielmehr einem in der Ecke des Stalls zusammengedrängten Hühnervolk, wenn der Fuchs in der Türe steht. Alle sind dankbar, wenn es das andere Huhn zuerst erwischt. Man füttert das Krokodil in der Hoffnung, dass es einen nicht selbst frisst.

Doch macht Angst allein nicht zwangsläufig mutlos. Es braucht noch eine zweite Komponente: Ohnmacht gepaart mit Hilflosigkeit. Wenn jetzt durch die „Schutz"-Maßnahmen, die viele Existenzen vernichten, Millionen von Menschen ihr Erspartes und ihr Einkommen verlieren, Sozialsysteme womöglich zusammenbrechen, dann kommt infolge der zunehmenden Armut bald auch noch Hilflosigkeit hinzu. Unbewaffnet sind Maier, Müller und Schulze ohnehin – und damit komplett ausgeliefert. Klimahysterie und irrationale Hypes wie „Black Lives Matter" sorgen für zusätzliches Chaos.

In dieser Situation wenden sich die Hoffnungs- und Hilflosen eben dem starken Arm zu, der alles im Griff hat und/oder Hoffnung stiftet. Das kann ein Jesus, ein Führer oder gar eine Frau Merkel sein (wobei eine Hinwendung zu Jesus sicher hier das geringste Übel wäre). Das ist zumindest das Mittel der Wahl für den großen Teil der Mitläufer.

Und die Minderheit, die man nicht einfangen kann – was ist mit der? Wie geht man mit denen um, die aus der Spur laufen? Kommen bald nationale Internierungslager für „Gefährder"? Erinnern wir uns: In der DDR waren 35 Internierungs- und Isolationslager geplant und 1988 größtenteils sogar fertiggestellt (3). Einige sogar im sozialistischen Ausland – eines befand sich in Danzig und zwei in Tschechien. Die Wende 1989 verhinderte deren „Befüllung" mit antisozialistischen, staatsfeindlichen, subversiven Elementen oder schlicht freiheitsliebenden Andersdenkenden.

Es wäre naiv zu glauben, dass nicht auch zukünftige totalitäre Systeme mit dieser Idee nicht liebäugeln würden. Vielleicht ist dies sogar ein Identifikations- oder Gesellschaftsmerkmal von Diktaturen. Ausführende sind immer Behörden, Polizei und Armee – und je nachdem, was die Herrschenden für notwendig erklären, erledigen sie auch Aufträge, die in normalen Zeiten niemand für möglich hält. Heute schließen sie sogar Geschäfte, siehe entsprechende Netzquellen (4, 5, 6). Doch sie sind bei alldem nicht allein, sondern finden zu allen Zeiten, auch heute (7), Unterstützung durch Mitläufer und Denunzianten.

Eine Opposition, welche glaubt, dass sie viele Anhänger bei Polizei und Armee habe und dass große Teile sich im Ernstfall auf ihre Seite stellen, hat das Mitläuferprinzip nicht verstanden: Viele dort sind zwar dagegen, haben aber nicht den Mut dafür alles zu riskieren. In der DDR sprach man von der „gespaltenen Zunge". An dieser Schwelle stehen wir heute wieder. Auch ein der Polizei untergejubelter Rechtsextremismus- und Rassismus-Generalverdacht dient letztlich nur der Disziplinierung des ehemaligen Freund und Helfers.

Aber wenn der Befehl kommt, werden ihn wohl alle geschlossen umsetzen. Da alle feige den Mund halten, wissen sie auch nicht, wie viele außer ihnen noch „widerständig" ticken. Und weil die Schweigespirale eine wirksame Gegenwehr verhindert, landet dann am Ende die Opposition im Gefängnis oder in Lagern – und die Chance zum Widerstand ist vertan. Was die DDR durch die Wende nicht mehr umsetzen konnte, ist heute zumindest nicht undenkbar – und das, obwohl die Anzahl derer, die die Fehlentwicklung wahrnehmen, die kritische Masse durchaus erreicht hat.

Die Pläne für Isolationslager nehmen Fahrt auf. So hat Petra Köpping, SPD-Sozialministerin in Sachsen, bereits psychiatrische Kliniken offiziell und konkret als Isolationslager benannt (8). Und in Minden wurde eine Turnhalle vorbereitet (9), in der „Gesundheitsgefährder" oder „Corona-Quarantänebrecher" interniert werden. Alleine schon die Bezeichnungen kriminalisieren die Menschen. Womöglich ist man sich in der hypermoralistischen Einheitspartei bereits einig, dass diese eben ihr Menschsein verwirkt hätten.

Neuseeland ist hier übrigens Vorreiter und richtete bereits Corona-Lager ein; Ken Jebsen (Telegram-Account: t.me/kenjebsen) schrieb vor einiger Zeit hierzu: „Wieder ist eine angebliche Verschwörungstheorie wahr geworden. Wer kürzlich noch davor warnte, Corona-Infizierte könnten demnächst in Lager gesperrt werden, der wurde wie üblich als Verschwörungstheoretiker beschimpft. Neuseeland hat nun die ersten Corona-Konzentrationslager eröffnet und damit diese angebliche Verschwörungstheorie bestätigt. Es ist nur eine Frage der Zeit, bis wir so etwas auch in Europa und in der BRD haben werden, wenn wir uns nicht endlich gegen diese Diktatur zur Wehr setzen!"

Natürlich wird man hier einwerfen, ich sähe Gespenster, all das sei doch überhaupt nicht mit dem Grundgesetz vereinbar. Doch was interessiert diese Regierung das Grundgesetz? Es regiert die „richtige Haltung" – und was richtig ist, bestimmt die Genossin Kanzlerin. Länder verhängen völlig absurde Bußgeldkataloge (10), Gesundheits- und Ordnungsämter machen Jagd auf Gefährder und verteilen Isolations- und Quarantäneanweisungen (in deren Rechtsbelehrungsanhang sogar von Zwangseinweisung und Gebrauch der Schusswaffe die Rede ist). All dies mag rein rechtstheoretisch korrekt sein – doch reden wir hier von überwiegend gesunden und nichtinfektiösen Menschen, ja sogar von Kindern, die nie jemandem etwas zuleide taten oder Straftaten ausübten. Das Fehlen jeglicher Verhältnismäßigkeit zeigt, dass es nicht um die Gesundheit geht, sondern um vorbereitende Disziplinierung und Einschüchterung. Heute jagen Bundespolizei (11), Polizei (12) und Gesundheitsämter (13) sogenannte „Gefährder" (Gefährder von was eigentlich – der Volksgesundheit? Der Macht?) – eine Begrifflichkeit, welche jeden Menschen potentiell kriminalisiert.

Der Staat verteilt Spitzel-Apps, mit denen er zu jedem Zeitpunkt namentliche Kontakte zu anderen Menschen nachvollziehen kann. Von staatlicher Seite kam sie jedoch etwas spät aber noch rechtzeitig, denn überall finden Demonstrationen statt. Allein in Berlin waren es im letzten Jahr über 5300 Demos. Im ganzen Land gärt es. Überall entstehen Protestbewegungen und Parteien. Da trifft es sich doch gut, wenn man alle mit Lockdowns „freiwillig isolieren" und mit Handys kontrollieren kann. Mit medizinischer Indikation hat das nichts zu tun.

In der Politik passiert nichts zufällig, und Pläne für Lager für Oppositionelle gibt es schon länger. So bereitet die EU in ihrem Toleranzpapier 2009 (14) die geistigen Grundlagen zur Errichtung faktischer Lager für EU-Gegner vor: Unter Punkt 7b steht dort zu lesen: „Es ist nötig, dass Straftäter, die nach Punkt a) verurteilt wurden, sich einem Rehabilitationsprogramm unterziehen, welches in ihnen eine Kultur der Toleranz erweckt." Das klingt schlicht nach Umerziehungslagern. Und unter 7a wird erklärt, wer „Nutznießer" der neuen Toleranz sein soll: Hier werden „strafbare Verbrechen" aufgelistet, welche eigentlich Staatsbürgerrechte beschreiben, die uns als freie Menschen ausmachen. Dabei gelten nicht ins Konzept passende Meinungsäußerungen oder gemachte Erfahrungen mit Ethnien, bestimmten Religionsgruppen, speziellen sexuellen Randgruppen etc. bereits als Straftaten. Die Grenzen der sogenannten Hassrede bleiben dabei unklar – und enden in Denk- und Sprechverboten. Hier Auszüge aus dem Originaltext: „…racism, colour bias, ethnic discrimination, religious intolerance, totalitarian ideologies, xenophobia, antiSemitism, anti-feminism and homophobia"; „…people joined by racial or cultural roots, ethnic origin or descent, religious affiliation or linguistic links, gender identity or sexual orientation, or any other characteristics of a similar nature".

Doch wie passt es zusammen, dass wir auf der einen Seite Nachwuchsmangel bei der Polizei und der Armee beklagen und andererseits plötzlich Reserven vorhanden sind, um gesunde Menschen, die eventuell ansteckend sein könnten, als Schwerverbrecher zu jagen? Da kommen die Hilfssheriffs (15) ins Spiel, welche als „Coronajäger" in nur 84 Stunden eine komplette Ausbildung erhalten und eine Dienstwaffe tragen dürfen sollen. In diesen wenigen Stunden kann man sie dann offenbar nicht nur kompetent ausbilden, sondern ihnen auch Rechts- und Verhaltensgrundlagen nahe bringen, Polizeistrukturen erklären und ihre Eignung, Einstellung und Seriosität prüfen.

Wie gut, dass da rein zufällig eine Armee von über einer Million syrischer junger Männer auf einen Job wartet! Die gehen dann auch erwartbar rigoroser mit der einheimischen Bevölkerung um, denn es sind ja nicht „ihre Leute". Angst und Bange kann jedem aufmerksamen Betrachter dabei werden, wenn er sich anschaut, wie sich Verhältnis zwischen Bevölkerung und Polizei in Syrien darstellt: Dort sind die Sicherheitsbeamten keine ideell in der Bevölkerung verwurzelte Bürgerpolizei, sondern es sind unversöhnliche, sich brutal gegenüberstehende Feinde. Diese Sozialisierung wird mit nach Deutschland übernommen.

Die Bestrebungen unsere Armee und unsere Polizei „multikultureller, diverser und vielfältiger" umzugestalten sind nicht neu; wie auf der Bundeswehr-Webseite nachzulesen ist (16): So spaltet man sie dann wirksam vom Volk ab und setzt unterschiedliche Kulturen aufeinander an.

Niemand kann wirklich sicherstellen, dass sich das Befürchtete nicht früher oder später auf unseren Straßen erlebbar abbildet. Die ersten Anfänge sind bereits sichtbar. El Taharrush und Flashmobs, die Szene- und Partygesellschaft lassen grüßen. Aber „die wollen ja nur spielen" – demnächst sogar als Hilfssheriffs?
All dies sind Zukunftsszenarien, die zurecht Angst machen. Aber noch kann jeder für sich entscheiden, ob er das möchte.
Wenn ja, sollte man zuhause sitzen und abwarten. Wenn nein, muss man vor die Tür gehen und laut sagen „Nicht mit mir, mit meinen Kindern und unserer Zukunft!" Man nennt das auch: Verantwortung übernehmen! Gesicht zeigen auf der Straße! Die einzige Opposition gegen die Einheitspartei im Parlament stärken! Vielleicht zum letzten Mal bei freien Wahlen – wer weiß das in diesen Zeiten schon? All diese notwendigen Verhaltensweisen sind die einzigen Stoppschilder für Leute, die gerade ihre Lust entdecken am totalitären Regieren (oder sollte man lieber „Herrschen" sagen?).

Es ist Ihre Entscheidung – denn ganz offensichtlich ist es bereits fünf nach zwölf.

1https://jungefreiheit.de/debatte/kommentar/2020/es-herrscht-der-notstand/
2https://www.politische-bildung-brandenburg.de/demokratie/was-ist-eine-diktatur?fbclid=IwAR1k4U3XGDVfKu2Y4fhlwLBgA45SQ9Tw-hGffcGC4bJcaOTKtlmGEF_Vz8k
3https://www.jugendopposition.de/lexikon/sachbegriffe/148482/isolierungs-und-internierungslager
4https://www.schwaebische.de/sueden/bayern_artikel,-polizei-kontrolliert-corona-verstoesse-an-bord-eines-zeppelins-_arid,11209924.html
5https://www.rbb24.de/panorama/thema/2020/coronavirus/beitraege/berlin-corona-kontrollen-sonntag-schlechtes-wetter.html
6https://www.berlin.de/aktuelles/berlin/6123146-958092-polizei-schliesst-weitere-geschaefte-bei.html
7https://www.rtl.de/cms/nachbarn-bei-corona-verstoessen-verpetzen-in-essen-geht-das-jetzt-per-mausklick-4630218.html
8https://www.welt.de/politik/deutschland/article207198029/Coronavirus-Sachsen-will-Quarantaene-Verweigerer-in-Psychiatrien-sperren.html?fbclid=IwAR28ylAfqz56cd8iudwIQ6j9d13EaDwIPr-L8SyM7JYdrQ0HankpIQpXotw
9https://www1.wdr.de/nachrichten/westfalen-lippe/corona-zwangsunterbringung-turnhalle-menden-100.html
10https://www.bussgeldkatalog.org/corona/https:/www.haufe.de/recht/weitere-rechtsgebiete/strafrecht-oeffentl-recht/sanktionen-bei-verstoessen-gegen-das-infektionsschutzgesetz_204_512206.html/
11https://www.bild.de/politik/inland/politik-inland/ab-montag-

deutschland-wieder-dicht-bundes-polizei-jagt-lockdown-brecher-73646896.bild.html
12https://www.echo24.de/baden-wuerttemberg/ludwigsburg-boeblingen-polizei-aktion-polizisten-einsatz-gaststaetten-fahrzeuge-corona-verstoesse-fahndungstag-zr-90081382.html
13https://www.berliner-kurier.de/panorama/so-jagen-corona-detektive-das-virus-li.84286
14https://www.europarl.europa.eu/meetdocs/2009_2014/documents/libe/dv/11_revframework_statute_/11_revframework_statute_en.pdf
15https://www.swr.de/swraktuell/baden-wuerttemberg/hilfssheriffs-in-corona-krise-100.html
16https://www.bundeswehr.de/de/ueber-die-bundeswehr/selbstverstaendnis-bundeswehr/chancengerechtigkeit-bundeswehr/vielfalt-bundeswehr

15. November 2020

18. Höchst brisant: Das Trauerspiel um die SPD-Vorzeigefrau Giffey

Gelten bei SPD-Karrierefrauen bei erschummelten Doktorarbeiten andere Maßstäbe als einst bei Guttenberg & Co.?

Kaum eine Ministerin hat in ihrem Ministerium krassere Nischenpolitik betrieben als Franziska Giffey. Als ich sie das erste Mal im Ausschuss erleben durfte, sprach sie von ihrem Ministerium als dem „Frauenministerium". Eine Femosozialistin, die gerne auch mal die Regenbogenflagge hissen lässt und mit Inbrunst darunter posiert. Ihre Gesetze („Gute-Kita-Gesetz", „Starke-Familien-Gesetz") haben wohlklingende Namen, doch der Inhalt ist, wie bei allen Mogelpackungen, dann doch nicht so üppig und wohlschmeckend oder gar wohlbekömmlich, wie der Titel suggeriert.

Aber wer ist diese Frau? Der damals beim BMFSFJ hinterlegte Lebenslauf (1) liest sich illuster, vorbildlich; für die SPD ist Giffey eine Vorzeigefrau, eine auf den ersten Blick qualifizierte Person ohne Quotierungsbedarf. Stand 15.11.2020 beinhaltet dieser auch noch immer die umstrittene Promotion zum Thema „Europas Weg zum Bürger – Die Politik der Europäischen Kommission zur Beteiligung der Zivilgesellschaft" am Beispiel von Berlin-Neukölln".

Auf der Seite ihrer Partei (2) ist nachzulesen: „Franziska Giffey trat 2007 der SPD bei und ist Ortsvereinsmitglied der SPD Hermannstraße (5. Abteilung des Kreisverbandes der SPD Neukölln). Am 9. Mai 2014 wurde sie, nachdem sie die Funktionen der Kreiskassiererin und der stellvertretenden Kreisvorsitzenden innehatte, zur Kreisvorsitzenden der SPD Neukölln gewählt.

Mitgliedschaften :Franziska Giffey ist Mitglied in mehreren Organisationen: Sozialdemokratische Partei Deutschlands (SPD), Ortsvereinsmitglied der SPD Hermannstraße (5. Abteilung der SPD Neukölln), Arbeiterwohlfahrt (AWO) Berlin (Kreisverband Südost e.V.), Freunde und Förderer Schloss Britz e.V., Freundeskreis der Musikschule Paul Hindemith e.V., Förderverein der Jugendverkehrsschulen Neukölln e.V., Deutsches Rotes Kreuz (DRK), Europa-Union Deutschland e.V., Lions Club Berlin Glienicker Brücke.“

Frau Giffey wird als ruhig, höflich und anständig beschrieben. Das mag alles zutreffen, doch ich möchte nach meinen eigenen Erfahrungen aus dem gemeinsamen Arbeitskontext auch noch die Attribute „durchideologisiert“ und „arrogant“ hinzufügen. Bei näherem Hinsehen ist eine gewisse Ähnlichkeit zwischen Frau Giffey und ihren Gesetzen nicht zu leugnen: Mehr Schein als Sein, eben die bereits genannte „Mogelpackung“ kommen einem in den Sinn.

Lesen sich Giffeys Lebenslauf und ihre politische Karriere auch wie aus dem Bilderbuch, so machte sie zuletzt zumeist Schlagzeilen, die nicht so recht passen wollen zur „SPD-Vorzeigefrau“. Ihren Anfang nahm die Affäre um ihre akademischen Weihen vor gut anderthalb Jahren: Am 8. Februar 2019 berichtete die „Berliner Morgenpost“ (3), dass die Freie Universität (FU) Berlin, Giffeys Alma Mater, ihre Dissertation wegen Plagiatsverdachts prüft. Bereits damals also lagen erhebliche Verdachtsmomente vor.

Noch im August 2019 gab sich Frau Giffey als Opfer von unzutreffenden Anschuldigungen, stellte aber dennoch ihren Rücktritt in Aussicht (4): „Ich habe auch in meiner Zeit als Kommunalpolitikerin in Berlin-Neukölln immer für ein klares Benennen von Problemlagen und eine klare Haltung gestanden. Danach zu handeln, hat mich geleitet. So will ich auch mit dieser Situation umgehen", ließ sie sich damals zitieren.

Aus einem Bericht des „Spiegel" (5) ging hervor, dass die Internetplattform „VroniPlag" auf mehr als jeder dritten Seite von Giffeys Doktorarbeit – konkret auf 76 von 205 Seiten – Plagiate gefunden hatte, was einem Anteil von 37,1 Prozent entsprach. Im Juni hatte Giffeys Rechtsanwalt deren Zitierfehler noch mit einer „amerikanischen Zitierweise" begründet, die es ermögliche, weniger detailliert auf Quellen zu verweisen.

Nachdem die dann folgende Überprüfung der Dissertation tatsächlich genau die Vorwürfe bestätigte und klar war, dass die Plagiatsmängel zutreffend waren, geschah etwas nie Dagewesenes zu Gunsten der SPD-Bilderbuchministerin: Die FU stellt fest, dass Giffey plagiiert hat – doch sie entzieht ihr nicht die Doktorwürde und erkennt ihr nicht den Titel ab, sondern rügt die Missetäterin in einer einzigartigen „Lex Giffey".

Dieses höchst fragwürdige Vorgehen verwunderte nicht nur das „Handelsblatt" (6), welches jetzt, im November, darüber berichtet, dass die Rechtmäßigkeit der Rüge überprüft wird: Schon ein ganzes Jahr zuvor, im November letzten Jahres, war der AfD-Abgeordnete Martin Trefzer aus dem Berliner Abgeordnetenhaus dieser Frage in einer Anfrage nachgegangen und hatte die Rechtmäßigkeit der Rüge Giffeys als

„Verwaltungsakt" hinterfragt.

In Treffers Anfrage (7) hieß es damals: „Die Freie Universität Berlin hat eine eigene und unabhängige Bewertung der von Vroni Plag Wiki beanstandeten Stellen durchgeführt. Die systematische Plagiatsprüfung hat ergeben, dass Frau Dr. Giffey in ihrer Dissertation die Standards wissenschaftlichen Arbeitens nicht durchgängig beachtet hat. Dafür wurde eine Rüge erteilt [...9
Mit welcher Mehrheit hat die fünfköpfige Prüfungskommission dem Präsidium empfohlen, eine Rüge auszusprechen? [...] Der Vorschlag wurde einstimmig beschlossen."

Wie kann so etwas sein? Wie vielen der Schummelei überführten Doktortitel-Inhabern wurde vor Frau Giffey jemals eine „Rüge", also ein universitäres „Du-Du-Du" mit erhobenem Zeigefinger, zuteil – und das auch noch einstimmig?

Scharfe Kritik gab es schon 2019 reichlich; z.B. stand in der „Süddeutschen Zeitung" (8) zu lesen: „Dabei ist diese Möglichkeit (der Rüge – Anm. d.Verfassers) in der Promotionsordnung, die für Giffeys Arbeit gilt, gar nicht vorgesehen." Und der „Vroni-Plag"-Jurist Gerd Dannemann wurde von der Zeitung zitiert: „Mir ist auch kein Fall bekannt, in dem die FU eine Rüge erteilt hätte." Ermessen bedeute nicht, dass man nun jede beliebige Sanktion erfinden könne. „Im Plagiatsfall der damaligen Bundesbildungsministerin Annette Schavan (CDU), hatte das Verwaltungsgericht Düsseldorf eine Rüge als Möglichkeit ausdrücklich verworfen. Diese sei weder in der Promotionsordnung noch an anderer Stelle vorgesehen, urteilten seinerzeit die Richter."

Könnte es im Fall Giffey, wo hier offensichtlich eine Ausnahme gemacht wurde, vielleicht damit zusammenhängen, dass der

Marsch durch die Institutionen für linksgrünes Gedankengut äußerst erfolgreich war? Und könnte dies wiederum bedeuten, dass es eine gewisse Beißhemmung in Richtung von Plagiatoren der eigenen Gesinnung gibt? Ja, auch andere namhafte Politiker von CDU und auch FDP bekamen schon ihre Titel aberkannt und wurden mit Schimpf und Schande aus dem Amt/Mandat gejagt, oder wenigstens zum Rücktritt ermuntert bzw. nicht wiedergewählt.

Besonders interessant: Im Fall Annette Schavans (9) wurde zum ersten Mal öffentlich ein Strauss ausgefochten über „Netzwerke", die für oder gegen einen Titelinhaber manipulierend tätig waren. Ist Tücke das Hauptprinzip der Verteidiger? Ureigene Interessen als Triebfeder? Wo bleibt die Neutralität der Wissenschaft? Zur Not offenbar auf der Strecke.

Es zeigt sich nur allzu oft, dass akademische Netzwerke versuchen, Druck auf die Entscheidergremien in ihrem Sinne auszuüben. Es besteht Grund zur Sorge, dass bereits an den Universitäten die Wissenschaft durch die Politik in den Hintergrund gedrängt wird. Wer an der Macht ist, hat nichts zu befürchten – und wer über eine Mehrheit verfügt, darf seinen noch so krumm erworbenen Titel behalten?

Eine Zeit lang schien es gar so, als wäre der Nachweis ergaunerter Doktorarbeiten DIE Möglichkeit par excellence, politische Widersacher und unliebsame Akteure aus dem Rennen zu stoßen. Es erwischte – wie ein Blick auf Wikipedia zum Thema zeigt (10) – Andreas Kasper (CDU) 2010, Matthias Christoph Pröfrock (CDU) 2011, Silvana Koch-Mehrin (FDP) 2011, Georgios Chatzimarkakis (FDP) 2011, Karl-Theodor zu Guttenberg (CSU) 2011, Birjan Djir-Sarai (FDP) 2012, Florian Graf (CDU) 2012, Annette Schavan (CDU) 2013, Jakob Kreidl

(CSU) 2013, Wolfgang Dippel (CDU) 2015 und Frank Steffel (CDU) 2019.

Aufschlussreich ist in dieser Wikipedia-Aufzählung, dass so viele Vertreter der CDU/CSU und FDP darin vorkommen, denen die Doktorwürde aberkannt werden musste; plagiieren diese etwa besonders häufig? Oder wird hier einfach besonders motiviert in den Doktorarbeiten gestöbert? Kommen die Plagiatoren der anderen Parteien in dieser Liste einfach nicht vor – oder gibt es dort überhaupt keine Fälle? Oder ist es so, dass Doktortitelträger der SPD, Grünen, Linken weniger politische Feinde unter den Plagiatsjägern (oder an den Hochschulen) haben? Oder ist die Zahl der Promovierten in diesen Parteien einfach statistisch signifikant seltener? Oder plagiieren sie weniger häufig bei Doktorarbeiten, sind also de facto ehrlicher? Das fiele schwer zu glauben.

Zur Frage nach der Häufigkeit lässt sich zumindest folgende erhellende Quelle (11) finden: „Promoviert haben die meisten Parlamentarier bei den Grünen. Knapp 21 Prozent tragen einen Doktortitel. Dahinter folgen FDP, AfD und Union mit Anteilen zwischen knapp 18 und 19 Prozent. Die wenigsten Doktortitel finden sich bei den Linken (rund 13 Prozent) und der SPD (rund 14 Prozent). Habilitiert sind mit fünf Prozent vor allem Parlamentarier der AfD. Die Anteile der Habilitierten in den anderen Fraktionen reichen von rund einem Prozent (SPD) bis drei Prozent (FDP)."

Alle anderen Fragen kann jeder für sich selbst reflektieren und beantworten; es gibt dazu schlicht keine belastbaren Quellen. Eines ist klar: Wenn bei der Beurteilung von Doktorarbeiten unterschiedliche Regeln gelten sollten – je nach Parteizugehörigkeit und dem Wohlgefallensprinzip -, dann wird der hiesigen Wissenschaft und somit dem Wissenschaftsstandort

Deutschland schwerer Schaden zugefügt.

Ob nun bald auch die SPD-Frau Giffey der langen Liste der „Erwischten" hinzuzufügen ist, ob sie als solche dann ebenfalls bei Wikipedia geführt wird, das muss sich noch erweisen. In taktischer Voraussicht „verzichtet" sie nun auf das Führen ihres Titels (12) – weil sie weiß, wie eine erneute Überprüfung am Ende ausgehen wird? „Bundesfamilienministerin Giffey will aufgrund von Plagiatsvorwürfen ihren Doktortitel nicht mehr führen. Politische Konsequenzen will sie aus dieser Entscheidung aber nicht ziehen."

Nanu, wohin ist Giffeys „klare Haltung" plötzlich verschwunden? Dass Giffey immer noch Ministerin ist, bedeutet wohl, dass ihrer 2019 postulierten „klaren Haltung" offenbar jede Menge kraftvoller Klebstoff anhaftete, der sie zuverlässig weiter an ihrem Ministerposten befestigt. Apropos „Haltung": Man scheint im (Privat-)Hause Giffey ohnehin sehr flexiblen Umgang mit Rückgrat und allgemeingültigen Regeln zu pflegen; denn bekanntlich sorgte der Ehemann der Ministerin ebenfalls für Wirbel.

In „Focus" vom 20.1.2020 (13) stand zu lesen: „Ein Sprecher des zuständigen Berliner Verwaltungsgerichts bestätigte „Business Insider" eine Disziplinarentscheidung seiner Behörde von Ende 2019, wonach Giffey aus dem Beamtenverhältnis zu entlassen sei. Die Disziplinarkammer des Verwaltungsgerichts Berlin habe ihn „mit Urteil vom 12. Dezember 2019 aus dem Dienst entfernt", sagte ein Gerichtssprecher auch gegenüber der Nachrichtenagentur AFP. Gegen die Entscheidung sei Berufung möglich." Ein uraltes Sprichwort besagt: „Gleich und gleich gesellt sich gern." Manchmal ist an solchen Weisheiten ja sogar etwas dran…

Die SPD als Sammelbecken von Haltungsexistenzen? Oder gar die SPD als Garant für Existenzerhaltung auf Kosten der Steuerzahler? Ein besonders illustres Beispiel dafür bot 2016 etwa der Skandal um die biographische Hochstaplerin Petra Hinz (14). Willi Nowack, der selbst über einen Parteispendenskandal stolperte, sagte anlässlich dieses Falls (15): „Jeder in der Parteiführung wusste damals, dass Petra Hinz nicht studiert hat oder dass da zumindest was Krummes läuft." Hinz erklärte damals auf ihrer Website zu dem Schreiben, welches ihren epischen Betrug am Wähler öffentlich gemacht hatte: „Sollte der Autor des Schreibens SPD-Mitglied sein – was ich einfach nicht glauben mag – müssten die Essener Sozialdemokraten dafür sorgen, dass er oder sie nicht mehr lange Mitglied bleibt. Jemand, der in ehrabschneidender Weise sozialdemokratische Mandatsträger diffamiert und sozialdemokratische Delegierte nötigt, hat in unserer Partei nichts mehr zu suchen. Er verstößt gegen die Grundprinzipien der Partei, der Solidarität, der fairen demokratischen Diskussion und der demokratischen Wahl unserer Mandatsträger."

Statt Selbstkritik und Einsicht also Attacken auf Nestbeschmutzer und mangelnde „Solidarität", den Mantel des Schweigens über Lug und Trug zu breiten: In der SPD scheint eher dies der Normalfall zu sein. Ulli Nissen war bis vor kurzem Rechnungsprüferin bei der Arbeiterwohlfahrt (AWO) Frankfurt, wo sich ein Skandal an den anderen reiht. „Auf die Frage der FR nach der Rolle der Revisoren, zu denen die SPD-Bundestagsabgeordnete Ulli Nissen gehörte, wich Rossbrey aus. Mit dieser Frage habe man sich noch nicht beschäftigt", schrieb damals die „Frankfurter Rundschau" (16).

Zeitmangel? Unfähigkeit? Unwillen? Mitwissen? Das wird die Öffentlichkeit wohl nie erfahren. Schuldbewusstsein und Konsequenzen? Amtsverzicht? Mandatsverzicht? Nö. Bei der

SPD sind doch die „Guten" versammelt, hier zählen „Solidarität" und „#wirsindmehr".

Unbedingt interessant in diesem Zusammenhang ist ganz sicher die Studie der Universität aus British Columbia (17), die untersuchte, welche psychologischen Eigenschaften Leute aufweisen, die sich selbst gerne als Opfer oder als deren Retter inszenieren. Laut dieser Untersuchung weisen solche Personen besonders häufig die sogenannte „dunkle Triade" auf: Narzissmus, Machiavellismus und Psychopathie. Menschen mit dieser Disposition werden bekanntlich als manipulativ, empathiefrei und kalt berechnend eingestuft. Ihr persönlicher Vorteil steht für sie an oberster Stelle. Für diesen nutzen sie alle zu Verfügung stehenden gesellschaftlichen Mechanismen, welche die Gesellschaft ihnen bietet. Dass man solche Leute besonders häufig antrifft unter Kommunisten, Sozialisten und Ökomarxisten, ist sicher kein Zufall: Alle diese Parteien leben – außer von der taktischen Panikmache durch Schüren von (Zukunfts-)Ängsten (vom Klimawandel bis Corona) im Besonderen von der Einteilung der Gesellschaft in „Opfer" und „Täter" – und natürlich in „Retter", denen sie sich selbst zurechnen.

Dabei dient das gutmenschliche Posieren als Superwaffe: „Die Verbindung von Virtue Signaling und Victim Signaling vereint die Eigenschaften der einzelnen Phänomene", heißt es in der genannten Studie. „Virtuos Victim Signaling" kann zum einen die soziale Anerkennung steigern und „Diskussionsrechte" freischalten, die anderen verwehrt bleiben; zum anderen locken persönliche Vorteile und Sonderrechte – „zum Beispiel Zugang zu Entscheidungsgremien oder Anspruch auf Wiedergutmachung."

Eine Hauptmotivation für das Posieren ist schnell ausgemacht:

„Ein wahrgenommenes Opfersignal kann andere dazu bringen, Ressourcen zu einem Opfer zu transferieren, aber die Motivation, dies zu tun, wird verstärkt, wenn das Opfersignal mit einem Tugendsignal gepaart wird."

Die Forscher fanden heraus, „dass Menschen, die häufig Virtue oder Victim Signaling nutzen, eine erhöhte Neigung zu ethisch fragwürdigem Verhalten zeigen. Solche Personen sind beispielsweise ‚eher bereit, gefälschte Produkte zu kaufen' und Fälscher weniger hart zu verurteilen." Na sowas! Jeder eigenständig denkende Mensch wirft Politikern, die Wasser predigen und selbst Wein saufen, schon seit jeher Bigotterie und Heuchelei vor. Und nicht ohne Grund wird keiner häufiger Ziel dieser berechtigten Vorwürfe als die „Toleranzbestien" von SPD, Grünen und Linken; CDU und FDP scheinen leider in zunehmendem Maße ebenfalls infiziert.

Doch all dies nur am Rande, weil es bei näherem Hinsehen so schön die Arbeit (und den Charakter?) der hier in Rede stehenden Ministerin Giffey beschreiben könnte, wenn man es denn nur wahrhaben wollte… So bleibt dann zum Schluss nur noch die freudige Erwartungshaltung an alle SPD-Politiker, die vollmundig vor vielen Jahren anlässlich des prominenten Falls Karl-Theodor von Guttenberg geurteilt hatten, dass diese auch im Fall Giffeys dieselben Maßstäbe anlegen mögen:

Klaus Wowereit, der damalige Regierende Bürgermeister Berlins und stellvertretende SPD-Bundesvorsitzende, hatte damals Guttenbergs Rücktritt im „Tagesspiegel" (18) begrüßt mit den Worten: „Solche Vorfälle dürfen nicht sanktionslos sein, das würde unser Wertesystem auf den Kopf stellen". Er kritisierte allerdings, dass Guttenberg und auch Bundeskanzlerin Angela Merkel nicht eher Konsequenzen aus der Affäre gezogen haben: „Ich hatte den Eindruck, er versucht, die berechtigte

Kritik auszusitzen", sagte Wowereit.

Und Berlins Wissenschaftssenator Jürgen Zöllner (SPD) sagte laut „idem", die „wissenschaftlichen Regeln" müssten gewahrt werden. Zöllner war zu Beginn der 90er Jahre selbst Präsident der Johannes-Gutenberg-Universität in Mainz; er selbst, erklärte er, habe die Vorwürfe zwar selbst nicht geprüft, aber der Rücktritt Guttenbergs sei ein „richtiger und wichtiger Schritt" gewesen.

Und auch der SPD-Vorsitzende Sigmar Gabriel begrüßte den Rücktritt Guttenbergs und attackierte zugleich Bundeskanzlerin Merkel: Der Amtsverzicht des CSU-Politikers sei ein guter Schritt, der jedoch relativ spät gekommen sei, sagte Gabriel während einer Hessen-Reise zum dortigen Kommunalwahlkampf vor Journalisten in Gießen. „Die Kanzlerin hat einen großen Fehler begangen, indem sie Guttenberg gedrängt habe, im Amt zu bleiben", fügte der SPD-Chef hinzu. „Ein Rücktritt ist immer stabilisierend für die Demokratie". Es müssten für Minister und Politiker dieselben Rechte gelten wie für normale Bürger. Mit ihrem Versuch, Guttenberg im Amt zu halten, habe Merkel „die Selbstreinigungskräfte des Parlaments angehalten", kritisierte der SPD-Vorsitzende. Aufstieg und Fall von Guttenberg seien Symptome für die Krise der Demokratie. Schließlich sei der ehemalige Verteidigungsminister für viele Menschen eine „Projektionsfläche" gewesen.

Und auch der damalige SPD-Fraktionschef Frank-Walter Steinmeier bezeichnete den Rücktritt damals als unausweichlich. „Schaden ist schon genug eingetreten – bei seinem Doktorvater und der Universität Bayreuth, die um ihren Ruf ringen". Aber auch die Glaubwürdigkeit von Politik sei in Gefahr gewesen. „Deshalb musste der Rücktritt kommen", so

Steinmeier, der desweiteren Zweifel äußerte, dass Guttenberg in die Politik zurückkehren könne. „Wenn er auf die gehört hätte, die ihm vor vierzehn Tagen empfohlen haben, jetzt einen Weg zu wählen, der ihm nach den Wahlen 2013 einen Wiedereinstieg in die große Politik ermöglicht, dann Ja", sagte Steinmeier. „Jetzt, nachdem er seine eigenen Reden über Ehre und Anstand jeden Tag Lügen gestraft hat, kann ich mir das nicht vorstellen." Scharfe Kritik äußerte Steinmeier an Kanzlerin Angela Merkel. „Die Kanzlerin hat sich hinter ihn gestellt, als seien das Kleinigkeiten, die Herrn Guttenberg vorgeworfen wurden. Tatsächlich war es eine Demütigung der gesamten Wissenschaftslandschaft in Deutschland." Sie habe ihre Glaubwürdigkeit selbst dem Machtpoker geopfert.

Und Thomas Oppermann, der damalige Parlamentarische Geschäftsführer der SPD, bezeichnete Guttenberg im „Handelsblatt" (19) gar als „Hochstapler und Lügner". Die SPD nannte praktisch einhellig Guttenbergs Rücktritt „überfällig und unausweichlich". Für Kanzlerin Angela Merkel sei dieser Rücktritt aber zu spät gekommen: „Sie hat sich kräftig blamiert, ihre Glaubwürdigkeit ist beschädigt, sie hat dem Ruf der Politik Schaden zugefügt", so Oppermann.

Was genau ist nun bei Ministerin Giffey (SPD) heute anders als damals bei Guttenberg? Ist Giffey etwa auch ein „Hochstapler und Lügner" – und kann sie dann, nach den eigenen Maßstäben der SPD, Ministerin bleiben? Herrn Oppermann kann man leider nicht mehr zu seiner Sichtweise zum Fall Giffey befragen (die sicher auch sehr erhellend gewesen wäre). So bleibt die Frage: Wieso war die Doktorarbeit bei Guttenberg damals eine Demütigung der Wissenschaftslandschaft – und bei Giffey ist es völlig egal? Und interessant zu sehen wird auch sein, ob und wie sich wohl dieses Mal die Gottkanzlerin Merkel positionieren wird, wo ihr die Schmach einer SPD-Ministerin angeheftet wird?

Eins ist klar: Bleibt bei Giffey die damals gegen Guttenberg geäußerte Kritik in gleichlautenden Worten aus, dann gibt es dafür wohl nur ein Wort: Doppelmoral. Oder, mit den Worten der SPD gesagt: „Ihr Doppelmoralisten habt dem Ruf der Politik Schaden zugefügt!" Ich für meinen Teil bleibe bei meinem spontanen Appell an Frau Ministerin Giffey: Es reicht. Schluss mit dem unwürdigen Trauerspiel. Treten Sie aus Achtung vor Volk und Amt endlich zurück!

1https://www.bmfsfj.de/bmfsfj/franziska-giffey/122560
2https://www.spd.de/franziska_giffey
3https://www.morgenpost.de/berlin/article216396629/Plagiatsv erdacht-FU-prueft-Dissertation-von-Franziska-Giffey.html
4https://www.forschung-und-lehre.de/politik/giffey-stellt-ruecktritt-wegen-plagiats-in-aussicht-2043/
5https://www.spiegel.de/politik/deutschland/franziska-giffey-vroniplag-findet-gravierende-verstoesse-in-ihrer-dissertation-a-1265602.html
6https://www.handelsblatt.com/politik/deutschland/plagiatsska ndal-giffeys-doktorarbeit-gutachterstreit-zur-rechtmaessigkeit-einer-ruege-koennte-fall-neu-aufrollen/26594152.html?ticket=ST-10804110-rhRdbrEmQK3fI5mybO7x-ap1
7https://kleineanfragen.de/berlin/18/21479-umstrittene-entscheidung-der-freien-universitaet-im-plagiatsfall-dr-franziska-giffey.txt
8https://www.sueddeutsche.de/bildung/franziska-giffey-ein-bisschen-plagiat-ist-erlaubt-1.4664444
9https://www.faz.net/aktuell/feuilleton/der-fall-schavan-frau-jedermanns-plagiat-12036233.html
10https://de.wikipedia.org/wiki/Liste_deutscher_Dissertationen

_mit_Plagiaten
11https://www.forschung-und-lehre.de/politik/mehr-als-80-prozent-akademiker-im-bundestag-1861/
12https://www.tagesschau.de/inland/giffey-doktortitel-105.html
13https://www.focus.de/politik/deutschland/franziska-giffey-mann-aus-dem-dienst-entfernt-urlaubsfotos-verrieten-ihn_id_11533614.html
14https://www.faz.net/aktuell/politik/inland/kein-abi-kein-studium-die-luege-der-petra-hinz-14354367.html
15https://www.sueddeutsche.de/politik/betrug-am-waehler-petra-hinz-kann-selbst-entscheiden-wann-sie-den-bundestag-verlaesst-1.3107756
16https://www.fr.de/frankfurt/frankfurt-millionenschaden-13811566.html
17https://flinkfeed.com/studie-gutmenschen-besonders-oft-narzisstische-psychopathen
18https://www.tagesspiegel.de/politik/reaktionen-auf-guttenberg-ruecktritt-schock-und-riesenblamage/3895722.html
19https://www.handelsblatt.com/politik/deutschland/guttenberg-ruecktritt-heute-keine-entscheidung-ueber-nachfolge-seite-2/3895480-2.html?ticket=ST-14676796-QRaefW7Wj2g9ZIBc4an4-ap6

19. Höchst brisant: Lockdown – Wenn Frauen und Mütter aufstehen

Die Regierung sieht sich wachsendem Widerstand von Frauen gegenüber

Ich kenne keine Mutter, die es für eine gute Idee hält, ihre Kinder gemäß der neuen Weisheiten der Kinderpsychologie 2020 mit dem folgenden Selbstverständnis zu traumatisieren: „Kinder sind Virenschleudern. Sie töten durch Anwesenheit." Es ist natürlich richtig, dass viele Mütter auch gar nicht erst darüber nachdenken, denn das hieße ja, vermintes Gelände zu betreten. Eindrucksvoll haben die vergangenen Wochen und Monate gezeigt, was mit denen passiert, die Regierung, RKI, das Gesundheitssystem und die Coronamaßnahmen zu kritisieren wagen. Fachleute, Ärzte, Wissenschaftler und Rechtsanwälten wurden zu Paria geframed: zu Verschwörungstheoretikern, Reichsbürgern, Spinnern, Rechtsradikalen und seit Neustem, durch Kahane, sogar zu Antisemiten (1).

Dabei gehen Regierung, Presse und Gängelungs-Systemsprotagonisten schnell mal die Totschlagbegriffe aus. Denn wenn sie auf jedermann angewendet werden, sind sie irgendwann total entwertet. Totschlagbegriffe, die Leute mit der Nähe zum Schlimmsten des Schlimmsten belegen, obwohl sie damit nicht das Geringste zu tun haben, tragen dazu bei, das Schlimmste zu verharmlosen. Die traurige Randnotiz hierbei ist, dass nur ganz bestimmte Leute solche Begriffe und Vergleiche benutzen dürfen, um den politischen Gegnern die soziale Vernichtung durch angedichtete Nähe zur geschichtlichen Schande zu Teil werden lassen zu dürfen – eine Nähe, die sie keinesfalls und mitnichten haben. Legendär in diesem Zusammenhang: Boris Reitschusters Suche nach Nazis auf der Demo am 18.11.2020 in Berlin (2).

Andersherum reagiert das regierende Establishment aus Politik und Presse mehr als verschnupft, wenn jemand aus dem designierten Pari- Segment von Politik, Freier Presse oder Bürgern ebenfalls zu geschichtlichen Vergleichen greift. Denn das verharmlost natürlich die Verbrechen des Holocaust. Na klar. Mehr Bigotterie, Messen mit zweierlei Maß und Heuchelei geht gar nicht. Und neben dieser verbalen Keulung erleben derzeit regierungskritische Querdenker, Fachleute, Ärzte und Rechtsanwälte, dass die Verfassungsschutzkeule in nie da gewesener Windeseile in Stellung gebracht wird – zum Beispiel vom Coronamaßnahmen-Extremisten Söder (3). An dieser Stelle einfach mal ein paar Klarstellungen: Querdenken ist kein Fall für den Verfassungsschutz! Interessant hingegen, dass der Verfassungsschutz bereits merklich in die AfD eingesickert ist (4); das lässt Raum für Spekulationen, welche Rolle die V-Leute dort spielen – und auf welchen Ebenen.

Wie dem auch sei, die AfD ist nicht die Querdenkerbewegung. Aber wir hören den Menschen dieser rasant wachsenden Interessensgruppe selbstverständlich gut zu. Zudem haben wir in einigen Punkten, zu den Coronamaßnahmen und der kritischen Einschätzung der „pandemischen Lage", sehr ähnliche Ansichten. Wenn man nun bedenkt, dass Zahlen generell statistisch fehlerhaft dargestellt werden können, erscheinen die parlamentarisch mehrheitlich durchgewunkenen, von den Querdenkern maximal kritisierten Coronamaßnahmen noch einmal in grellerem Licht – zumal zunehmend sogar gerichtlich festgestellt wird, dass sie auf falschen Annahmen basieren: Wie ein portugiesisches Gericht kürzlich feststellte, kann ein PCR-Test eben keine Infektiosität belegen (5); der RT-

PCR-Test weist RNA nach, nicht jedoch die Infektiosität eines Virus. Auch in der Expertenstellungnahme zur Begründung eines Beschlusses des nordrhein-westfälischen Oberverwaltungsgerichtes wurde dies ausgeführt (6).

Was beweist das nun? Die Menschen, die eine allein auf PCR-Testergebnissen basierte Coronamaßnahmenpolitik auf der Straße und im Netz kritisieren, haben Recht! Kürzlich erschien überraschend ein interessanter Artikel in der „Welt" (7), der Hinweise auf einen bemerkenswerten Interessenkonflikt bei einem leitenden RKI-Mitarbeiter aufzeigt: Eine weitere vermeintliche Verschwörungstheorie wird vor unser aller Augen von der Theorie zur Praxis. Auch diesbezüglich haben die Regierungskritiker und Querdenker Recht behalten. Womöglich immer noch nur die Spitze eines Eisbergs? Man darf sich gar nicht vor Augen halten, was hier in diesem Land los wäre, wenn noch mehr als solche gebrandmarkte „Verschwörungstheorien" plötzlich nackt und entblößt, in ihrer ganzen hässlichen Wahrheit zutage träten und allen Bürgern durch kritische und investigative Berichterstattung zugänglich wären!

Wenn sich die Regierung und deren Service-Oppositionsparteien nicht für die kritischen Anregungen, Sorgen und Nöte dieser Bürger interessiert, wer dann – wenn nicht die einzige wahrnehmbare Oppositionspartei im Bundestag? Diese zunehmende Anzahl von zweifelnden Menschen braucht eine parlamentarische Interessensvertretung, die sie ernst nimmt und ihnen zuhört! Noch viel wichtiger: Man kann desungeachtet durchaus die (geschürten) Coronaängste der Mehrheitsbevölkerung ernst nehmen – und dennoch parlamentarisch verantwortungsvoll für alle Interessensgruppen agieren. Das Eine tun, ohne das Andere zu lassen, ist eine vergessene Staatskunst; nicht Rechthaberei und Spaltung.

Zur weiteren Klarstellung: Ich heiße weder Angriffe auf die freiheitlich demokratische Grundordnung noch irgendwelche „Stürme" auf den Reichstag gut, weder von Links noch von Rechts. Ich distanziere mich in aller Deutlichkeit von Gewaltanwendung durch Demonstranten, wie auch von Seiten der Polizei, von Gewalt und Unterdrückung als politisches Mittel und zur Durchsetzung politischer Ziele sowieso. Ich verachte das Messen mit unterschiedlichem Maß in der Bewertung von Extremismus. Und: Ich kritisiere auf das Schärfste die einseitige Zuteilung von einer Milliarde Euro für den „Kampf gegen Rechts", der immer mehr zum Kampf der herrschenden Meinung gegen alle Andersdenkenden, Andersmeinenden und vor allem auch Anderswissenden mutiert – und zu dieser Erkenntnis muss ich leider kommen, je mehr ich mich mit der sogenannten „Zivilgesellschaft" und all den steuergeldunterstützten Organisationen und Stiftungen beschäftige, die als Hauptzweck die politischen Verbildung der Bevölkerung in eine bestimmte Richtung hin verfolgen. Diese Mittelzuwendung unterstützt weiterhin den Umbau unserer wehrhaften, freiheitlichen Demokratie hin zu einer Demokratie, in der zugelassene Demonstrationen und eifriges Fähnchenschwenken am liebsten pro Regierung stattfinden; eine Demokratie, in der sich unsere in der deutschen Demokratischen Republik sozialisierte Kanzlerin der Herzen wohlfühlt.

Was beweist uns die verbale Niederknüppelung, die soziale und mediale Ächtung, die Androhung der Beobachtung durch den Verfassungsschutz all jener, die gegen die Coronamaßnahmen auf die Straße gehen? Vor allem dies: Das Regierungssystem Merkel fürchtet den Verlust seiner Deutungshoheit über die GEZ-Wirklichkeit in Deutschland – den damit einhergehenden drohenden Machtverlust. Dass die großen Demonstrationen keinesfalls die „Superspreader-Events" waren, die sie ja laut RKI- bzw. Regierungslogik angeblichen waren, schürt die Angst davor, berechtigt oder nicht, dass die Bevölkerung die Situation kritisch neu bewerten könnte.

Wie kommt es also, dass trotz der politischen, sozialen und medialen Übermacht immer mehr Familien, Frauen und Senioren kritischen Demonstrationen, Kundgebungen und Mahnwachen zusammenfinden, um gegen die Regierungsmaßnahmen zu protestieren – und zwar aus den unterschiedlichsten parteipolitischen Spektren? Vor allem aus einem wesentlichen Grund: Die Regierungspolitik unter „Mutti" Merkel hat einen entscheidenden Fehler gemacht hat, sie hat eine täglich zunehmende Anzahl von Müttern gegen sich aufgebracht. Merkel persönlich ist dies eigentlich gar nicht anzulasten – denn sie versteht als Nicht-Mutter ohnehin nicht, was sie anrichtet. Kinderlose Politiker blicken nicht in die Angst erfüllten, Schuld behafteten Augen ihrer Kinder und Enkel - die nun ja als „Virenschleudern" (8) oder „Klimaschädlinge" (9). Sie fühlen nicht, was Mütter fühlen, wenn ihre Kinder krank an Seele und Körper aus der Schule kommen, wo sie frierend von zumeist angstgesteuerten Lehrkräften unter die Maske gezwungen werden (übrigens weit entfernt von deren hygienischer Handhabung).

Mancherorts bekommen Kinder auf dem Schulhof durch auf den Boden gemalte Punkte signalisiert, wo sie sich aufhalten dürfen, um ihr Schulbrot zu essen. Teilweise findet sogar der Sportunterricht unter Maskenzwang statt. Spielen mit Freunden geht, wenn überhaupt, nur noch mit großem Abstand. Kirche, Vereinssport und Spielen mit Freunden am Nachmittag, Kirmes, Volksfeste, Familienfeste, Treffen mit den Großeltern finden unter den Coronamaßnahmen nicht mehr – oder nur noch extrem reduziert – statt. Und was noch nicht verboten ist, wird durch hysterische Mitbürger in vorauseilendem Gehorsam von selbst gekillt. Selbst Familienweihnachten soll auf der Grundlage der

PCR-Testzahlen sterben. Mit leeren Augen, müde, mit Kopfschmerzen und ohne Lebensfreude kommen Kinder aus der Schule und den Kindertagesstätten, wo sie einer mehr oder minder freiwillig ablaufenden staatlichen Zwangsneurotisierung ausgesetzt sind. Mütter sehen und erkennen all dies.

Warum hebe ich besonders auf Mütter ab? Weil Frauen generell um Ausgleich bemüht sind. Weil sie bislang nur in harmonisierenden Zusammenhängen wie z.B. „#wirsindmehr" - Demos oder bei „Omas gegen Rechts" in Erscheinung traten – also vielfach als Willkommensklatscher der Multikulturalisierung, oder posierend gegen die als spalterisch aggressiv wahrgenommene so genannte Rechte. Plötzlich merkt die Merkelregierung auf Grundlage eigener Beobachtungen, dass sich zunehmend Frauen und Mütter entfremdet fühlen durch den alles andere als empathischen Coronamaßnahmenkurs. Sie bürsten die Hüterinnen von Harmonie und gesellschaftlichen Zusammenhalt zunehmend gegen den Strich.

Dies geschieht z.B. auf diese Weise: „Chlor wird in Schwimmbädern zur Desinfektion des Wassers eingesetzt. Es tötet Keime und Krankheitserreger ab, die nicht von Filteranlagen aus dem Wasser entfernt werden können." So beschreibt „Simply Science" (10) die desinfizierende Wirkung von Chlor. Was das mit Müttern zu tun hat? Sehr viel. Ein Beispiel: Wenn sich beim Schulschwimmen die Tochter mit ihren langen Haaren, also nach einstündiger Desinfizierung im Chlorwasser, wegen Corona nicht mehr die Haare mit dem eigenen Fön trocknen darf (11), danach jedoch mit Maske im zugigen Klassenzimmer sitzen muss – dann ist der Zeitpunkt gekommen, wo Eltern, insbesondere Mütter, auf die Barrikaden gehen.

Angehörige in Pflegeheimen können zum Teil nur unter abenteuerlichsten Bedingungen besucht werden – und sterben dort – zwar auch wegen Corona, womöglich aber eher aus Einsamkeit – wie die Fliegen (12). Das erschüttert alle Beteiligten – insbesondere aber die empathischeren, gefühlsbetonteren Frauen und Töchter. Größtenteils willkürlich, unsinnig und widersprüchlich anmutenden Beispiele sind Legion. Zusammenfassend kann man daher festhalten: Ob die Maßnahmen gegen Corona schützen, muss erst noch bewiesen werden. Ganz sicher aber führen einige dieser Maßnahmen erst zu Halsschmerzen, Ohrenschmerzen, Erkältungen aller Art bis hin zu Lungenentzündungen oder werden mit durchaus plausiblen Argumenten damit in Verbindung gebracht (13). Und das finden – nicht nur berufstätige – Mütter reichlich suboptimal (14).

Und plötzlich soll jetzt die Maske das schaffen, was schlechte Familienpolitik, offene Grenzen, steigende Vergewaltigungszahlen, niedrige Renten, Abwanderung von Industrie, Arbeitsplatzverlust, Schuldenpolitik, Bildungsmisere und zunehmende Überwachung gemeinsam nicht zustande brachten: Frauen gehen immer öfter auf die Straße. Wenn Mütter sich gezwungen sehen, für ihre Kinder und um ihre Freiheit kämpfen zu müssen, dann ist das für die Regierenden bzw. Herrschenden immer ein äußerst ernstes Warnsignal. Ob es aktuell die „Wall of Moms" (15), die mutige Mauer aus Müttern ist, die sich zwischen Demonstranten und Polizei stellt; ob es die protestierenden Mütter aus der Kurdenhochburg Diyarbakr sind und die Frauenbewegung HDP, die der türkischen Regierung den baldigen Sturz ankündigen; oder ob es die Frauen im Sudan sind, die maßgeblich das Ende der Diktatur von Omar al Baschir herbeiführten: Wenn Frauen aufstehen, hat ein Regime zuvor elementarste Lebensregeln verletzt.

Und ganz besonders wenn es um ihre Kinder geht, verstehen Frauen keinen Spaß – genau das passiert jetzt in der Bundesrepublik Deutschland, wie etliche Beispiele (16, 17, 18) zeigen. Spätestens mit Beginn der Querdenker-Demonstrationen gehen Frauen verstärkt auf die Straße. Aber auch darüber hinaus werden sie politisch aktiv: E-Mail-Accounts von Abgeordneten laufen über, Briefe werden geschrieben, Petitionen eingereicht – und mit viel Einfallsreichtum und Nachdruck wird den Regierenden klargemacht: „Stopp! Bis hierher und nicht weiter!" Doch deren einzige Reaktionen bestanden bisher darin, friedliche Mütter (einige auch mit Kindern) einzukesseln, sie mit Wasserwerfern wegzuspülen und ihnen danach zum Vorwurf zu machen, dass sie ihren Nachwuchs dabeihatten.

Sie würden „ihre Kinder missbrauchen" – sagen diejenigen, die selbige zuvor durch Gewalt selbst in Gefahr brachten. Zudem dürfen sie sich auch noch als Spinner, „Covid-Leugner", Verschwörungstheoretiker und Rechte bezeichneten. Annette Kahane von der linksradikalen Amadeu-Antonio-Stiftung unterstellte sogar Antisemitismus, während die Wasserwerfer neben Friedensfahnen, herzförmigen Luftballons, einem großen Plakat von Gandhi übrigens auch Israelfahnen abschossen. Die Demonstration am 18.11. in Berlin ist vorbei, doch die Frauen haben schon lange Feuer gefangen; sie schreiben mir und anderen weiblichen AfD-Abgeordneten Sätze wie: „Liebe Frau ...., danke, dass Sie es zu schätzen wissen, dass ich mich für unser Recht einsetze...", „Sehr geehrte Damen und Herren, in meinem Leben habe ich schon viele Parteien gewählt – die berühmte Wechselwählerin! Ganz sicher weiß ich in meiner Zukunft, wen ich zu wählen habe und bin gänzlich im Juni erwacht!", „Liebe Bundestagsmitglieder der AfD, ich danke Ihnen von Herzen fürs kämpfen, für diese Schilder, für Ihre Reden und natürlich fürs Dagegenstimmen! Was ist nur mit den anderen Parteien los? Sind das noch Menschen? Glauben die selbst, was sie von sich geben? Machen Sie bitte weiter! Die Wahrheit kommt ans Licht. Es stehen so viele Menschen hinter Ihnen! Dankbare und hochachtungsvolle Grüße."

Zwei Drittel der Zuschriften an meine diversen Mailadressen und Social-Media-Accounts waren Frauen. Gingen bisher mehrheitlich Männer mittleren und älteren Alters auf der Straße, was den Kampf gegen den „bösen weißen Mann" beflügelte, so stellen dort immer öfter Frauen die Mehrheit. Aus vergangenen Kriegen ist bekannt, dass Frauen viel kompromissloser sind als Männer – und gerade bei ihren Kindern verstehen sie keinen Spaß.

Und die Regierung muss erkennen: Panik und Angst sind niemals stärker als die Liebe der Eltern für ihre Kindern. Diese Liebe lässt immer mehr Menschen die Sinnhaftigkeit der Coronamaßnahmen hinterfragen. Und Menschen, die hinterfragen, informieren sich auch abseits der Staatsmedien: Bei Freien Medien, über unliebsame Regierungskritiker, über die Fachpresse, Experten und sogar bei der politischen Konkurrenz. Die Abspalterei der nachweislich mehrheitlich absolut falschetikettierten „Bösen" (Leugner, Rechte, Reichsbürger, Nazis, Verschwörungstheoretiker, Antisemiten), die die Frauen als harmonisierendes Element dieser gefühlten Mehrheit mitgetragen haben, droht immer mehr ins Leere zu Laufen.

Für die herrschende Meinungskaste bedeutet dies, dass der „gesellschaftliche Frieden bedroht" ist: Präziser formuliert müsste es aber heißen: Die Deutungshoheit der herrschenden Kaste ist bedroht. Ein weiteres, untrügliches Indiz dafür sind aus dem Boden schießende Eltern- und Interessensverbände sowie etwa auch der der Erfolg der „Klagepaten" (19). Umso gefährlicher, weil die Erregungswelle möglicherweise nicht mehr durch parteibezogene Dämme, zivilgesellschaftliches Drohgebaren oder gar GEZ-Voodoo eingehegt werden kann: Wenn es um Freiheit geht, sind parteiliche Grenzen abgesagt.

Wenn es um diejenigen geht, die wir mehr als unser Leben lieben, ist es mit dem Zugehörigkeitsgefühl zu Parteien ganz schnell vorbei. In der Tat hat diese weibliche Erregungswelle deswegen auch das Potenzial zum gesellschaftspolitischen Tsunami. Ihr wolltet immer mehr engagierte Frauen in der Politik? Jetzt kriegt Ihr sie! Zu Recht.

Ich wünsche allen eine besinnliche Adventszeit.

1https://www.tagesschau.de/inland/antisemititsmus-querdenken-101.html
2https://www.youtube.com/watch?v=bwd_UhNmjUI
3https://www.swr.de/swr2/leben-und-gesellschaft/soeder-verfassungsschutz-soll-querdenker-beobachten-100.html
4https://www.welt.de/politik/deutschland/article221290404/Verfassungsschutz-bestaetigt-V-Leute-in-der-AfD.html?cid=socialmedia.email.sharebutton
5https://www.aerzteblatt.de/archiv/216905/Coronapandemie-PCR-Test-Infektion-Erkrankung
6https://www.journalistenwatch.com/wp-content/uploads/2020/11/OVG_NRW_Beschluss_vom_25.11.2020.pdf
7https://www.welt.de/wirtschaft/plus221257894/Corona-Tests-Hinweis-auf-Interessenkonflikt-bei-leitendem-RKI-Mitarbeiter.html
8https://www.merkur.de/welt/coronavirus-kinder-schulen-ansteckung-virologe-sars-cov-2-studien-kitas-infektion-zr-13795106.html
9https://www.quarks.de/umwelt/klimawandel/wie-

klimaschaedlich-sind-kinder-wirklich/
10https://m.simplyscience.ch/teens-liesnach-
archiv/articles/was-macht-das-chlor-im-schwimmbad.html
11https://www.stuttgarter-nachrichten.de/inhalt.corona-krise-
foehn-verbote-und-andere-unsicherheiten.81448162-de29-
4bb6-8d1d-b59986c2b61e.html
12https://www.tagesschau.de/inland/corona-pflegeheime-
auflagen-101.html
13https://www.welt.de/gesundheit/article136055768/Darum-
erkaeltet-man-sich-bei-Kaelte-leichter.html
14https://www.louiseottopeters-
gesellschaft.de/fileadmin/Redaktion/PDF/Anmerkungen_zu_ei
ner_neokonservativen_rechten_Lesart_2018.pdf
15https://www.br.de/radio/bayern2/sendungen/zuendfunk/wall-
of-moms-diese-muetter-stellen-sich-schutzend100.html
16https://www.rtl.de/cms/muetter-gehen-auf-die-barrikaden-
4598645.html
17https://www.rundschau-
online.de/region/oberberg/gummersbach/systemrelevante-
berufe-frauen-marschieren-vorneweg-
37487208?cb=1606315282323
18https://www.solinger-tageblatt.de/solingen/frauen-
marschieren-mehr-demokratie-12095896.html
19https://www.klagepaten.de

13. Dezember 2020

20. Höchst brisant: Leben wir in postdemokratischen Zeiten?

Freiheit, Pluralismus und Demokratie sind in Deutschland immer mehr auf dem Rückzug

Dass wir im Zeitalter des Umdefinierens und Umdeutens leben, dürfte mittlerweile jedem aufgefallen sein. Die realitätsstiftende Elite in Politik, Wissenschaft und Medien wird in ihrer nazistischen Nabelschau des grundguten humanistischen Weltenwandlers nur noch durch ihren Wahn und ihrer anmaßenden Selbstüberschätzung übertroffen: Für sie ist der Mensch kein ganzheitliches Geschöpf mehr, sondern ein Wesen, das geschaffen wird. Sich selbst erschafft. Und sie erhöhen sich nicht als Gott, sondern als „Göttin".

Auch vor dem Grundgesetz macht diese Umgestaltung nicht halt. Ich gebe nur ein Beispiel: Aus der Gleichberechtigung von Mann und Frau wurde die Gleichstellung. Das treibt die tollsten Blüten. Es gibt nun Väterinnen (1) und Mitmütter (2) als Errungenschaften der Neuzeit. Und natürlich, unerreicht: die Segnungen der Frauenquote. Denn aus der grundgesetzlich verbrieften Gleichberechtigung muss nun Ergebnisgleichheit werden – um scheinbar jeden Preis. Nun ja: Fairerweise ist noch zu erwähnen, dass die Frauenquote anscheinend nur in Parlamenten und Aufsichtsräten emotional gesetzlich wichtig ist. Bei den Kanalarbeitern, Dachdeckern und Müllmännern sollen nicht per Quote elementar wichtige weibliche Perspektiven für die Dienstleistungen erzwungen werden. Auf das Sichtbarwerden von Geschlecht und Frauenperspektiven legt man außerdem erkennbar keinen Wert bei Diktatorinnen, Extremistinnen, Nazinnen, Verbrecherinnen, Gefängnisinsassinnen, Vergewaltigerinnen, Gewalttäterinnen, Steuerhinterzieherinnen… Wollen manche sogenannte Männerdomänen also lieber nicht erstürmt werden, liebe Feministinnen?

Dass eine Frauenquote unweigerlich eine Quote einen Rattenschwanz derer nach sich zieht, die sich bestärkt von der Opfervertretungspolitik im Seidenkleid der Minderheitenpolitik schon immer benachteiligt gefühlt haben und auch in die Aufsichtsräte und Parlamente drängen, bedenkt keiner. Aber so sicher wie das Amen in der Kirche werden auf die Quoten für Menschen mit Menstruationshintergrund weitere folgen: für Menschen mit Migrationshintergrund (oder – geschichte, wie das ja nun auf neudeutsch heißt). Für jede Nationalität einzeln? Oder für jeden kulturellen Hintergrund einzeln? Wird es auch eine Religionszugehörigkeitsquote geben? Wird es eine Extraquote geben für jeden einzelnen Gender und jede einzelne gefühlte Sexualität? Jeden Fetisch? Wird es eine Quote geben für „Menschen mit besonderen Herausforderungen", vormals Schwerbehinderte, wobei hier noch nicht klar ist, ob jede dieser so genannten „Herausforderungen" nicht separat für sich betrachtet werden müsste?

Aber diese Feinheiten regelt bestimmt in nicht allzu ferner Zukunft das Quoten- oder Gleichstellungsministerium. Warum werde ich nur gerade wieder fatal an Kurt Vonneguts Kurzgeschichte "Harrison Bergeron" (3) erinnert? Dort gibt es den „Benachteilungsbeauftragten", der dafür zuständig ist, alle Menschen per dosierter, individueller Benachteiligung gleichzustellen. Ich schätze, unsere Zukunft wird erweisen, ob wir uns wirklich brav durch den Gleichstellungswolf drehen lassen, ohne aufzubegehren und es einfach als quasi gottgegeben hinnehmen, dass Menschen, die in besonders viele Opferkategorien fallen, zukünftig die Welt beherrschen. Also müsste beispielsweise die vertikal herausgeforderte, schwarze, schwule Transgender-Muslima, die früher ein Mann war und über Judentum, Buddhismus und Hinduismus schließlich zur Scientology konvertiert ist, eigentlich direkt zur weißen Gottkanzlerin gekrönt werden können und sofort die Coronaimpfung, das Abitur, die Weltherrschaft sowie Brad Pitt in jung zum Ehegatten erhalten. Alles andere wäre schließlich ungerecht und, nach verbreiteter „Neudenk", wohl auch zutiefst undemokratisch. Was für eine Vorstellung!

Dr. Markus Krall gibt zu bedenken: „Unsere Freiheit gehört uns. Sie ist Ausdruck unseres Eigentums an unserer eigenen Person. Sie ist kein Gnadenerweis der Politik oder der Obrigkeit." Ich fürchte nur, dass die heutigen Obrigkeiten dies – weltweit – vergessen haben oder gerade jetzt nach Kräften ignorieren. Dabei sind Freiheit und Demokratie die Werte, die unsere DNA als aufgeklärte westliche Gesellschaften ausmachen.

Alle Bemühungen der letzten Jahrzehnte, die Freiheit der Menschen im Namen des Klimaschutzes einzuschränken, waren darin nicht im Mindesten so erfolgreich wie der derzeitige Coronatsunami ist. Die meisten Regierungen weltweit befeuern die Angstwelle der Bevölkerung durch allmorgendliche Proklamation von PCR-Testzahlen, die uns jeweils immer noch als "Neuinfektionen" verkauft werden. Das ist nicht nur grottenfalsch und irreführend, denn ein PCR-Test ist nicht dazu geeignet, Aussagen über die Infektiosität zu treffen – so wenig wie die Antigen-Schnelltests (zuletzt führte im österreichischen Parlament Michael Schnedlitz (4) den Antigentest im Plenum ad absurdum: Er testete Cola vor den Augen aller – und siehe da, sogar die Coke war Corona-positiv. Zuvor waren in Tansania auch schon eine Papaya und eine Ziege (5) positiv getestet worden.

Doch siehe da: Trotz all dieser intelligenten Zwischenrufe funktioniert die Angsthypnose einwandfrei. Die Bevölkerung verharrt mehrheitlich in Angststarre wie das Kaninchen vor der Schlange und lässt sich „fressen" (um im Bild zu bleiben). Gastwirte, Hoteliers, Veranstalter, Künstler, Schausteller und viele, viele, viele Unternehmer opfern in gutem Glauben und vollster Überzeugung ihre gesamte wirtschaftliche Existenz und die ihrer Mitarbeiter auf dem Corona-Altar, wohl im Aberglauben und der Hoffnung auf das angepriesene, impflich beförderte "Neue Normal". Alle Freuden des blinden Gehorsams feiern gerade Renaissance.

Und dieses „neue Normal" nimmt im Nebel langsam Formen an. Das Menetekel einer neuen Weltordnung, ja einer neuen Gesellschaftsordnung erreicht bereits unser Hier und Jetzt. Durch unendliche Wiederholung und geschicktes Framing wird versucht, eine neue Wirklichkeit und eine neue Dimension von "Demokratie" zu erschaffen. Ich halte es für mehr als bedenklich, wenn sich Politiker – vor allem Regierungsmitglieder, aber auch Mitglieder der Service-Oppostionsparteien – hinstellen und von „unserer Demokratie " bzw. von sich selbst als den „demokratischen Parteien" sprechen, und damit die AfD als einzig echte Oppositionspartei in Deutschland samt ihren Wähler aus dem demokratischen Gefüge ausschließen wollen. Sie behaupten damit, Demokratie sei ein exklusiver Club, der das Recht hätte, Politikern, Mitgliedern und Wählern der AfD einfach den Zutritt zu verweigern.

Um diese Haltung mit spürbaren Konsequenzen zu untermauern und so letztlich entgegen unseres Grundgesetzes zu legitimieren, werden Wahlen „rückgängig gemacht",

Bundestagsvizepräsidenten der AfD werden nicht gewählt, und jegliche Zusammenarbeit wird, wo immer es geht, verweigert. Wenn so etwas im Einklang mit der Grundbedeutung von Demokratie und damit im Einklang mit unserer freiheitlich demokratischen Grundordnung steht, fresse ich einen Besen. Der Verfassungsschutz hätte alle Hände voll zu tun, bei den Verantwortlichen und sämtlichen Akteuren dieser Haltung mal nach dem Rechten zu sehen und deren Demokratieverständnis zu durchleuchten. Denn diese haben offensichtlich vergessen oder verdrängt, was „Demokratie" bedeutet. Ich empfehle hierzu lapidar die Lektüre der Erklärung des Begriffs, den die Bundeszentrale für politische Bildung (BpB) darbietet (6). Meine weitere Empfehlung lautet, das dort Veröffentlichte in all seinen Einzelheiten zu vergleichen mit der oben beschriebenen „Haltung" aller anderen Parteien.

Zitat aus der Definition des BpB:

„Demokratie: Bezeichnung für eine Herrschaftsform. Die wörtliche griechische Übersetzung „Herrschaft des Volkes" hilft wenig weiter, weil sich mittlerweile auch Diktaturen als „wahre" Demokratien bezeichnen. Deshalb müssen charakteristische Merkmale benannt werden, die nach unserem Verständnis eine demokratische Herrschaftsordnung kennzeichnen. Diese Merkmale findest du in: Freiheitliche demokratische Grundordnung. Unterschiedliche Erscheinungsformen der Demokratie sind weiter unten beschrieben. Demokratie, griechisch „Herrschaft des Volkes", wurde von ihren Erfindern als direkte Demokratie praktiziert: Die freien Männer – nur sie galten damals als das Volk – versammelten sich auf dem Marktplatz ihres Stadtstaates (Polis) und beschlossen dort unmittelbar selbst über alles, was die Polis anging, über alle politischen Fragen also."

Diese Marktplatzdemokratie ist in den heutigen Großstaaten nicht mehr möglich. An ihre Stelle ist die repräsentative Demokratie getreten. Vom Volk auf Zeit gewählte Vertreter (Repräsentanten), diesmal Männer und Frauen, entscheiden als Treuhänder für das Volk die laufenden politischen Fragen. Daneben können auch in der repräsentativen Demokratie Elemente der direkten Demokratie treten: wenn z.B. in einem Volksentscheid die wahlberechtigten Bürgerinnen und Bürger unmittelbar über einen Gesetzentwurf abstimmen, der aus ihrer Mitte kommt, oder in einem Referendum entscheiden, ob sie einem Parlamentsgesetz nachträglich ihre Zustimmung geben oder verweigern. Die Verfassungen aller deutschen Bundesländer sehen Volksentscheide vor, Bayern und Hessen auch ein Referendum bei Verfassungsänderungen. Auf Bundesebene gibt es weder die Möglichkeit des Volksentscheides noch die Möglichkeit eines Referendums, das viele europäische Staaten kennen.

Nahezu alle Staaten der Welt behaupten heute, Demokratien zu sein. Auch in der deutschen Geschichte wurde der Begriff missbraucht. Die DDR, die eine Parteidiktatur war, nannte sich im Staatsnamen „demokratisch". Hitlers Propagandachef Goebbels schrieb 1942 über die Hitler-Diktatur: ‚Wir Deutschen leben in einer wahren Demokratie'. Angesichts solcher absichtlicher Begriffsverwirrung muss exakt beschrieben werden, an welchen Merkmalen man erkennen kann, ob eine Staatsordnung wirklich demokratisch ist. Für die Demokratie in Deutschland ist dies durch eine Definition des Bundesverfassungsgerichts erfolgt (Freiheitliche demokratische Grundordnung).

Die deutsche Demokratie ist nicht eine Demokratie, die lediglich Spielregeln vorschreibt, sich sonst aber im politischen Meinungskampf neutral verhält. Sie tritt vielmehr für bestimmte oberste Werte ein, an erster Stelle die Würde des Menschen, die sie als ‚wehrhafte' und 'streitbare' Demokratie verteidigt. Parteien, die diese obersten Werte missachten und mit demokratischen Mitteln die Demokratie selbst abschaffen wollen, müssen in Deutschland damit rechnen, verboten zu werden."

Wir von der Alternative für Deutschland stehen fest auf dem Boden der freiheitlich-demokratischen Grundordnung und setzen uns unablässig für Deutschlands streitbare Demokratie ein – ganz im Sinne der oben beschriebenen Definition und unter unbedingter Achtung unserer Grundwerte. Wir halten nichts von dem „System Merkel", welches die deutsche Demokratie umformt in eine solche, bei der nur weitestgehend mit der Regierungspolitik konform gehende Parteien eine Rolle spielen und jede wirkliche Opposition außen vor bleiben muss. In diesem System werden regierungskritische Menschen als Verschwörungstheoretiker, Aluhutträger, Irgendwas-Leugner oder Nazis, in jedem Falle aber als Staatsfeinde gebrandmarkt.

Ist es da nicht spannend, dass gerade die AfD, die offenbar als einzige Partei die Spaltung der Gesellschaft und die Transformierung unserer der deutschen Demokratie in das „System Merkel" kritisiert, nun immer stärker ins Visier des Verfassungsschutzes rückt? In einer gesunden Demokratie, wie von der BpB beschrieben, wäre dies unvorstellbar und absurd. In dieser Demokratie 2020 aber, in der der Verfassungsschutz Weisungen vom Bundesinnenminister entgegennimmt und keinesfalls mehr eine unabhängig agierende Behörde ist, ist offensichtlich alles möglich. Zur Erinnerung: Wir sprechen von der Behörde, die ihren Präsidenten Hans-Georg Maaßen (CDU) verlor, weil dieser die Regierungsversion der Wahrheit zu den „Verfolgungsjagden" von Chemnitz nicht mittragen wollte (7) – und durch den „politisch zuverlässigen" Thomas Haldenwang ersetzte, dessen allererste wahrnehmbare Amtshandlung – gewissermaßen als Zeichen seiner guten Absicht – die widerrechtliche Erklärung der AfD zum „Prüffall" war (8). Erhielt Herr Haldenwang möglicherweise den Auftrag, die AfD als letzte verbliebene Opposition gegen den allgemeinen Kurs der übrigen Parteien unschädlich zu machen, indem er hilft, sie unwählbar zu machen?

Mittlerweile werden V-Leute auf allen Ebenen der Partei vermutet (9) - und interessant wäre zu ergründen, inwieweit der neueste Kracher der ZDF-Berichterstattung über eine angebliche „Aufrüstung" der AfD mit „Balkan-Waffen" (10) damit zusammenhängt. Plötzlich hat die AfD nun ein Ex-NPD-Mitglied in ihren Reihen, der Waffenschieber ist? Mit Verlaub, ich habe hier erhebliche Zweifel – nicht nur, weil unsere Unvereinbarkeitsliste eine Mitgliedschaft in der AfD bei vorheriger Mitgliedschaft in der NPD dezidiert ausschließt. Sondern vor allem deshalb, weil wir keine Agenda haben und noch nie hatten (weder auf Bundes-, Länder- noch kommunaler Ebene), die den Einsatz von Waffen – gegen wen eigentlich? – vorsieht. Ich misstraue dieser Story auch deshalb, weil bei uns Menschen Mitglied werden, deren Achtung vor der freiheitlich-demokratischen Grundordnung und deren Liebe für unseren Rechtsstaat so groß ist, dass sie auf derartig abwegige Gedanken gar nicht kommen würden! Mit Verlaub: Ich bin seit Anfang 2015 in der AfD und kenne mittlerweile so viele Mitglieder, dass ich mir dieses Urteil erlauben kann und es auch deutlich hervorheben möchte. Ich frage mich wirklich, wie Schlagzeilen dieser Art zustande kommen. Vielleicht, weil sie staatsseitig erst möglich gemacht werden? Und anschließend staatsmedienseitig „frontal" propagiert werden? Der Gedanke ist leider allzu naheliegend. Immerhin hat unser Bundesvorstand hierzu genau die richtigen Worte gefunden (11).

Vielleicht noch ein Letztes: Als ehemalige Lehrerin gebe ich Ihnen, liebe Leser, jetzt mal eine „Hausaufgabe" auf! Bitte setzen Sie sich mit dem nachfolgenden Eintrag der Landeszentrale für politische Bildung Brandenburg (12) auseinander, der die folgende Checkliste für Merkmale von Diktaturen aufgelistet hat, und vergleichen Sie diese ergebnisoffen mit den derzeitigen Gegebenheiten in unserer Demokratie à la „System Merkel" von 2020:

Merkmale von Diktaturen (nicht alle sind immer gleich ausgeprägt):

Eine Person, Gruppe oder Organisation hat das Machtmonopol.
Eine Gewaltenteilung ist nicht gewährleistet.
Grundrechte werden abgeschafft.
Der gesellschaftlich-politische Pluralismus wird außer Kraft gesetzt (Ausschaltung einer Opposition)
Schaffung einer Einheitspartei mit Massenorganisationen.
Eine Ideologie wird zur herrschenden und beansprucht alle Bereiche des menschlichen Lebens.
Die Freiheit der Presse wird abgeschafft, Medien gleichgeschaltet und durch Zensur ein Informationsmonopol gesichert.
Die Macht wird durch außergesetzliche Gewalt staatlicher und parastaatlicher Repressionsapparate abgesichert.

Interessante Frage im Kontext des letzten Punktes: Welche Rollen würden in einem parastaatlichen Repressionsgefüge eigentlich große Teile der „Zivilgesellschaft" und beispielsweise die Antifa spielen?

Ich werde mir nun eine weitere Kerze meines Adventskranzes anzünden und an alle diejenigen denken, die verzweifelt, vereinsamt, ängstlich und deprimiert sind. Es sind so viele in dieser Gesellschaft, wo selbst Spiritualität und Glauben dem Vodoo von PCR-Test-Pandemie und Gesundheits-Durchsetzungmaßnahmen weichen müssen. Erinnert euch stets daran, dass unser Glaube, unsere Liebe zu unseren Familien und unserem Land größer ist, als die Regierenden das gerne hätten. Liebe, Freiheit, Demokratie und Zusammenhalt sind die Imperative der Stunde. Ihr Licht brennt hell und warm in dieser dunklen Zeit. Wir halten zusammen. Wir halten stand!

Ich wünsche allen Menschen einen gesegneten und vor allem besinnlichen 3. Advent.

1https://www.horizont.net/marketing/nachrichten/hodenlose-frechheit-mit-diesen-nackten-tatsachen-feiert-astra-den-vaeterinnen-tag-175168
2https://www.die-tagespost.de/politik/aktuell/justizministerin-will-mit-mutterschaft-fuer-lesbische-paare;art315,210878
3https://de.wikipedia.org/wiki/Harrison_Bergeron_(Kurzgeschichte)
4https://www.bing.com/videos/search?q=Corona+test+Parlament+Österreich&&view=detail&mid=5CABEF6C79DB425F115A5CABEF6C79DB425F115A&&FORM=VRDGAR&ru=%2Fvideos%2Fsearch%3Fq%3DCorona%2Btest%2BParlament%2B%25c3%2596sterreich%26FORM%3DHDRSC3
5https://www.n-tv.de/der_tag/Papaya-positiv-auf-Corona-getestet-Tansania-kritisiert-WHO-article21766364.html
6https://www.bpb.de/nachschlagen/lexika/pocket-politik/16391/demokratie
7https://www.bing.com/videos/search?q=Maaßen+Chemnitz&docid=607992564410090133&mid=78D383315A0BDDC1C3BA78D383315A0BDDC1C3BA&view=detail&FORM=VIRE
8https://www.tagesspiegel.de/politik/gerichtsurteil-

verfassungsschutz-darf-afd-nicht-als-prueffall-
bezeichnen/24041508.html
9https://www.faz.net/aktuell/politik/inland/der-
verfassungsschutz-wirbt-v-leute-in-der-afd-an-17074589.html
10https://www.zdf.de/nachrichten/politik/balkan-waffen-afd-
100.html
11https://www.afd.de/afd-wehrt-sich-gegen-suggestiv-news-
von-frontal21/
12https://www.politische-bildung-
brandenburg.de/demokratie/was-ist-eine-diktatur

27. Dezember 2020

21. Höchst brisant: Der etwas andere Jahresrückblick

Kritische Gedanken in Corona-Zeiten zum Jahresausklang 2020

Millionen Deutsche schaufeln ihr eigenes Grab und schlagen wie wild mit der Schaufel nach all denen, die sie davon abhalten wollen. Millionen Menschen fürchten sich zu Tode, vor dem Virus und vor dem Klimawandel und lassen in ihrem Kampf gegen die Realität nicht gelten, dass wir alle sterben werden. Demnach regiert die Regierung nicht mehr, sondern gibt Heils- und Erlösungsversprechungen aus. Sie behütet und beschützt die Klimagläubigen und die Zeugen Coronas auf all ihren Wegen, Amen. Ketzer müssen auf dem Scheiterhaufen verbrannt werden; anno 2020 zwar noch sprichwörtlich, aber – wer weiß – womöglich bald auch virtuell und schließlich analog.

Wenn eine Regierung sich mit Heilsverspechungen und Weltenrettung beschäftigt, kann sie natürlich nicht auch noch grundsätzlich auf die Sinnhaftigkeit von Maßnahmen achten. Ein Beispiel gefällig? Die Klinikschließungen in der „Pandemie" etwa. 750 Millionen Euro Steuergelder wurden für die Schließung von Krankenhäusern ausgegeben. (1). So stellten Bund und Länder seit 2016 jährlich eine Milliarde Euro, seit 2018 immerhin jährlich noch 750 Millionen Euro an Steuergeldern für Schließungen von Krankenhäusern bereit. Während öffentlich zu Corona-Propagandazwecken von zu wenigen Intensivbetten fabuliert wird, wurden zum Beispiel Kliniken in Bochum (2), Fürth (3), Havelberg (4), Losheim (5),

Oberwesel (6), Ottweiler (7), Riedlingen (8), Rodalben (9), Vohenstrauß und Waldsassen (10), Wedel (11) und Weingarten (12) alleine seit März dieses Jahres geschlossen.

Wie sinnvoll es ist, inmitten der doch gefährlichsten Pandemie so viele Kliniken zu schließen und damit die Möglichkeiten zu Hilfeleistung zu minimieren, möge bitte jeder für sich selbst beurteilen. Selbst wenn es kein Corona gäbe: Wie sinnvoll ist es, Kliniken zu schließen, wenn immer mehr Menschen Hilfe benötigen? Deutschland hat derzeit 83,1 Millionen Einwohner (13); dies sind deutlich mehr als 2010, als es noch 81,75 Millionen Einwohner waren. Es werden, aus bekannten Gründen, also nicht weniger, sondern mehr Menschen. Wie wahrscheinlich ist es, dass man nun weniger Krankenhausbetten braucht?

Ein weiteres Beispiel gefällig? Die Änderung des Dritten Gesetzes zum Schutz der Bevölkerung bei einer epidemischen Lage von nationaler Tragweite vom 18.11.2020 (14). In Artikel 7 heißt es da: *„Einschränkung von Grundrechten – Durch Artikel 1 Nummer 16 und 17 werden die Grundrechte der körperlichen Unversehrtheit (Artikel 2 Absatz 2 Satz 1 des Grundgesetzes), der Freiheit der Person (Artikel 2 Absatz 2 Satz 2 des Grundgesetzes), der Versammlungsfreiheit (Artikel 8 des Grundgesetzes), der Freizügigkeit (Artikel 11 Absatz 1 des Grundgesetzes) und der Unverletzlichkeit der Wohnung (Artikel 13 Absatz 1 des Grundgesetzes) eingeschränkt. "*

Der Gesetzgeber ist sich also darüber im Klaren, dass er Grundrechte einschränkt. Das Grundgesetz darf allerdings nicht eingeschränkt werden (Artikel 1 GG). Dies ist seinerzeit bei seiner Entwicklung bewusst so geregelt worden, weil unter der Weimarer Verfassung Verfassungs-Durchbrechungen durch einfaches Parlamentsgesetz gewesen möglich waren, und weil

Hitler angeblich seit 1933 per anfangs noch vom Reichspräsidenten Paul von Hindenburg erlassenen Notverordnungen, später dann auf Basis des Ermächtigungsgesetzes (offiziell: "Gesetz zur Behebung der Not von Volk und Reich") die Entscheidung treffen konnte, dass Grundrechte nicht länger existierten.

Im Unterschied zu damals heißt es heute nun eher: Grundrechte existieren noch, aber wegen der (Corona-) Pandemie darf sie niemand mehr in Anspruch nehmen. Was letztlich zwar irgendwie auf das Gleiche herauskommt, nämlich auf den Verlust von Grundrechten. Doch der gesamte Sachverhalt kommt so natürlich wesentlich subtiler daher. Ein nicht unwesentlicher Subtilitätsverstärker ist natürlich, dass bedrohlich gemunkelt wird, der Verfassungsschutz werde solche beobachten, die diese beiden Ereignisse der deutschen Geschichte – die Grundrechtsaufhebung damals und die Grundrechtssuspendierung heute – miteinander vergleichen. So darf das ermächtigende Dritte Bevölkerungsschutzgesetz etwa nicht „Ermächtigungsgesetz" genannt werden – obwohl das Wort „ermächtigen" sehr oft darin vorkommt. Doch derartige Assoziationen gehen natürlich gar nicht, sie wecken schließlich Erinnerungen an die dunkelste Zeit…! Ich frage mal ganz ketzerisch: Wer stellt die Nähe zu der in Frage stehenden Epoche eher her – die Gesetzesmacher und -durchdrücker, oder diejenigen, die auf die offensichtlichen Parallelen aufmerksam machen? Wer ist also schuld an der „möglichen Nähe?" Natürlich sind hier Eins-zu-Eins-Vergleiche nicht möglich und auch „nicht hilfreich". Dennoch sind im zitierten Artikel 7 des Dritten Bevölkerungsschutzgesetzes erwähnten und zur Disposition gestellten Grundrechte perdu.

Ergänzend sei die begleitende Lenkung durch die deutsche Presse erwähnt. Unsere ach so unabhängigen Staatsmedien, die

– im nie eintretenden Idealfall – grundsätzlich ausgewogen berichten und auch in erheblichem Maße Kritiker und Oppositionelle zu Wort kommen lassen sollten, zitieren – oh Wunder – ausschließlich Juristen und sonstige Experten, die die fragwürdige Rechtsposition der Bundesregierung bezüglich der Grundrechtsaufhebungen teilen. Umso mehr tut gut, dass die Freie Presse sich verstärkt zu Wort meldet und die andere Seite der Medaille aufzeigt.

Ja, ich weiß, es ist ein Jahresrückblick, dennoch muss ich in die Zukunft blickend meine kassandrische Befürchtungen äußern und die Frage stellen: Werden uns die Regierenden jemals wieder freilassen? Oder gilt das neue Gesetz jetzt für immer vollumfänglich und „einschränkend", da Corona ja bereits mutiert und da Herr Drosten sich bereits vorausschauend mit MERS beschäftigt (15)?

2020 ist außerdem das Jahr des Thüringen-Traumas. Frau Merkel hatte von ihrem Staatsbesuch in Südafrika aus mal eben das Rückgängigmachen der demokratischen Ministerpräsidentenwahl angemahnt. Wunschgemäß wurde ihr willfahren (16). 2020 ist das Jahr, in dem die deutsche Regierung regierungskritische Demonstrationen in Weißrussland (17), die trotz Corona ohne Abstand und/oder ohne Gesichtsbelappung stattfinden, gutheißt, aber zugleich regierungskritische Demonstrationen in Deutschland nicht gerne sieht (18).

Doch man muss gar nicht ins Ausland schauen, um festzustellen, dass die das Corona-Zepter schwingenden „bundesregierlichen" Gesundheitspäpste alles andere als konsequent sind: Black-Lives-Matter-Demonstrationen stellen kein (Ansteckungs-)Problem dar, ebenso wenig Trauerfeiern in Trier für Opfer deutscher Amokfahrer (19) – oder solche von Clans (20), wo die Devise lautet: Besser nicht eskalieren! Hingegen werden

Querdenker im Eilverfahren der öffentlichen Meinung vorverurteilt als „Gefährder" oder „Staatsfeinde". Der „Faktenfuchs" stellt sehr schön das Problem dar (21), das sich kurz so zusammenfassen lässt: Es konnte keinerlei Nachweis zwischen Demonstrationen und erhöhtem Infektionsgeschehen geführt werden – was dann aber natürlich auch auf die Demos der Coronamaßnahmen-Gegner zutreffen muss. Trotzdem werden ausschließlich diese pauschal verunglimpft, werden einzelne fragwürdige Äußerungen und Aktionen (22, 23) herausgestellt, um pauschal Dreck über ausnahmslos allen Demonstranten auszukübeln. Dasselbe Verfahren wird bekanntlich seit Jahren – mehr oder weniger erfolgreich – im Umgang mit der AfD praktiziert. 2020 ist auch das Jahr eines neuen Höchststandes der Bigotterie und der Menschenverachtung.

Und 2020 ist das Jahr, in dem das staatliche Bildungsmonopol zu wackeln beginnt: Der Schulunterricht wurde über weite Strecken in die Familienhaushalte ausgelagert – und der „Bildungserfolg" somit gleichermaßen. Wie kann ein Staat über lange Strecken eine Schulpflicht bewahren, die er nicht seinerseits mit Unterrichtsgarantie unterfüttern kann? Nicht einmal die Aufsichtspflicht kann er beim „Home-Schooling" gewährleisten; er kann weder Fehlzeiten noch Lernfortschritte flächendeckend feststellen und eigentlich nicht einmal gesetzeskonform Noten geben. Man darf gespannt sein. Leidtragende sind die Schüler der Coronageneration, denen eklatante Nachteile gegenüber den Vorgängergenerationen entstehen. Inklusion und Integration finden, wenn überhaupt, nur virtuell statt. Parallelgesellschaften verfestigen sich, Teilhabe von Behinderten an Schule und Gesellschaft findet nicht statt, weil Schule und Gesellschaft nicht stattfinden.

2020 ist das Jahr, in dem die katholische Jugend Gott gendern und damit endgültig dem Zeitgeist unterwerfen möchte.

2020 ist das Jahr, in dem Kirmes, Karneval, kirchliche Feste – also Tradition – nicht stattfinden.

2020 ist das Jahr, in dem Festivals, Konzerte, Massenveranstaltungen – also Kultur – nicht stattfinden.

2020 ist das Jahr, in dem Geselligkeit nur auf Sparflamme stattfindet; in dem nprivates Reisen, Restaurants, Bars, Kneipen, Diskotheken usw. geschlossen werden und vermutlich viele davon für immer in Insolvenz gehen.

2020 ist das Jahr, in dem „nicht notwendige" Operationen (24) und medizinische Eingriffe sowie etwa Massagen (25) nicht stattfinden.

2020 ist das Jahr, indem Menschen – auch in den Hospizen – wieder einsam sterben (26). Niemand darf oder traut sich zu ihnen, um sie und sich ja nicht mit Corona zu infizieren. Trotz dieser opferreichen Anstrengungen zur Ansteckungsunterbindung sterben die meisten Menschen in Seniorenheimen und Pflegeeinrichtungen (27), vereinsamt und zumeist jenseits der 80 Jahre.

2020 ist das Jahr, in dem im Schweinsgalopp Impfstoffe entwickelt werden – und nun „freundlicherweise" all den verzweifelten Menschen zur Verfügung stehen sollen, die sich damit eine Rückkehr zur Normalität erhoffen. Dass sie sich damit an der Impfstoffentwicklung als Proband beteiligen, verstehen sie nicht oder blenden es aus. Es gibt für 83 Millionen Menschen in Deutschland gar nicht genügend Impfdosen. „Die Menge des zur Verfügung stehenden Impfstoffs ist begrenzt. Bis Ende des Jahres sollen nach aktuellem Stand etwa 1,3 Millionen

Impfdosen ausgeliefert werden. Bis Ende des ersten Quartals rechnet der Gesundheitsminister mit elf bis 13 Millionen Impfdosen. Pro Person sind zwei Impfungen nötig", ist zu lesen (28). Bis Ende März können sich also theoretisch 6 Millionen Menschen diesen Selbstversuchen widmen. Bei etwaigen gesundheitlichen Beeinträchtigungen haftet der Hersteller übrigens nicht!

Primär sollen unter anderem Ärzte und Pflegefachkräfte geimpft werden. Diese jedoch wollen in ganz hoher Anzahl nicht (29). Ugur Sahin, CEU des Herstellers Biontech, möchte sich, seine Frau und seine Mitarbeiter zwar auch impfen – doch er hält sich vornehm zurück: Weder er selbst noch seine Frau, die Biontech-Mitgründerin und medizinische Geschäftsführerin Özlem Türeci, haben sich Sahins Worten nach bislang mit dem Wirkstoff ihrer Firma impfen lassen (30). „Wir möchten das – aber, sobald wir eine entsprechende Grundlage dafür haben", sagte er. „Für uns ist es wichtig, dass wir unseren Mitarbeitern in der Produktion entsprechende Impfstoffdosen zukommen lassen." Es gehe darum, in den nächsten zwölf Monaten eine unterbrechungsfreie Herstellung von Impfstoffen im Produktionsnetzwerk von Biontech zu gewährleisten. „Wir überlegen uns daher, eine vom EU-Kontingent unabhängige kleine Charge für diesen Zweck zu nutzen." Leider gibt es bislang keine entsprechende Grundlage dafür, wie er selbst richtigerweise feststellt.

2020 ist auch das Jahr der hochumstrittenen Präsidentschaftswahl in den Vereinigten Staaten: Spannend dürfte sein zu erfahren, ob auch Deutschland die Software der Firma Dominion gekauft hat und zur Auszählung einsetzen wird – jene Software, der Sidney Powell (31) einen Beitrag zu „abenteuerlichen Mehrheitsverschiebungen" angelastet hat.

2020 ist das Jahr, in dem wir lernten, was Lockdown bedeutet, Shutdown und nächtliche Ausgangssperren. Es ist das Jahr in dem wir willkürliche, sinnlose und schädliche Maßnahmen erdulden müssen.

2020 ist das Jahr, in dem der Mann mit der großen Nähe zur Pharmaindustrie, unser Bundesminister Jens Spahn (32), kurz vor Jahresende plötzlich der beliebteste Politiker Deutschlands ist (33).

Und 2020 ist das Jahr, das im deutschen Bundestag mit der Ermutigung durch UN-Generalsekretär Antonio Guterres endet, in Deutschland den Klimanotstand auszurufen. Super! Falls also der Druck zu groß werden sollte und die Pandemie nationaler Tragweite eingestampft wird, hätte man dann immer noch einen „Klima-Notstand" – und kann mit Notstandsgesetzen weiterregieren.

Aber es gibt auch Lichtblicke: 2020 ist demnächst vorbei. Immerhin. Das Jahr wird sich vermutlich relativ geräuschlos verabschieden. Ob es besser wird? Der Volksmund weiß: „Drum lächele und sei froh, denn es könnte schlimmer kommen. Und ich lächelte und war froh. Und es kam schlimmer." Keine allzu rosigen Aussichten also.

Davon abgesehen aber haben wir alle noch einmal gelernt, was Freiheit, Gesundheit, Grundrechte, Eigenverantwortung, Existenz und Unabhängigkeit – vor allem jedoch Glaube, Familie und Freundschaft und Zusammenhalt wirklich bedeuten. Wir sind freie Bürger, keine Untertanen. Das kommende Wahljahr gibt in den vielleicht letzten freien Wahlen, so wie wir sie kannten, den Bürgern noch einmal die Möglichkeit, Politik zu verändern und ihre eigenen, deutschen Interessen wieder in den Vordergrund zu rücken – dort, wo sie hingehören! Es wird allerhöchste Zeit für einen Politikwechsel. Höchste Zeit für einen kritischen Blick hinter die Regierungskulissen. Höchste Zeit für eine Abkehr von der Angst. Höchste Zeit, einem immer übergriffigerem und regelungswütigerem Staat die grundgesetzlich verbrieften Abwehrrechte als seine Grenzen aufzuzeigen. Wir brauchen endlich wieder Mut. Mut zu Deutschland und zu einer Politik für Deutschland!

Die Hoffnung stirbt bekanntlich zuletzt. Wenn Sie wie ich der Meinung sind, dass es nicht die vorrangige Aufgabe des Staates sein kann, Sie vor dem Tode vor Corona zu bewahren, und dies um sprichwörtlich jeden Preis, dann tragen Sie bitte die Botschaft weiter: Die staatlichen Maßnahmen gegen die Krankheit Corona dürfen keine schlimmeren Auswirkungen haben als die Krankheit selbst. Corona und vor allem die Corona-Maßnahmen haben nicht nur das Potenzial, unsere Gesellschaft zutiefst zu spalten, sondern auch unseren Rechtsstaat implodieren zu lassen.

Einen Staat ohne wirkliche Opposition ist wohl eher eine reine Konsensdemokratie auf dem Weg in den Totalitarismus. Wird diese Staatsumformung von der Presse unterstützt und durch die so genannte Zivilgesellschaft getragen, sollten die Alarmglocken schrillen. Ist nur noch ein eingeschränktes Meinungsspektrum innerhalb des politisch korrekt verengten Meinungskorridors zulässig (34), lebt man in Angst, öffentlich seine Meinung kund zu tun. Und werden Gesetzgebung sowie Rechtsprechung von Gesinnungsethik geleitet, steht schnell ein großer Anteil der Bevölkerung im Abseits – oder Schlimmeres. Das alles, und dass eine Hatz auf alles und jeden stattfindet, der sich Regierungsmaßnahmen gegenüber kritisch äußert und dabei nicht linksradikaler Umweltaktivist ist, können wir im Namen unserer Kinder und Enkel nicht zulassen.

Wir müssen uns rechtsstaatlich wehren. Wir müssen Farbe bekennen. Wir müssen gesellschaftlichen Zusammenhalt neu leben.

Ich wünsche Ihnen allen frohe Weihnachten und einen guten Rutsch ins neue Jahr. Friede sei mit euch!

1https://www.lokalkompass.de/dortmund/c-politik/krankenhausschliessungen-trotz-coronakrise_a1486119
2https://www.waz.de/staedte/bochum/bochum-helios-klinik-wird-ende-september-geschlossen-id229141450.html
3https://www.klinikum-fuerth.de/news/2020/07/Update_SchoenKlinik_schliesst_im_Herbst.php
4https://www.mdr.de/nachrichten/sachsen-anhalt/stendal/stendal/krankenhaus-havelberg-schliesst-umbau-pflegeheim-100.html
5https://www.saarbruecker-zeitung.de/app/consent/?ref=https://www.saarbruecker-zeitung.de/saarland/landespolitik/marienhaus-schliesst-krankenhaus-losheim-und-plant-tagesklinik_aid-54967187
6https://www.swr.de/swraktuell/rheinland-pfalz/koblenz/loreley-kliniken-100-116.html
7https://www.sol.de/news/update/News-Update,466440/Marienhausklinik-Ottweiler-schliesst-noch-dieses-Jahr,466619
8https://www.swp.de/suedwesten/staedte/muensingen/riedlingen-ohne-notaufnahme-bettenhaus-schliesst-47410577.html
9https://www.rheinpfalz.de/lokal/kreis-suedwestpfalz_artikel,-trotz-dreyers-ankündigung-rodalber-krankenhaus-soll-geschlossen-werden-_arid,5115944.html

10https://www.oberpfalzecho.de/beitrag/kliniken-ag-trennt-sich-von-vohenstrauss-und-waldsassen/
11https://www.abendblatt.de/region/pinneberg/article230229122/Schliessung-Krankenhaus-Wedel-ist-Geschichte.html
12https://www.stuttgarter-nachrichten.de/inhalt.baden-wuerttemberg-krankenhausschwund-haelt-an.c4cb643e-529e-4c87-8c73-602d86ef574e.html
13https://www.destatis.de/DE/Themen/Gesellschaft-Umwelt/Bevoelkerung/Bevoelkerungsstand/_inhalt.html
14https://www.bundesgesundheitsministerium.de/fileadmin/Dateien/3_Downloads/Gesetze_und_Verordnungen/GuV/B/3._BevSchG_BGBl.pdf
15https://www.morgenpost.de/vermischtes/article230985998/Christian-Drosten-Mers-Virus-Forschung-Warnung-Pandemie-Corona.html
16https://www.tagesspiegel.de/politik/merkel-zur-thueringen-wahl-das-ergebnis-muss-rueckgaengig-gemacht-werden/25518242.html
17https://www.morgenpost.de/politik/article230400024/Maas-ruft-zu-Unterstuetzung-der-Demonstranten-in-Belarus-auf.html
18https://www.berlin.de/aktuelles/berlin/6275623-958092-merkel-zeigt-verstaendnis-fuer-berliner-.html
19https://www.volksfreund.de/region/trier-trierer-land/trier-hier-gibt-es-fotos-und-video-von-der-trauerfeier-an-der-porta-nigra_aid-54956661
20https://www.faz.net/aktuell/gesellschaft/kriminalitaet/wie-ein-clan-in-corona-zeiten-eine-beerdigung-abhaelt-16744179.html
21https://www.br.de/nachrichten/deutschland-welt/faktenfuchs-lassen-demos-die-corona-infektionszahlen-steigen,S6s4wOR
22https://www.tagesspiegel.de/politik/innenminister-pistorius-ueber-querdenker-mit-fehlt-die-fantasie-wie-man-diese-leute-in-ein-gespraech-einbeziehen-kann/26684418.html
23https://www.sueddeutsche.de/bayern/corona-demo-soeder-

querdenken-bewegung-1.5109236
24https://www.aerzteblatt.de/nachrichten/117711/Krankenhaeu
ser-kuendigen-Verschiebung-nicht-dringlicher-Operationen-
wegen-Corona-an
25https://www.wko.at/branchen/gewerbe-
handwerk/fusspfleger-kosmetiker-masseure/coronavirus-infos-
fusspfleger-kosmetiker-masseure.html
26https://www.evangelisch.de/inhalte/177605/30-10-
2020/hospizverband-warnt-vor-tod-einsamkeit
27https://www.rbb24.de/panorama/thema/2020/coronavirus/bei
traege_neu/2020/12/coronavirus-pandemie-berlin-pflegeheim-
todesfaelle-corona.html
28https://www.ndr.de/fernsehen/sendungen/panorama_die_rep
orter/Coronavirus-Impfstoff-Zulassung,impfstoff128.html
29https://www.aerzteblatt.de/nachrichten/119337/Lauterbach-
kritisiert-geringe-Impfbereitschaft-unter-Gesundheitspersonal
30https://www.saechsische.de/coronavirus/biontech-chef-noch-
nicht-geimpft-5344581.html
31https://www.freiewelt.net/nachricht/anwaeltin-sidney-
powell-450000-stimmen-manipuliert-10082895/
32https://www.deutsche-apotheker-
zeitung.de/news/artikel/2019/06/19/spahn-erntet-kritik-fuer-
sein-vorgehen-in-der-gematik
33https://www.welt.de/politik/deutschland/article223273964/V
or-Merkel-Ploetzlich-ist-Jens-Spahn-beliebtester-Politiker-
Deutschlands.html
34https://www.focus.de/wissen/mensch/allensbach-studie-
immer-mehr-tabus-die-deutschen-trauen-sich-immer-weniger-
ihre-meinung-zu-sagen_id_11245769.html

10. Januar 2021

22. Höchst brisant: Achtung, Blackout!

Der laufende Meinungskrieg in den sozialen Medien

Wir erleben derzeit das offene Agieren einer eingeschworenen Gemeinschaft. Mitbewerber im Social-Media-Bereich, die freiheitlich-konservative Meinungsäußerungen und Postings zulassen, werden schwuppdiwupp ihrer Reichweite und somit auch ihrer Mitglieder der cyberöffentlichen Möglichkeit zur Meinungsäußerung beraubt. Man könnte auch von „wenig subtilen Maßnahmen zum Zwecke der Wahrheits- und Meinungskartellbildung" sprechen.

Was ist passiert? Nun, die Geschichte in den deutschen Medien lautet wie folgt: Trump sei von Twitter gesperrt worden. Er würde gegen die Gemeinschaftsstandards verstoßen und zu Gewalttaten aufrufen. „Am Freitag setzte Trump dann zwei Tweets ab, die nach Darstellung von Twitter vom Freitag gegen die Richtlinie zur Verhinderung von Gewaltverherrlichung verstießen. Am Samstag war der Account Trumps nicht mehr aufrufbar. Der abgewählte US-Präsident hatte bei Twitter mehr als 88 Millionen Follower. Auch auf dem offiziellen Account des US-Präsidenten @potus war am Samstag kein Tweet mehr aufrufbar." So etwa die „taz" (1). Bereits am Donnerstag hatten Facebook und Instagram Trumps Konten gesperrt (2).

Dies ist eine spannende Darstellung der Tweets, die ich zum Teil ebenfalls gelesen habe: Meiner Erkenntnis nach hat Donald Trump nirgends zu Gewalt, Aufruhr oder Ähnlichem aufgerufen. Ganz im Gegenteil. Leider kann man diese Tweets nun nirgends mehr sehen, da ja vorsorglich alles gelöscht und gesperrt wurde. Damit sind die „Beweise" dennoch nicht vernichtet, denn das Internet vergisst nichts und ich bin mir sicher, dass einige wache Beobachter diese wichtigen Tweets rechtzeitig gesichert haben; so wie ich auch annehme, dass der Sachverhalt wohl auch gerichtlich geklärt werden wird, ob Soziale Medien unter fadenscheinigen Behauptungen mit Hinweis auf Ihre Gemeinschaftstandards das Konto des amtierenden amerikanischen Präsidenten sperren dürfen.

Ja, Trump amtiert nämlich noch bis zum 20. Januar. Erst an diesem Tag wird vermutlich Joe Biden inauguriert, und damit neuer Präsident der Vereinigten Staaten. Wir haben es hier also damit zu tun, dass ein amtierender, wenngleich scheidender Präsident von der Öffentlichkeit abgeschnitten wird. Ein Affront sondergleichen, der sehr deutlich aufzeigt, dass es hier um viel mehr geht als das bloße Beachten oder Nichtbeachten von Gemeinschaftsstandards. Es geht um den globalen Machtkampf zwischen denen, die eine Neue Weltordnung, eine Weltregierung und am liebsten den Great Reset haben möchten – Democrats / Biden&Harris -, und denen, die eine Stärkung der Nationalstaaten favorisieren. Für Letztere steht Donald Trump.

Auf welcher Seite unsere Regierung unter der Führung Angela Merkels steht, hat sie deutlich klargemacht. Ich empfehle unbedingt jedem, ein sehenswertes Video der „Politikstube" (3) anzusehen. Über die Wahl in den USA kursieren die heftigsten Behauptungen. Diese werden von den Wahrheitskriegern sofort gekontert – wenn auch alles andere als überzeugend. Offensichtlich sind diese „Faktenfinder" selbst hoch fragwürdig, da sie Behauptungen zu Sachverhalten aufstellen, ohne sie zu belegen. „Antworten stehen noch aus", heißt es da gerne. Trotzdem erheben die von selbsternannten Faktencheckern und Wahrheitsmonopolisten behaupteten Tatsachen einfach schonmal den Anspruch auf „Wahrheit" (4); der verlinkte Artikel vom 7.1.2021 ist immer noch unverändert und unaktualisiert online. Aber Hauptsache, „Fakten" werden behauptet.

Man muss nun wirklich kein Verschwörungstheoretiker sein, um zudem festzustellen, dass bestimmte Personen Herrn Trump tatkräftig zum Schweigen bringen wollen – koste es, was es wolle. Trump darf seine Wähler nicht mehr erreichen. Dafür ist kein Weg zu weit, kein Vorwand zu billig. Eine solche Person ist Nancy Pelosi, die die sofortige Amtsenthebung von Donald Trump und strafrechtliche Maßnahmen fordert (5, 6).

Man kann zu Trump stehen, wie man möchte, aber warum sollte der einzige Präsident der Vereinigten Staaten, der in seiner Amtszeit nicht einen einzigen Krieg angefangen hat, jetzt plötzlich das Bedürfnis haben, Atomwaffen einzusetzen (7)? Könnte die Panik von Nancy Pelosi vielleicht damit zusammenhängen, dass ihr Laptop bei der „Erstürmung" des Kapitols geklaut worden ist (8)?

Dass diese „Erstürmung" als Terrorakt gewertet werden muss, diese Einschätzung teile ich übrigens zu hundert Prozent. Und ich erwarte, dass dieser Vorgang vollständig und transparent aufgeklärt wird. Stutzig macht mich persönlich allerdings, dass ein so wichtiger Mann wie Trump derart öffentlich beschuldigt und diskreditiert wird, ohne auch nur die Gelegenheit zu erhalten, sich öffentlich zu den Vorwürfen zu äußern. Öffentliche Medien? Nichts. Deutsche öffentlich-rechtliche Medien? Sowieso nichts (Frau Merkel, die ultimative Stichwortgeberin für die deutschen Regierungsmeinungverlautbarungs-Organe, hat nie ein Geheimnis daraus gemacht, was sie von Donald Trump hält). Und auf Social Media ist Trump die Möglichkeit zur

Stellungnahme komplett entzogen.

Stattdessen soll nun – zusätzlich zu allen anderen Öffentlichkeitsverhinderungsstrategien – auch noch die konservative Soziale Plattform „parler" heute von Amazon, wo sie gehostet ist, geschlossen werden. Dies ist nichts anderes als der konzertierte Versuch, die freie Meinungsäußerung komplett aus dem Internet zu verbannen. Schließlich weiß niemand von uns wirklich, was in den USA gerade passiert – jenseits der mächtigen Geschichte, die die dortigen Sieger erzählen.

Ich halte das für eine sehr gefährliche Strategie, denn sie wird nicht dafür sorgen, dass andere Meinungen verschwinden, sondern sie wird bewirken, dass sich die Menschen an den politischen Rändern immer weiter radikalisieren und dass zugleich immer mehr Menschen diesen Rändern zustreben. In Deutschland passiert ja in Bezug auf Spaltung und Radikalisierung exakt das gleiche: Die Merkel-Bundesregierungen haben das Volk gespalten wie noch keine Regierung zuvor. Sechs Millionen Wähler haben bei der letzten Bundestagswahl die Alternative für Deutschland gewählt, weil sie sich vom etablierten Parteienangebot nicht mehr vertreten fühlten (9). Noch mehr Wähler haben erst gar nicht gewählt.

Diese Wähler und Nichtwähler werden von unserer Regierung und der Opposition des Einheitsparteienspektrums nicht beachtet, sie werden in die Schmuddelecke gedrängt, diffamiert und immer öfter durch entsprechende Zuschreibungen auch kriminalisiert. Hier sei an die „Gefährder" im Zusammenhang mit den Querdenkerdemos erinnert. Wohingegen Black-Lives-Matter-Aktivisten (10), Liebknecht-Demo-Teilnehmer (11) zum Gedenken an Rosa Luxemburg und Karl Liebknecht (12) derartige Etiketten nicht verpasst bekommen. Die Wähler der AfD wie auch das große Segment der Nichtwähler machen aber den größten Teil des Volkes aus – und wir, die AfD, sind zumindest für einen Teil dieser Menschen ein Sprachrohr in den Parlamenten. Aber auch hier werden wir- und damit unsere Wähler – ausgegrenzt, diffamiert, beschimpft und so fort. Wenn das keine Politik der Spaltung sein soll, die unweigerlich zu einer Radikalisierung der Ränder des Meinungsspektrums führen muss, was dann?

Diese Polarisierung ist ebenso gefährlich wie unklug und unnötig: Anstatt sich endlich mit Regierungskritikern ernsthaft über anstehende politische Themen inhaltlich und argumentativ auseinanderzusetzen, werden Sachkritik und andere Meinungen immer öfter als „Hass und Hetze" oder „Falschinformation" geschmäht, vor denen man die deutschen Bürger schützen müsse. In dieser besserdemokratischen Tradition steht ja schon das Netzwerk-Durchsuchungsgesetz (13, 14). Und eben selbiges NetzDG soll jetzt auch noch verschärft werden (15).

Es droht der virtuelle Blackout von Demokratie und Meinungsfreiheit. Das ist umso gefährlicher, wenn man endlich versteht, dass online ein Krieg stattfindet: Ein Krieg um die Meinungshoheit, die Hoheit über Fakten und damit auch die Deutungshoheit über Gut und Böse. War nicht früher einmal die Kartellbildung strafbar? Was GUT und RICHTIG ist, bestimmt das derzeit herrschende Machtkartell in der Virtualität, während in der Realität Leib, Leben und Besitztum von Menschen angegriffen werden. „Einsame Wölfe" (16) mit psychischen Problemen morden – und werden dem rechten Spektrum zugerechnet. Derweil fordern erklärte Linksextreme offen das Töten Andersdenkender (17), und Politiker der „Linken" fordern sogar offen das Töten von „Reichen" (18) oder deren Heranziehung zur Zwangsarbeit (19).

JEDE Gewaltanwendung, ALLE Aufrufe zu selbiger sind

grottenfalsch, moralisch verwerflich, kriminell und auf das Äußerste zu verurteilen. Dennoch steckt die Bundesregierung eine Milliarde Euro Steuergelder ausschließlich in den „Kampf gegen Rechts" (20), worunter mittlerweile in Gänze der Kampf gegen jede politische Opposition und jegliche regierungskritischen Stimmen gemeint ist – virtuell wie real.

Doch leider ist der Blackout der Demokratie noch nicht alles: Es droht auch ein Blackout im wörtlichen Sinne – durch flächendeckende Stromausfälle. Dazu gibt es bereits Ratschläge der Regierung, wie man öffentlich nachlesen kann (21). Dieses Szenario ist 2021 durchaus aktuell, wenn auch von den meisten bislang wohl unbemerkt (22).

Der Treppenwitz daran ist: durch einen Blackout würde in der Virtualität des Internets somit eine Pattsituation geschaffen, in der keiner der Meinungsopponenten irgendwen erreicht. Die Gefahr hierbei ist, ob und inwieweit dann der Meinungskrieg womöglich in die Realität überschwappt. Und dies ist kein spinnertes Gedankenspiel, kein Spaß: Frau Merkel hat durch ihre Regierungspolitik in Deutschland eine hochbrisante politische Landschaft mit einer explosiven Stimmung geschaffen. Durch immer härtere Ausgrenzung politisch Andersdenkender und die in die gleiche Richtung zielenden Begleitmaßnahmen in den Sozialen Medien hat sie ein ganzes Arsenal an Pulverfässern scharf gemacht. Teilentladungen gibt es derzeit – noch – in den Parlamenten und eben im Internet. Es kann doch wohl keiner daran interessiert sein, dass das Internet als Ventil – ob physisch oder durch Zensur – einem „Blackout" zum Opfer fällt, der dazu führt, dass sich der Konflikt in den öffentlichen Real-Raum verlagert und dort entlädt!

Die perfide Schuldzuweisung, die Opposition sei für die Spaltung verantwortlich, verfängt übrigens nicht: Die alternativlose Merkelpolitik hat doch erst zur Gründung der Oppositionspartei AfD geführt, die den vielen Bürgern eine parlamentarische Stimme gab, die sich mit ihrer Meinung im gängigen Einheitsparteienspektrum nicht mehr vertreten sahen.

Derzeit tragen die unsinnigen, unnützen, widersprüchlichen, existenzschädigenden, dafür aber angeblich alternativlosen Coronamaßnahmen zu einer exponentiellen Steigerung des Drucks im Kessel bei. So etwas kann doch keiner ernsthaft wollen! Ich fordere deshalb die unbedingte Abkehr von der dafür ursächlichen „Konsenspolitik", die sich ebenfalls merkelianisch- „alternativlos" gibt, und stattdessen bedingungslose und sofortige Rückkehr zum politischen Diskurs unter Einbeziehung aller Andersdenkenden und Andersmeinenden! Zurück zur streitbaren Demokratie – die dann nicht nur in den Polittalkshows vorbehaltlos geführt werden muss! Ich fordere eine sofortige Rückkehr zum Wettbewerb der Ideen. Es kann nicht angehen, dass freiheitlich-konservative Meinungen in den Staatsmedien so gut wie nicht mehr vorkommen dürfen. Es kann nicht sein, dass sie virtuell und real durch einen teilweise mit Steuergeld finanzierten Meinungshygieniker-Mob auf in allen Ebenen im „#wirsindmehr"-Stil unflätig zugemüllt, gesperrt oder als Demonstranten verboten werden.

Und: Ich fordere, dass die Geschehnisse um die Präsidentschaftswahl in Amerika im Hinblick auf deutsche Verhältnisse genau studiert werden. Gab es Wahlbetrug? Was, wie, wann, wer, wo? Kann so etwas auch in Deutschland passieren? Was gedenkt die Regierung zu tun, um sicherzustellen, dass Wahlen hierzulande nicht manipuliert werden? Briefwahlen sind meines Erachtens grundsätzlich besonders betrugsanfällig; wie sollen hier Wähleridentität sowie Einmaligkeit und Rechtmäßigkeit der Stimmabgabe sichergestellt werden?

Nichts Eruptionsbeschleunigenderes gibt es für einen bereits brodelnden Vulkan des Volkszorns als die ungewisse Gewissheit, dass der wichtigste Akt der repräsentativen Demokratie – die Wahl – entweiht werden könnte durch Betrug und Manipulation.

Ich fordere dringend gemäß dem Grundgesetz die Einschaltung des Parlaments, mehr Bürgerbeteiligung und direkte Demokratie. Denn eine Regierung, die sich zunehmend von den Bürgern abkoppelt, ist keine demokratische Volksvertretung mehr, sondern auf dem besten Wege in den Totalitarismus. Es gilt, sich auf das Wesen von Demokratie zurückzubesinnen und neues Vertrauen in die Politik zu bilden. Diese Vorschläge sind sicher eine bessere Investition in die Zukunft der deutschen Demokratie, als Gräben um den Reichstag (23) zu ziehen und diese mit immer mehr Polizisten zu sichern (24). Diese Gräben stehen nämlich sinnbildlich für die Entfremdung der Regierungspolitik vom Volk – und sie sind damit teure Brandbeschleuniger für eine drohende Radikalisierung der politischen Ränder sowie des gleichzeitigen Schrumpfens der weit nach links verschobenen gesellschaftlichen Mitte (25).

Ich bitte dringend alle Bürger Deutschlands, besonnen zu bleiben und innerhalb geltenden Rechts zu agieren und ihre Rechte, wenn nötig, gerichtlich geltend zu machen. Und ich bitte sie alle, von Gewalt oder Aufrufen zu Gewalt Abstand zu nehmen. Es wird schon jetzt Jahrzehnte dauern, die aufgerissenen Gräben wieder zuzuschütten und die Wunden zu heilen, die die Politik der letzten zwanzig Jahre gerissen hat. Weitere Radikalisierung, Extremismus und Gewalt schädigt uns alle und zerstört auch noch den letzten verbliebenen Restzusammenhalt unserer Gesellschaft so lange, bis hin zu dem

Punkt, dass in Deutschland nicht mehr Brüder und Schwestern, sondern nur noch politische Todfeinde leben, und dies entlang verschiedener Themengrenzen quer durch die Familien.

Nein, all das das bedeutet nicht, dass ich davon absehen werde, Dinge beim Namen zu nennen und knallharte Oppositionspolitik zu machen! Ganz im Gegenteil. Doch ich fordere Frau Merkel auf, endlich Verantwortung für ihre teilweise ideologisch motivierte Misswirtschaft in Deutschland zu übernehmen. Daher meine Aufforderung zum Jahresbeginn: Frau Merkel, treten Sie zurück, Sie haben Deutschland und seinen Bürgern wahrlich genug angetan!

Ich wünsche uns allen eine gute Zeit, und dass der drohende Blackout (in jeder Hinsicht) an uns vorüber gehen möge!

1https://taz.de/Twitter-sperrt-Account-von-Trump/!5742752/
2https://taz.de/Soziale-Medien-gegen-den-US-Praesidenten/!5742624/
3https://politikstube.com/super-video-ueber-big-tech-und-sogenannte-faktenpruefer/
4https://leadstories.com/hoax-alert/2021/01/fact-check-stefan-serafini-an-alleged-foreign-service-officer-did-not-work-with-barack-obama-former-italian-prime-minister-matteo-renzi-and-others-to-rig-the-2020-election.html
5https://www.t-online.de/nachrichten/ausland/usa/id_89235908/chaos-in-den-usa-trump-und-pence-senden-signal-des-zusammenhalts.html
6https://www.nordbayern.de/politik/konsequenzen-fur-trump-pelosi-fordert-schnelle-amtsenthebung-1.10738116?tabParam=rating

7https://www.focus.de/perspektiven/analyse-der-teufel-im-weissen-haus-trump-war-nicht-der-schlechteste-praesident-aller-zeiten_id_12644736.html
8https://www.msn.com/de-at/nachrichten/other/pelosis-laptop-beim-sturm-aufs-kapitol-gestohlen/ar-BB1cAIBm
9https://www.zeit.de/politik/deutschland/2017-09/wahlverhalten-bundestagswahl-wahlbeteiligung-waehlerwanderung?utm_referrer=https%3A%2F%2Fwww.bing.com%2F
10https://www.zeit.de/gesellschaft/zeitgeschehen/2020-06/demonstration-anti-rassismus-polizeigewalt-deutschland-protest-black-lives-matter
11https://www.zeit.de/news/2021-01/10/linke-demo-zum-gedenken-an-luxemburg-und-liebknecht
12https://www.berliner-zeitung.de/news/linke-demonstranten-gedenken-luxemburg-und-liebknecht-li.131343
13https://www.sueddeutsche.de/digital/netz-dg-internetzensur-facebook-1.4840302?reduced=true
14https://www.stuttgarter-nachrichten.de/inhalt.neues-internet-gesetz-eine-zensur-findet-statt.05a76378-31a0-40c2-8d6e-ecaa964acc59.html
15https://www.finanzen.net/nachricht/aktien/bundesjustizministerin-will-nach-sturm-auf-us-kapitol-mehr-internet-kontrolle-9671744
16https://www.daserste.de/information/reportage-dokumentation/dokus/sendung/der-terror-der-einsamen-woelfe-100.html
17https://www.tichyseinblick.de/daili-es-sentials/mordaufruf-anleitung-fuer-attentate-auf-afd-abgeordnete-bei-indymedia/
18https://www.welt.de/politik/deutschland/article206296277/Linke-Konferenz-Erschiessungen-von-Reichen-Skandal-in-Kassel.html
19https://www.youtube.com/watch?v=2zA_sIQ5odg
20https://jungefreiheit.de/politik/deutschland/2020/kampf-

gegen-rechts1/
21https://www.focus.de/politik/deutschland/zivilverteidigungsk
onzept-experten-flaechendeckender-stromausfall-waere-
nationale-katastrophe-mit-vielen-toten_id_5856252.html
22https://www.entsoe.eu/news/2021/01/08/system-split-
registered-in-the-synchronous-area-of-continental-europe-
incident-now-resolved/
23https://www.tagesschau.de/inland/bundestag-schutz-polizei-
101.html
24https://www.abendblatt.de/politik/article226529987/Bundest
ag-soll-besser-geschuetzt-werden-mit-einem-Graben.html
25https://www.cicero.de/innenpolitik/position-parteien-linke-
mitte-raed-saleh-spd-fdp/plus

23. Höchst brisant: Merkel quält nicht nur die Kinder, sondern das ganze Land

Fatale Langzeitfolgen für die jüngere Generation, immer mehr Deutsche geraten ans Limit: Schluss mit der Lockdown-Politik!

„Wir haben in Deutschland schon seit vielen Jahren keine wirklich funktionierende Demokratie mehr, weil sich die Interessen der Mehrheit nicht durchsetzen", meint Sarah Wagenknecht (Linke) in ihrer Videobotschaft (1). Darf eine Regierung, die zudem – laut Sarah Wagenknecht – seit Jahren in ihrer Koalition nicht den Wählerwillen abbildet, zum Schutze der einen gegen das Wohl aller agieren? „Risikogruppen schützen" will die Regierung. Das ist auch gut und richtig so. Aber ihre Maßnahmen dazu sind ganz offensichtlich völlig untauglich. Die Risikogruppe stirbt trotzdem, mit und in Einzelfällen sicher auch wegen der Maßnahmen in hohen Zahlen.

Die Nebenwirkungen dieser bundesregierlich ebenfalls wieder mit den allseits bekannten und üblichen Begriffen belegt. Und jetzt FFP2. Oder doch nicht? Es bleibt spannend.

Zusätzlich wird nun erwogen (6), in den öffentlichen Verkehrsmitteln das Miteinander-Reden zu untersagen. Wann müssen wir aufhören zu atmen, um sicherzustellen, dass wir keine coronagesättigten Aerosole mehr verbreiten? Und wenn

Ihnen diese Übertreibung zu hart erscheinen sollte – ganz ehrlich: Einer Bundesregierung bzw. Landesregierungen, die nun ausgerechnet in Deutschland wieder Lager errichten (7), traue ich bald alles zu. Und hallo, Ihr da draußen: Nein, es ist nicht die AfD, die diese Lager errichtet. Es sind tatsächlich alle anderen Parteien, die in den 16 Bundesländern jeweils an der Regierungsmacht sind. Dass die Maßnahmen zur Umsetzung des totalen Schutzes vor Corona unmenschlich sind, muss ich hier nicht noch einmal aufzählen – doch Lager aus „hygienischen" Gründen toppen das Ganze noch einmal um Quanten.

Dass die Regierung massiv Menschen gegeneinander ausspielt, ist ja ebenfalls bereits bekannt: Jung gegen Alt, Frauen gegen Männer, Arm gegen Reich und so fort. Der „Klassenkampf" findet jeweils entlang aller Unterschiedsmerkmale mit dem Ziel der Gleichmacherei statt. Ich möchte mich auf einen Aspekt beschränken und heute die Auswirkungen der fatalen Coronapolitik auf unsere Kinder in den Fokus nehmen. „Eine Politik, die die Corona-Pandemie in den Griff bekommen will, ohne Kinder und Jugendliche angemessen zu beachten, gefährdet die Zukunftschancen einer ganzen Generation", sagt Ulrich Hoffmann vom Familienbund der Katholiken (8); eine Einschätzung, die ich eins zu eins teile. Auch die Forderungen, die der Verband stellt, lesen sich wie wörtlich aus den AfD-Anträgen abgeschrieben: Hoffmann spricht sich für eine rasche Rückkehr von Kindern und Jugendlichen in Kitas und Schulen aus. Zugleich mahnt er deutliche Verbesserungen bei Hygiene- und Unterrichtskonzepten sowie bei der technischen und räumlichen Ausstattung von Schulen und Kitas an.

Genau dies fordern wir von der Alternative in den Parlamenten seit Frühjahr des letzten Jahres. Und lange schon warnen nicht nur Bildungsökonomen vor den fatalen Langzeitfolgen der

Bildungs- und Qualifikationseinbußen im späteren Erwerbsleben, die sich in niedrigeren Gehältern und sinkenden Renten ebenso niederschlagen wie in einem zunehmenden Anteil Geringqualifizierter auf dem Arbeitsmarkt. Hiervor warnt auch Heinz-Peter Leidinger, Präsident des deutschen Lehrerverbands (9). Und das Deutsche Kinderhilfswerk befürchtet eine „verlorene Generation" durch Corona (10). Menschen, die diese Ansichten teilen, können bei den anstehenden Wahlen nur die AfD wählen, die sich als einzige Partei konsequent diesem Wahnsinn entgegenstellt und in den Parlamenten genau das fordert, was hier die Vertreter unterschiedlichster gesellschaftlicher Gruppen wissenschafts- und erkenntnisbasiert von der Politik einfordern.

Kitas, Schulen, Vereine, Musikschulen, Jugendzentren usw. weiterhin geschlossen zu halten, bedeutet, Kindern und Jugendlichen eine ihrer wichtigsten Entwicklungsgrundlagen zu nehmen. Wo finden noch Spaß, Anerkennung und Wertschätzung unter Gleichaltrigen statt? Und ja: „Analog" miteinander zu lachen, tanzen, singen ist etwas völlig anderes, als all dies digital-virtuell zu tun. Facebook und Soziale Medien können einfach die Clique, das Zusammenkommen in „Peer Groups" im realen Leben nicht ersetzen. Das unendlich gute Gefühl, wenn man zum Beispiel bei einem Rockkonzert in einer Gruppe im selben Takt wie hypnotisiert tanzt, wenn der Bass in allen gleich vibriert – all diese Erlebnisse fallen für unsere Teenager seit einem Jahr komplett aus. Auch soziale und intime Bindungen leiden: Erste persönliche Treffen, bei denen man feststellen kann, ob „die Chemie stimmt", können derzeit auch nicht wirklich stattfinden. Wo sollten sie denn, und wie? Wo findet noch körperliche und geistige Ertüchtigung statt? Wo soziales Lernen über die Familie hinaus? Wo der erste Kuss, das Kennenlernen, das Anbahnen von Beziehungen und Ehen?

Wir stehlen gerade einer ganzen Alterskohorte die Jugend. Unwiederbringlich. Welche Auswirkungen in Abstimmung mit den Ländern verordneten „Medizin" und „Kur" erweisen sich zunehmend nicht nur als schädlich, sondern existenzbedrohlich. Das beklagen Unternehmer aller Sparten in ihrem Youtube-Video „Corona-Kahlschlag stoppen" (2), in der Hoffnung, endlich von der unbarmherzigen Regierung gehört zu werden, die zur Bekämpfung der herbei getesteten Pandemie nur ein Mittel zu kennen scheint: Maßnahmen, die nicht funktionieren – und die zunehmend härter angewandt werden. Interessant dürfte werden, ob die geänderte WHO-Einstellung zu den PCR-Tests (3) etwas an der Politik der Bundesregierung ändern wird. Albert Einstein wird folgendes Zitat zugeschrieben: „Die Definition von Wahnsinn ist, immer wieder das Gleiche zu tun und andere Ergebnisse zu erwarten." (4)

Schauen wir uns einmal das Beispiel „Maske" auf der Zeitachse an. Selbst der „Faktenfinder" (5) dividiert genüsslich auseinander, was Spahn zu diesem Thema wann gesagt hat: Zunächst keine Maske. Dann MSN (Mund-Nasen-Schutz), gerne auch selbst gebastelt, ohne Spezifikation. Dann wurden Leute, die die Maske für wirkungslos und schädlich hielten, als Coronaleugner, Schwurbler, Menschenfeinde, Verschwörungstheoretiker usw. bezeichnet. Dann OP-Masken, weil MSN wirkungslos (ups, hatten da die Schwurbler etwa Recht?); Kritiker dieser Maßnahme wurden
dies auf ihre künftige Persönlichkeitsentwicklung, ihre Bindungsfähigkeit und vieles mehr haben wird, können wir bislang nur ansatzweise erahnen. Selbst in Jugendgefängnissen gab es vor Corona mehr Kontakte zu Gleichaltrigen als derzeit für nicht Eingeknastete; kein Wunder, dass inzwischen auch Jugendliche zunehmend an Depressionen leiden (11, 12). Ahnen die Regierenden eigentlich, welche psychische Belastung sie

nun schon der zweiten Abiturgeneration in Folge auferlegen? Nicht zu wissen, ob und unter welchen Bedingungen die Prüfungen stattfinden würden, zehrt beträchtlich am Nervenkostüm. Und was mich zusätzlich wahnsinnig wütend macht: Nach abgeleisteten Prüfungen kann man nicht einmal mehr irgendwo feiern gehen, um Stress abzubauen. Auch die Sportstudios sind zu. Weit sind wir gekommen, wahrlich, wenn Abiturienten zur Feier des Tages nach ihrer letzten Klausur bei kaltem Regen im Wald laufen gehen müssen, um wenigstens irgendein Ventil zu haben gegen angestauten Stress, permanenten Druck und die von allen Seiten auf sie einprasselnde Angstmache und Hysterie.

Andere Jugendliche flüchten sich fast 24/7 in die Virtualität: Mangas, Soziale Medien, Instagram und Tiktok bis zum Synapsenkollaps. Dabei steht durchaus zu befürchten, dass bei vielen Jugendlichen der Dauerkonsum der „Virtualität" zu einer beschleunigten digitalen Demenz (13) führen wird. Diese betrifft in besonderem Maße auch die jüngeren Kinder, deren von Doppelstress geplagte Eltern sie aus Notwehr den ganzen Tag von eckigen Kästen betreuen lassen. Und – oh Graus – auch die „Lernaktivitäten" für die Schule spielen sich virtuell ab, was die Bildschirmzeit der Kinder auch nicht wirklich verkürzt. Unsere Kinder sind derzeit im Internet besonders leichte Beute für Stalker, Groomer und Menschen, die nichts Gutes im Schilde führen – denn Eltern haben selbst nur bedingt Zeit und die Möglichkeit, die 24/7-Daueraktivitäten ihrer Kinder im Netz verantwortungsvoll zu betreuen. Doch sogar Schulportale sind vor Pornografie und dem Zugriff pädophiler Verbrecher (14) nicht sicher.

Auch die Gewalt gegen Kinder nimmt gerade vermutlich exorbitant zu: Ich möchte mir gar nicht ausmalen, welche Qualen Kinder in Missbrauchsfamilien oder mit gewaltbereiten

Eltern seit einem Jahr durchmachen. Ihre stummen Schreie verhallen ungehört (15). In den Kindergärten läuft eine Notbetreuung: Alle müssen Masken tragen, kleine Kinder haben keinen Zugang zur Mimik des Gegenübers, sie lernen schwerer sprechen, weil sie die zur Lautbildung erforderliche Mimik nicht nachahmen können. Welche Auswirkung die fehlende Mimik (16) auf die Entwicklung von empathischen Fähigkeiten von Kleinkindern hat, wird sich erst später zeigen.

Eines jedoch ist klar: Die Seelen unserer Kleinen verkümmern ohne das Lächeln der Erzieher vor Ort (die dort an ihrer Eltern statt lächeln und sie positiv begleiten), so wie kleine Pflanzen ohne das Licht der Sonne eingehen. Die Neurobiologin Lise Eliot von der Chicago Medical School hat das Lächeln und seine Auswirkung für die menschliche Entwicklung untersucht. „Das soziale Lächeln ist wahrscheinlich der universellste aller Meilensteine in der Entwicklung des Menschen", schreibt sie in ihrem Buch „Was geht da drinnen vor?" (17). Eliot hält Lächeln für das menschliche Begrüßungssignal schlechthin, für die uns allen angeborene Möglichkeit zur gegenseitigen Kontaktaufnahme. Und eben diese emotionale Schlüsselkompetenz, dieses elementare Zeichen wird nun seit einem Jahr zusehends unter Masken verborgen – Masken, deren Nutzen mehr als zweifelhaft ist, wenn man die hohen RKI-Fallzahlen seit Monaten betrachtet.

Die erste schwedische Kommune (18) verbot nun beispielsweise den Gebrauch von Masken in der Schule, mit einer stichhaltigen Begründung: „Wir erlauben keine Gesichtsmasken. Dies betrifft sowohl Primär- als auch Sekundarschulen. Wir glauben nicht, dass man einen Mundschutz benutzen sollte, und basierend auf der schwedischen Gesundheitsbehörde gibt es keine wissenschaftlichen Beweise, dass wir in unserem Betrieb durch den Mundschutz etwas gewinnen könnten." Mehr hierzu kann auf „RT Deutsch" (19) nachgelesen werden. Unterdessen wird der Maskenzwang an deutschen Schulen weiter rigoros durchgesetzt, obwohl eine aktuelle Studie der Universität Witten/Herdecke ein verheerendes Bild der Auswirkungen des Tragens von Gesichtsmasken auf Kinder zeichnet.

Und Frau Merkel, auch wenn Sie dies dementieren (20): JA, sie quälen unter anderem auch Kinder. Sie quälen sie in den unterschiedlichsten Altersstufen auf unterschiedlichste Art und Weise. Und Sie tun das derart tiefgreifend und nachhaltig, dass Ihnen dies vermutlich nicht nur diese gegenwärtige Generation an Kindern nie vergessen wird. Denn unsere Kinder leiden unter dem Entzug des Lächelns in der frühkindlichen Kinderbetreuung genauso wie in der Schule. Sie dürfen sich nicht normal entwickeln, dürfen keine soziale Kontakte haben, sie dürfen nicht regelmäßig und angstfrei zur Schule gehen, um das „Leben ihrer Großeltern zu schützen", die sie gleichzeitig am besten nicht einmal mehr besuchen sollen.

Dabei ist dieser Lebensschutz allen Maßnahmen zum Trotz oft vergebens: Die Großeltern sterben mit und an Corona; sie sterben mit, an und trotz der Impfung. Und sie sterben überwiegend traurig und alleine, ohne das warme, tröstende Gefühl, von ihren Nachkommen geliebt zu werden. Nein, Frau Merkel: Sie müssen sich nicht nur vorwerfen lassen, dass sie Kinder quälen. Sie quälen ihr ganzes Land mit unsinnigen, widersprüchlichen und existenzvernichtenden Maßnahmen. Mit Maßnahmen, die Empathie heucheln, aber in Wahrheit Lächeln, Empathie, Liebe und Menschlichkeit töten, ohne ihre beabsichtigte Wirkung auch nur ansatzweise zu entfalten.

Frau Merkel, wenn Ihnen auch nur ein kleines bisschen Restmenschlichkeit innewohnt, beenden Sie die menschenfeindliche Farce der Corona-Maßnahmen, und blasen

Sie die Vernichtung von Millionen Existenzen in Deutschland – und damit die „große Transformation" im Rahmen des „Great Reset" – sofort ab. Wir Bürger wollen nicht länger Hysterie gesteuert und mit hypermoralisch erhobenem Zeigefinger, wider den gesunden Menschenverstand getäuscht und „downgelockt" werden! Schluss mit der durch die Propagandapresse eingetrichterten kognitiven Dissonanz! Schluss mit der einseitigen, angstschürenden Katastrophenberichterstattung! Schluss mit der Gedanken- und Sprachpolizei! Schluss mit dem Etablieren von Regierungswahrheit und deren Durchsetzung mit der Zensurknute! Schluss mit der Instrumentalisierung des Verfassungsschutzes zur Überwachung der Opposition! Wir sind hier weder in Nordkorea noch in China. Frau Merkel, sagen Sie Ihren Bürgern endlich die Wahrheit, was hier in Deutschland und weltweit konzertiert abläuft!

Ja, es ist wahr: Geschichte schreiben immer die Sieger. Aber, Frau Merkel und Getreue: sie wecken langsam, aber sicher den schlafenden Riesen in Deutschland. Merken Sie das nicht? Dieser wird sich früher oder später Luft machen – auf die eine oder andere Art und Weise. Und dann wird die Alternative für Deutschland, die innerhalb der freiheitlich-demokratischen Grundordnung agiert und agieren wird, wahrlich ihr geringstes Problem sein.

Wir von der AfD jedenfalls werden Sie und Ihre Gefolgsleute weiterhin in den Parlamenten stellen. Wir werden nicht müde werden, Ihnen den Spiegel vorzuhalten. Dort sehen Sie eine DDR-Kadersozialistin, die ganz offensichtlich nicht Deutschland, sondern der Herrschaftsform des Sozialismus dient. Und Frau Merkel, ich darf Ihnen eines versichern: Unser Widerstand ist ungebrochen; #esistnochnichtvorbei! Für uns Deutsche gilt: Wir sind freie Bürger, keine Untertanen!

1https://www.extremnews.com/nachrichten/politik/96a81801b3
ef1e8
2https://www.youtube.com/watch?v=4fWabc32f8Y
3https://reitschuster.de/post/unglaublich-who-warnt-vor-
unzuverlaessigkeit-von-pcr-test/
4https://www.profil.at/wissenschaft/zitate-von-albert-einstein-
richtig-6107724
5https://www.tagesschau.de/thema/faktenfinder/
6https://www.merkur.de/welt/coronavirus-oepnv-bahn-bus-
tram-schweigepflicht-regeln-deutschland-telefonieren-verbot-
aerosole-zr-90174868.html
7https://taz.de/Coronaschutz-mit-Haerte/!5741945/
8https://www.bistum-trier.de/news-
details/pressedienst/detail/News/familienbund-kritisiert-
corona-politik/
9https://www.deutschlandfunk.de/lehrerverbands-chef-
meidinger-warnung-vor-
verlorener.680.de.html?dram:article_id=488987
10https://www.br.de/nachrichten/meldung/deutsches-
kinderhilfswerk-warnt-vor-verlorener-generation-durch-
corona,3002d0852
11https://www.nuernberg.de/imperia/md/suchtpraevention/dok
umente/flyer_depression.pdf
12https://www.msn.com/de-ch/nachrichten/other/14-bis-24-j-
c3-a4hrige-leiden-wegen-corona-vermehrt-unter-
depressionen/ss-BB1d2Fni#image=2
13https://www.thalia.de/shop/home/artikeldetails/ID39179303.
html?ProvID=11000731&msclkid=840d2e6bc882168a08694e
66a4066c51&utm_source=bing&utm_medium=cpc&utm_cam
paign=(DE%3ASEA)%20DSA&utm_term=thalia&utm_conten
t=(DE%3ASEA)%20DSA%20%3E%20Alle%20Webseiten
14https://www.welt.de/politik/deutschland/article222972404/C
orona-Paedokriminelle-Online-Unterricht-anfaellig-fuer-

Missbrauch.html
15https://www.zdf.de/nachrichten/panorama/coronavirus-haeusliche-gewalt-100.html
16https://www.baby-und-familie.de/Entwicklung?contentNotFound=true
17https://www.piper.de/verlag/berlin-verlag
18https://politikstube.com/schwedische-kommune-maskenverbot-in-schulen-grosse-gefahr-der-falschen-handhabung/
19https://de.rt.com/europa/112213-schwedische-kommune-erteilt-maskenverbot-in/?fbclid=IwAR1zsaLYF-w7kZPo8kZNbeq-VCo8ztl3Ub4uJceQUOV7Bde2bIjTHlymvmg
20https://www.noz.de/deutschland-welt/politik/artikel/2210574/angela-merkel-lasse-mir-nicht-anhaengen-dass-ich-kinder-quaele

7. Februar 2021

24. Höchst brisant: Homo sapiens – Homo deus?

Chronik eines sich Bahn brechenden Größenwahns

Am 28.3.2013 erschien auf dem Blog „Sein.de" ein unglaublich akkurater und zukunftsweisender Artikel zum Thema „Transhumanismus: Die größte Gefahr für die Menschheit?" (1). Tenor: Im Zuge der von Internationalisten angestrebten „großen Transformation", der Globalisierung und der Neuen Weltordnung (NWO) wird sprichwörtlich kein Stein mehr auf dem anderen bleiben. Nicht nur die Frage, wie wir leben, von was wir leben, wie wir als Gesellschaft miteinander funktionieren wollen, sondern buchstäblich alles soll auf den Prüfstand gestellt werden – auf dem Weg in eine „bessere Zukunft". Eine neue Evolutionsstufe hat der Mensch für den Menschen erdacht und schrittweise ganz offen vorbereitet.

Der Transhumanismus will die Verschmelzung des Menschen mit Technologie. Cyborgs sollen den Homo sapiens ablösen und das menschliche Leben auf Erden in eine völlig neue Dimension katapultieren. Was sich liest wie Science-Fiction, wird sich in nicht allzu ferner Zukunft als Fluch und/oder Segen für den Menschen und die Gesellschaft erweisen. Schon jetzt gibt es Herzschrittmacher, künstliche Gliedmaßen, Hirnimplantate (2), künstliche Befruchtung, künstliche Gebärmuttern (3). Der Glauben an sich selbst als größte Schöpfungskraft auf Erden nimmt stetig auch gesetzgeberisch zu, seitdem Menschen sich hormonell und operativ selbst gestalten können. Immer mehr

Menschen erteilen nicht nur der Kirche, sondern auch Gott eine Absage und setzen sich selbst mit dem Slogan „Gott ist tot" absolut.

Der ideale, neue Mensch liebt sich selbst am meisten, ist jung, schön, konsumorientiert und zumeist sexuell aktiv. Menschlichkeit wird zunehmend zur Egomasturbationshilfe. Das Gute wird plakativ getan – veröffentlicht – nicht nur, damit es wahr werde, sondern damit man sich darin sonnen kann. Eitelkeit, Egozentrik und Egomanie greifen Raum. Jeder ist dermaßen individuell, dass Partnerschaften, die auf Lebenszeit angelegt sind, oft am zeitgeistlichen „Ich" scheitern. Beziehungen, Geschlechtlichkeit, Nähe, Liebe, Zuneigung: Viele Menschen erfahren sie nur noch online, mit Hilfe von Maschinen oder müssen sich diese in Jahrtausende bewährten sozialen Grundfunktionen auf dem freien Markt kaufen.

Symptome für diese Entwicklung sind z.B. Alexa und Siri – oftmals die einzigen Intelligenzen, die mit sehr alleinstehenden Individuen dauerhaft im Hier und Jetzt kommunizieren. Die ganzheitliche Flucht ins Virtuelle treten gerade jetzt, in Zeiten von Coronabeschränkungszeiten, immer mehr Kinder und Jugendliche an. In den Weiten des Netzes lassen sich dort Tage und Nächte verbringen, ohne sich schmutzig, müde, viral krank oder kaputt zu machen. Man ist dort anonym, oder wer und was immer man gerade sein möchte. Identität, Aussehen und Geschlecht lassen sich nach Belieben ändern. Doch wie praktisch, dass all dies zunehmend auch in der analogen Realität gelebt werden kann; dass virtuelle Freuden allerdings weniger intensiv sind als gelebte Realität, werden wohl viele Kinder und Jugendliche gar nicht mehr erfahren.

Denn Einsamkeit und sexueller Frust müssen auch nicht mehr sein: Für weniger als 2.000 Euro kann man Puppen (4) erwerben, die nicht nur der Realität immer näherkommen, sondern sogar lächeln, blinzeln, stöhnen können. Sie sind körperwarm, betreiben intelligente Konversation – und überraschen am nächsten Morgen mit neuen tollen Features, weil sie über Nacht über W-LAN (5) geupdated werden. Von dort ist es zur Puppe, deren Aussehen und Funktionen man selbst bestimmen kann UND die zusätzlich auch noch den Haushalt macht und den Rasen mäht, sicherlich nur noch ein kleiner Schritt.

Und es ist doch so praktisch: Endlich ein künstlicher Sozialpartner, der einen nach einem anstrengenden Arbeitstag nicht mehr kritisiert, oder der will, dass die Socken aus dem Wohnzimmer weggeräumt werden; keine üblen Gerüche, keine störenden Geräusche, keine alters- oder kilobedingten Veränderungsprozesse. Man muss nicht einmal nett sein oder irgendwelche Umgangsformen wahren. Wer sich eine solche Zukunft mal anschauen möchte, sieht sich am besten nochmals die Dystopie „Bladerunner" an: All die dort schon gezeigten Visionen werden von vielen als Chance und Segen wahrgenommen.

Von anderen aber auch als Gefahr. Denn bei allem, was wir zu gewinnen glauben, verlieren wir doch den Kern unseres Seins: Unsere Menschlichkeit. Um welchen Preis wird der Mensch diese abstreifen wie eine Hülle, die zu klein geworden ist? Ganz klar: Für nicht weniger als für das Versprechen der eigenen Göttlichkeit. Transhumanismus bedeutet die Überwindung des eigenen Menschseins – in sich selbst und mit anderen. „Es ist die Befreiung von den Grenzen des Fleisches, von den Qualen, Mängeln und Begrenzungen eines biologischen Körpers: Tod, Krankheit, Makel – all das wird bald Vergangenheit sein. Wir werden sein wie Götter. Allmächtig, unsterblich und unbegrenzt. Nun ja, zumindest eine kleine Elite von uns: Eine selbstgeschaffene Rasse, welche künftig die Vorherrschaft über diesen Planeten übernehmen wird, während der erbärmliche Homo sapiens langsam aus der Geschichte des Universums getilgt wird. Dass zumindest ist der Glaube der sogenannten Transhumanisten. Es klingt nicht bloß wie eine Religion, es ist eine. Es ist die kompromisslose Religion des Materialismus, der ultimative Triumph des Menschen über die Natur. Nicht Spiritualität soll den Menschen erlösen, sondern Technologie. Nicht dem Menschen gehört die Zukunft, sondern den Gott-Maschinen".

Das gesamte Wissen der Menschheit, insbesondere über Gentechnik, Nanotechnologie, Neurologie und Kybernetik, wird sich im Punkt der Singularität zur Geburt der neuen Über-Spezies vereinen: „Die Singularität ist eine Zukunft, in der das Tempo des technologischen Wandels so schnell und weitreichend voranschreitet, dass die menschliche Existenz auf diesem Planeten irreversibel verändert wird. Wir werden die Macht unserer Gehirne, all die Kenntnisse, Fähigkeiten und persönlichen Macken, die uns zu Menschen machen, mit unserer Computer-Macht kombinieren, um auf eine Art zu denken, zu kommunizieren und zu erschaffen, die wir uns heute noch nicht vorstellen können. Diese Verschmelzung von Mensch und Maschine, mit der plötzlichen Explosion der Maschinen-Intelligenz, wird im Verbund mit rasend schneller Innovation in den Bereichen der Gen-Forschung sowie der Nanotechnologie zu einer Welt führen, wo es keine Unterscheidung mehr zwischen dem biologischen und dem mechanischen Leben oder zwischen physischer und virtueller Realität gibt. Diese technologischen Revolutionen werden es uns ermöglichen, unsere gebrechlichen Körper mit all ihren Einschränkungen zu überwinden. Krankheit, wie wir sie kennen, wird ausgerottet. Die menschliche Existenz wird einen Quantensprung in der Evolution durchlaufen. Wir werden in der Lage sein zu leben, solange wir wollen", erklärt Ray Kurzweil, einer der Vordenker der Transhumanisten.

Ja, ich weiß: Das klingt alles ganz unglaublich. Und doch passiert es vor unseren Augen. Nehmen wir das nicht wahr? Wollen wir das so? Haben wir solch eine unstillbare Sehnsucht nach Göttlichkeit – oder dem, was wir dafürhalten, selbst um den Preis unserer Menschlichkeit? Es sind Teile der globalen Eliten, die diese neue Religion des Transhumanismus vorantreiben. Transhumanisten sitzen an den Schalthebeln der Macht, sie lenken nicht nur die größten Firmen der Welt wie Google, Microsoft, Apple usw., sondern sie leiten die Forschung an den größten Universitäten. Sie machen Politik, sie haben Geld und bestimmen entweder selbst oder mit von ihnen kontrollierten NGOs oder Stiftungen das Weltgeschehen. Sie sind es, die die wahre globale Macht ausüben – nicht anstelle von, sondern gemeinsam mit den gewählten Regierungen (nur sehr selten passieren „Ausrutscher" wie Wahlergebnisse wie in Thüringen oder zuletzt in den USA, die nötigenfalls offen oder verdeckt „rückgängig" gemacht werden müssen).

Es sind also offenkundig die Reichen und Mächtigen dieser Erde, die die Segnungen des Transhumanismus preisen. Dieser verheißt perspektivisch nicht weniger als Unsterblichkeit und Allmacht. Die Transhumanisten propagieren ganz offen ihren unerschütterlichen, positivistischen Glauben an Fortschritt und Technologie: Geschickt heben sie ihre Forschungsprojekte auf die Agenden von Universitäten und Konzernen. Längst wird weltweit im Auftrag der Transhumanisten geforscht. Die Nachfragewelle an Technik und Virtualität ist ungebrochen; ein Trend, der den ihnen scheinbar Recht gibt: Denn Nachfrage bestimmt den Markt, und wie man diese kreiert und am Leben erhält, hat die digitale / IT-Branche bis zur Perfektion gelernt.

Es geht letztlich darum, die Evolution zu überwinden, die

Regeln der Existenz selbst zu bestimmen – als Cyborg. Es soll nun eine neue Form von Intelligenz und Bewusstsein entstehen; eine künstliche, hervorgebracht durch den Menschen, der mit ihr zu einer neuen Entität verschmelzen wird. Seine erschaffene Technologie wird lernen, die Mechanismen der Natur zu nutzen, jedoch unendlich effizienter, schneller und ohne die Gebrechlichkeit organischer Lebewesen. Technik wird überwiegend zum Siegeszug verklärt.

Doch lässt sich hier wirklich von einem Triumph sprechen? Vielleicht wird jedermann bald schon Rechner günstig erwerben können, deren Leistung die aller menschlichen Gehirne übertreffen. Hieraus ergeben sich jedoch weitreichende Fragestellungen, die nicht nur die globale Wissenschaft alarmieren müssten: Wie viel Macht dürfen Computer haben? Wie soll der Mensch mit womöglich rivalisierender künstlicher Intelligenz umgehen? Welche Rechte dürfen intelligente Computer haben? Wo/wie kann man in der Not den Stöpsel ziehen?

Die Gefahren sind groß. Roboter und Computer übernehmen schon heute immer größere Bereiche unseres Lebens: Ob im Privaten, in der Produktion, in Medizin oder Militär – künstliche Intelligenzen und Roboter sind allgegenwärtig. Was passieren kann, wurde in pessimistischen Science-Fiction-Romanen oder Filmen umfangreich durchgespielt: „Terminator", „I Robot", „Matrix" und viele mehr. Der Rekurs ins Künstlerische und Fiktionale wirft durchaus ethische Probleme auf, mit denen wir Menschen uns in zu geringem Maße auseinandersetzen. Wir rennen unbewusst, achtlos drauflos konsumierend mitten hinein ins Messer des Transhumanismus.

Kybernetik, Neurologie, Robotik, Nanotechnologie, Gentechnik: All diese Disziplinen fusionieren vor unseren

Augen, gestalten unsere Zukunft und verändert unser Menschsein für immer. Die Entwicklung erscheint unumkehrbar: Technologie in Form von Computern, Tablets, Smartphones, Siri, Alexa und intelligenten Haushaltsgeräten werden immer raffinierter und komplexer, sie rücken immer näher an uns heran, imitieren und ersetzen uns selbst – nicht nur in der Interaktion, sondern ganz wörtlich: Schon längst wird sie in uns selbst verbaut – in Form von intelligenten Herz- und Hirnschrittmachern, künstlichen Knochen oder per im 3D-Druck produzierten Prothesen.

Auch die Schnittstelle zwischen dem Gehirn und Computern werden immer nahtloser – ob in der Implantattechnik, beim elektronischen Identitätsnachweis oder beim Zahlungsverkehr. All dies dient konkreten Zwecken, von der bequemen Erleichterung es Alltags bis hin zum Überleben oder der Gesunderhaltung, und erweitert unsere Möglichkeiten merklich. Doch damit steigt auch die Möglichkeit der totalen Überwachung und Kontrolle des einzelnen Individuums: Bei fehlender Zuverlässigkeit, Gefügigkeit und Wohlverhalten können dann theoretisch auch ganz schnell der Stecker gezogen oder die Konten gesperrt werden.

Der Mensch ist längst zur Nummer geworden, Namen sind eh Schall und Rauch; sie können ebenso leicht gewechselt werden wie das Geschlecht und die Identität. Ein wichtiger Schritt in diese Richtung ist sicherlich die Verschmelzung der analogen und der virtuellen Realität. Die Schnittstelle hierfür ist die - Anfang des Jahres 2021 im Bundestag beschlossene - Bürgernummer (6): Alle Lebensdaten – ob sie Abstammung, Familie, Gesundheit oder Konsum betreffen – können perspektivisch über sie hinterlegt und abgerufen werden. Der ganze Mensch wird gläsern, sein Äußeres, sein Innerstes, sein Verhalten, seine Bewegungsmuster, seine Vorlieben. Ein feuchter Traum für zukünftige Weltenherrscher mit Großmannssucht und totalitärem Anspruch.

Und weil nun mal Technik nicht für alle gleichermaßen erschwinglich ist, werden wohl zwei Klassen Menschen auf der Erde nebeneinander und miteinander existieren: Reiche, mit Technik verschmolzene Wesen, und arme Homo Sapiens. Herrscher und Beherrschte. Die Privilegierten werden mit ihren technisch gesteigerten Fähigkeiten den Armen unendlich überlegen sein; sie mögen sogar in ihrem Bestreben nach Unsterblichkeit Erfolg haben, wenn es erst möglich sein wird, das Gehirn und alle Informationen eines Menschen auf einen Chip herunterzuladen und in neue Körper zu transferieren.

Denn letztlich sollen alle Grenzen zwischen Geist und Körper, zwischen Hard- und Software fallen – und damit auch der Unterschied zwischen Realität und Cyberspace. Der Mensch soll sich seinem erweiterten Bewusstsein in virtuellen Welten ausbreiten, soll dort Welten erschaffen und beherrschen können. Evolution geschieht fortan durch gezielte Schöpfung neuer Intelligenzen. Kaum jemand versteht das Ausmaß und die exponentielle Geschwindigkeit dieser Entwicklung. Deshalb werden ethische Fragen zu dieser Entwicklung nur en passant gestreift und eigentlich überfällige Diskussion darüber wird in der Mitte der Gesellschaft wohl nicht ankommen (und ohne konkrete Notwendigkeit wohl auch nie geführt werden). Hingegen sind Forschungsmittel zur Unterstützung singulärer Entwicklungsakte leicht zu beschaffen – denn sie werden nicht auf linearer Linie und im Kontext des transhumanistischen Fahrplans gesehen (außer von den Transhumanisten selbst, versteht sich). Das Ergebnis bleibt das gleiche.

Hier noch einige wissenswerte Informationen aus dem oben zitierten Artikel von „Sein.de": „2013 hat die EU den größten jemals für ein Forschungsprojekt verteilten EU-Etat von einer Milliarde an Steuergeldern in das transhumanistische ‚Human Brain Project' (7) gesteckt – einer der wichtigsten Bausteine: die Simulation eines kompletten menschlichen Gehirns als Computerschaltkreis durch die Nachbildung der neuronalen Struktur des menschlichen Gehirns. In etwa 10 bis 20 Jahren soll das menschliche Gehirn fertig sein. Die Rechenpower von Computern hat die des Gehirns bis dahin vielleicht bereits um das millionenfache überflügelt. Wo stehen wir heute? Die Robotik, insbesondere die Prothetik soll herausfinden, wie man Maschinen direkt an Nerven anschließen kann, um den Menschen mit künstlichen Gliedmaßen (8) und Sinnesorganen zu erweitern. Forschungsgelder gibt es dafür von Medizin und vom Militär in Milliardenhöhe. Die Neurologie soll helfen, das Gehirn zu verstehen und ein Gehirn-Computer-Interface (9) zu bauen. Ein solches gibt es bereits, es wurde an Tieren erfolgreich getestet und wird nun erstmals in Menschen verpflanzt. Die Nanotechnologie macht immer kleinere Schaltkreise möglich – und Roboter, die so klein sind, dass sie in der menschlichen Blutbahn leben können."

Und Ray Kurzweil fasst die Entwicklung wie folgt zusammen: „Die Revolution der Nanotechnologie wird uns ermöglichen, unseren Körper und unsere Gehirne Molekül für Molekül neu zu gestalten – weit über die Grenzen der Biologie hinaus. Der Einsatz von künstlicher Intelligenz innerhalb unseres biologischen Systems wird für die Menschheit einen evolutionären Sprung nach vorne markieren, aber es bedeutet auch, dass wir mehr ‚Maschine' sein werden als ‚Mensch'. Milliarden von Nanobots werden durch die Blutbahnen in Körper und Gehirn reisen. Sie werden Krankheitserreger zerstören, DNA-Fehler korrigieren, Giftstoffe beseitigen, und viele andere Aufgaben erfüllen, die unser körperliches Wohlbefinden steigern. Als Ergebnis werden wir in der Lage sein, auf unbestimmte Zeit zu leben, ohne zu altern. Trotz des wunderbaren Zukunftspotenzials der Medizin wird Unsterblichkeit nur erreicht werden, wenn wir unsere biologischen Körper vollkommen ablegen. Während wir uns in Richtung einer Software-basierten Existenz bewegen werden, gewinnen wir die Fähigkeit, ‚Backups‘ von uns anzulegen (Speicherung der Muster unseres Wissens, unserer Fähigkeiten und Persönlichkeit in einer digitalen Form), wodurch wir virtuelle Unsterblichkeit erlangen. Dank Nanotechnologie werden wir einen Körper haben, den wir allein durch unseren Willen nicht nur verändern, sondern in völlig neue Formen verwandeln können. Wir werden um 2020 in der Lage sein, unsere Körper in Full-Immersion-Virtual-Reality-Umgebungen zu verändern und etwa um 2040 auch in der physischen Realität.“

Dies also ist die laufende Entwicklung, bereits seit vielen Jahren. Wann reden wir endlich offen darüber, ob wir sie wollen und wenn ja, was davon? Und ob wir als Individuen, aber auch als Gesellschaft insgesamt die Vorstellungen der Transhumanisten überhaupt teilen möchten? Hinter der Blendgranate der Covid-19 Pandemie vollziehen sich gerade Quantensprünge – im Umbau der Wirtschaft, in der Digitalisierung, in der Transformierung unserer Gesellschaftsordnung. Es wird höchste Zeit, dass wir aus der gesamtgesellschaftlichen Angststarre und allgemeinen Verweigerung kontroverser Diskussionen herauskommen, und stattdessen gemeinschaftlich über unsere Zukunftsvisionen streiten!

Denn nichts von all dem oben skizzierten „Fortschritt“ ist alternativlos. Wir können und sollten bestimmen, an welcher Stelle wir wo abbiegen wollen! Und selbst wenn ich mit diesen Vorbehalten für viele für einen scheinbaren Anachronismus stehe, so möchte ich doch kritisch den folgenden Kinotipp abgeben: Schaut euch den Film „Gott ist nicht tot" (10) an. Er wird gelobt und gehasst, doch ich finde die Debatte darüber sehr wichtig – zeigt der Film doch, wie weit uns Bildung und Lehre heute im Normalfall, völlig unwidersprochen, immer weiter weg vom Christentum führen, hin zum Menschen als Zentrum der Schöpfung.

Und Menschen wohnt das Streben nach Transzendenz inne, und dieses macht uns leider auch anfällig für immer neue Glaubensgebilde, Sekten, und andere Heilsversprechen. Ebenso wie für Ideologien: die Klimaretter-Ersatzreligion , Q-Anon und andere Verschwörungstheorien fallen deshalb auf fruchtbaren Boden. Und so ist auch der Transhumanismus letztlich eine fragwürdige, quasireligiöse „Heilslehre", die alle christlichen Werte und die darauf fußenden Grundsätze der Aufklärung, unsere Werte- und Rechtsordnung und letztlich das freie Menschsein an sich peu à peu unterlaufen wird und als „überkommen" eliminieren will.

Der Mensch will Gott sein. Darüber müssen wir reden.

1https://www.sein.de/transhumanismus-die-groesste-gefahr-fuer-die-menschheit/.
2https://www.spektrum.de/lexikon/neurowissenschaft/hirnimpl antate/14500
3https://aerzte-fuer-das-leben.de/fachinformationen/schwangerschaft/eve-entwicklung-einer-kuenstlichen-gebaermutter/
4https://www.fraudoll.com/ai-tech-doll.html
5https://www.premiumdolls.com/de/pages/smart-ai-sex-doll-emma
6https://www.welt.de/politik/deutschland/article225253895/Bu

ndestag-beschliesst-einheitliche-Buerger-
Identifikationsnummer.html
7https://www.spiegel.de/wissenschaft/mensch/eu-flaggschiff-
initiative-forscher-erhalten-milliardenfoerderung-a-
880003.html
8https://www.pressetext.com/news/20121201004
9https://www.extremetech.com/extreme/149879-brown-
university-creates-first-wireless-implanted-brain-computer-
interface
10https://www.filmstarts.de/kritiken/226390/userkritiken/neues
ten/?page=2

21. Februar 2021

25. Höchst brisant: Warum ich kein Gutmensch mehr bin

Zwischen Idealismus und Verantwortung: Freiheitliche Werte statt Doppelmoral!

Es gibt einen Unterschied zwischen „guter Mensch" und Gutmensch. Ein guter Mensch handelt eigeninitiativ aus freien Stücken und selbstlos. Ein Gutmensch will andere zwingen, ihm im Handeln zu folgen – zum eigenen Nutzen. Einst war ich sicher „Gutmensch". Diese Überheblichkeit hatten wir bereits in der Schule so gelernt. Wir hatten gelernt, uns moralisch über unsere Großeltern zu erheben, die das damals alles mitgemacht oder zugelassen haben, oder sogar mitgejubelt, „Heil!" und „Hurra!" geschrien haben. Uns wäre das natürlich niemals passiert... nein, niemals! Never ever!

Gierig haben wir Kulturrelativismus an Schule und Gymnasium in uns aufgesogen: Alle Menschen, alle Kulturen waren uneingeschränkt gleich gut. Kopftuch und Vollverschleierung gingen als zu akzeptierende kulturelle Eigenart durch. Die Rechtsprechung entwickelte für Ehrenmorde und ähnlich ausgeprägte kulturelle Eigenarten ein besonderes Verständnis, das sich in der Zubilligung des gerne zitierten „Verbotsirrtums" (1) niederschlug: Das konnte der arme Täter ja nicht wissen, dass dieses oder jenes in Deutschland nicht geht – schließlich gilt dies in seiner Kultur ja als normal. Räusper, Zwinker! Uns deutschen Kindern hingegen hatte man in den 70ern noch den Grundsatz eingetrichtert „Unwissenheit schützt vor Strafe nicht".

Die „mildernden Umstände" durch einen „Bonus" für Straftäter aus anderen Kulturkreisen war meine erste moralische Karambolage mit einer Gesellschaft, die es offensichtlich völlig normal fand, wenn ein Mörder mit hinreichend „archaisch" geprägtem Hintergrund für den Mord an seiner Schwester/Tochter/Frau vor deutschen Gerichten Strafermäßigung erhielt. Doch es war nur der Anfang, viele weitere solcher Karambolagen sollten folgen.

Um ehrlich zu sein: Ich halte mich immer noch für einen guten Menschen: Für eine gesetzestreue, ethisch fest in den christlichen Werten verankerte Person mit einem ausgeprägten Gerechtigkeitssinn. Gutmensch hingegen war ich einst, weil ich das Gefühl hatte, dadurch Menschen zu finden, deren Werte mit meinen eigenen übereinstimmten. Ich lehne Rassismus jeder Art entschieden ab, ich lehne die Ausgrenzung eines jeden Menschen aufgrund seines Geschlechts, seines Alters, seiner Beeinträchtigung, seiner politischen Überzeugungen oder seiner sexuellen Orientierung entschieden ab. Ich lehne tyrannisches Gruppendenken ab, ich lehne von Herzen ein System ab, das es einem ehrgeizigen, falsch informierten und dogmatischen Mob ermöglicht, die Redefreiheit zu unterdrücken, falsche Narrative zu schaffen und apathisch über die Wahrheit hinweg zu trampeln. Ich lehne es entschieden ab, Pseudo-Wissenschaft und Aberglauben zu akzeptieren, um ideologische Vorhaben voranzutreiben. Und ich lehne Hass ab.

All das sind die Gründe, warum ich früher wohl ein zutiefst überzeugter Gutmensch war – und es sind zugleich die Gründe, aus denen ich mich vor einiger Zeit vom Gutenmenschentum verabschiedet habe und diesem mittlerweile mehr als kritisch gegenüberstehe. Seit Jahren beobachte ich, wie sich die Gutmenschen – egal ob bei Linken, Grünen, SPD, FDP und erschreckenderweise auch bei der CDU/CSU – ein intolerantes, unflexibles, unlogisches, hasserfülltes, fehlgeleitetes, schlecht informiertes, zutiefst antideutsches, heuchlerisches, bedrohliches, gefühlloses, ignorantes, engstirniges und bisweilen eklatant faschistisches Verhalten (und die dazugehörige Rhetorik) zu eigen gemacht haben.

Ich prangere an, dass der Linksliberalismus nicht mehr nächstenliebend, frei, offen und progressiv ist. Allzu offensichtlich wurde er von genau den negativen Eigenschaften, gegen die anzukämpfen er behauptet, vereinnahmt und komplett absorbiert. Seit Jahren beobachte ich, wie die Menschen der linksgrünen Einheitspartei, welche sich aus dem gesamten Parteienspektrum mit Ausnahme der Alternative für Deutschland speist, von Vorurteilen und Bigotterie – und zwar der eigenen wie auch der gleichdenkenden Menschen um sie herum – berauscht und betäubt werden. Wie hypnotisiert gleiten sie auf einer Abwärtsspirale immer tiefer in die kognitive Dissonanz ab. Es ist nur eine Frage der Zeit, bis sie hart auf dem Boden der Realität aufschlagen – auch wenn sie es selbst nicht wahrhaben wollen. Und am Ende will es wieder keiner gewesen sein.

Ich beobachte, wie diese ehemals vernünftigen Menschen, die behaupten, Rassismus abzulehnen, genau die Prinzipien des Hasses verkörpern und vorleben, gegen die sie angeblich kämpfen. Sie schieben in einem gnadenlosen Akt von umgekehrtem Rassismus alle Probleme der Gesellschaft, am besten gleich der ganzen Welt auf Menschen mit weißer Haut. Dass sie sich dabei selbst widersprechen, ficht sie nicht an; nicht sein kann, was nicht sein darf. Prominentes Beispiel gefällig? Kennen Sie BIPoC? „BIPoC ist die Abkürzung von Black, Indigenous People of Color und bedeutet auf Deutsch Schwarz, Indigen und der Begriff People of Color wird nicht übersetzt. All diese Begriffe sind politische Selbstbezeichnungen. Das bedeutet, sie sind aus einem Widerstand entstanden und stehen bis heute für die Kämpfe gegen diese Unterdrückungen und für mehr Gleichberechtigung". So definiert der Migrationsrat Berlin e.V. (2) diese ideologische Wortschöpfung.

Spannend ist, dass anscheinend keiner kapiert oder kapieren will, wie diese völlig einseitige Definition, wie sie uns ja nicht erst seit der „Black Lives Matter"- Bewegung eingekeult werden soll, frühere Stereotype einfach nur um 180 Grad umkehrt. „Rassismus geht nicht gegen Weiße" tönt es plunzdumm in sämtlichen Gremien. Dabei haben die blitzgescheiten Weltenretter und Gesellschaftsklempner nicht berücksichtigt, wer die „indigenen Menschen" von Europa sind: nämlich, tatatataaaa! Weiße. So etwas kommt dabei heraus, wenn man ohne nachzudenken und gänzlich unreflektiert gängige Unterdrückungsmechanismen eins zu eins aus den USA übernimmt, wo die Situation überhaupt nicht mit der in Europa vergleichbar ist: Dort kamen weiße Europäer an, siedelten, unterwarfen und dezimierten die einheimische Bevölkerung.

In Europa sind die weißen Europäer die Ureinwohner – und die Siedler, Unterwerfer und Dezimierer kommen von anderswo her und verhalten sich somit, ganz in Analogie zum BLM-Geschichtsnarrativ, urrassistisch gegenüber den „hier schon länger lebenden" Ureinwohnern. Ich denke, es wäre höchste Zeit, dass darauf jeder einmal in Ruhe herumdenkt – damit es auch hier später nicht irgendwann heißt, es hätte ja niemand kommen sehen können, dass weiße, in Europa indigene Menschen eines Tages in Reservaten (nach dem Vorbild der Native Americans in den USA) vegetieren; oder sie gar – provokant überspitzt – in Zoos wie in der Dystopie „Planet der Affen" (3) ihr Dasein fristen würden. Gewiss, niemand weiß, was die Zukunft bringen wird. Doch aus der Geschichte lernen heißt eben auch, sich die Siedlungs- und Kolonialgeschichte genau anzusehen.

Ich erlebe weiterhin, wie das Eintreten für die Gleichstellung der Geschlechter ironischerweise mit rasender Geschwindigkeit in eklatanten Hass und Intoleranz gegenüber Männern und Männlichkeit umschlägt, bis hin zur offenen Diskriminierung von Männern. Ich sehe, wie der einstmals ernsthafte Kampf für die Gleichstellung der LGBT-Gemeinschaft zu einer irrationalen Dämonisierung von Heteronormativität mutiert ist und zunehmend in dem Drang gipfelt, alle konventionellen Vorstellungen von Geschlechtern und Familien zu verunglimpfen und anzugreifen. Ich beobachte, wie sich „progressive" Grünlinksliberale durch falsche Erzählungen und Schlussfolgerungen vom allgegenwärtigen „Kampf gegen Rechts" und vor allem der Antifa instrumentalisieren lassen, indem sie Fakten, Beweise und Ereignisse falsch darstellen und falsch interpretieren.

Sie tun dies, um das eigene Vorurteil zu bestätigen, dass jeder, der nicht ihre voreingenommenen Schlussfolgerungen teilt und ihre Sprach- und Verhaltensregelungen nicht befolgt, ein Rassist, ein Fanatiker, ein Nazi, ein weißer Rassist, homophob, islamophob, fremdenfeindlich, frauenfeindlich, faschistisch und rechtsextremistisch ist. Und ich beobachte, wie sie diese substanzlosen und beliebig zugewiesenen Etiketten benutzen, um jeden einzuschüchtern, zu bedrohen, zu tyrannisieren, zum Schweigen zu bringen, anzugreifen, auszuschalten, auf schwarze Listen zu setzen und letztlich zu vernichten, der es noch wagt, sich zu wehren.

Diese selbsternannten Kämpfer der sozialen Gerechtigkeit fühlen sich ermächtigt, alle Mittel bis hin zur Tötung missliebiger Personen anzuwenden. Missliebig wird man als Kritiker der propagierten Herrschaftsmeinung sehr schnell. Ich bin bekanntlich für die AfD im deutschen Bundestag und trete offen und sehr wahrnehmbar für unser freiheitlich-konservatives Parteiprogramm ein. Und ich sehe vieles extrem kritisch, was hierzulande, in der angeblich „besten Republik aller Zeiten", abläuft – nicht nur die Antifa. Grundgesetz und Meinungsfreiheit? Nächstenliebe und Toleranz? Alles Fehlanzeige: Die „Gutmenschen" sind längst zu radikalen, gewaltbereiten „Bestmenschen" mutiert – und diese Mutanten präsentieren sich mittlerweile als Blockwarte, Ankläger, Richter und Henker in Personalunion. In ihrer Hypermoral haben sie sich längst über Recht und Gesetz erhoben.

Und das Schlimmste von allem ist, dass die Einheitspartei bestehend aus CDU, SPD, Linken, Grünen und FDP und linksgrüne Journalisten ihre gutmenschliche Sektenideologie als gottgegeben annehmen, selbst bejahen, unterstützen und sogar mit Steuergeldern fördern. In dem Bemühen, Wähler zu gewinnen und die eigene Macht zu erhalten, hat sich dieser Block aus faktischer Einheitspartei und Medienestablishment mit der extremistischen Linken zusammengetan. Die deutsche Einheitspartei und ihre kongenialen Medien glauben fest an die Unfehlbarkeit der eigenen unrechtmäßigen Schlussfolgerungen; sie haben entschieden, dass sie – und nur sie – das Heilmittel gegen die Übel der Gesellschaft kennen.

Diese Leute haben entschieden, dass die Lösung für ethnische Probleme in Deutschland mehr Rassismus ist. Sie glauben, dass das Angreifen, Beleidigen und Entmenschlichen einer Gruppe von Menschen eine andere Gruppe moralisch erhaben macht. Sie sind der Überzeugung, dass es beim Erzählen der Nachrichten keine Grenzen beim Lügen, Auslassen der Wahrheit oder bei der Falschdarstellung von Tatsachen zu geben braucht, weil der Zweck alle Mittel heiligt. Und sie haben entschieden, dass nur ihr Standpunkt, der einzig akzeptable ist und dass Unterdrückung, Zensur und das Verbot einer offenen Debatte tugendhafte und fortschrittliche Errungenschaften seien. Fröhlich und ohne Skepsis hat diese ideologische Einheitsfront ein schädliches Glaubenssystem angenommen, das Menschen in Gruppen auf der Grundlage ihrer Identität trennt und sie dann in Lager von „Opfern" und „Unterdrückern" scheidet.

Wenn Sie eine Person schwarzer Hautfarbe, eine LGBT-Person, eine Frau oder ein Immigrant sind, möchten diese Parteien der Einheitspartei Sie wissen lassen, dass Sie in ihrer Denke/Welt stets ein Opfer sind und dazu bestimmt sind, dass auch zu bleiben. Sie werden darauf bestehen, dass Sie dazu verdammt sind, in einem gegen Sie gerichteten System zu existieren; dass Sie Opfer systemischer Unterdrückung sind, dass Sie ein Leidtragender von unabänderlichen Umständen sind, und dass kein noch so hohes Maß an harter Arbeit oder motivierten Handlungen es Ihnen jemals erlauben wird, ihre Opferrolle zu überwinden, sich zu integrieren, oder selbstbestimmt, eigenverantwortlich und unabhängig zu leben. Dies lässt die politische Instrumentalisierung Ihrer Opferrolle nicht zu.

Die Einheitspartei wird alles dafür tun, dass Sie in Ihren Parallelgesellschaften verbleiben, in Ihrer Opferrolle aufgehen und somit von der Gnade, dem Engagement und der Großzügigkeit dieser Einheitspartei abhängig bleiben. So definiert sich nämlich die unausgesprochene Endstation Sehnsucht aller progressiven Gesellschaftsklempner mit ihren Phantasien von Globalisierung und neuer Weltordnung. Abhängige, unselbstständige, nicht eigenverantwortliche, unfreie Menschen verkörpern die ideale biologische Konsum- und Verfügungsmasse. Haben Sie darüber schon einmal nachgedacht?

Mit all den oben beschriebenen gefährlichen Irrwegen möchte

ich jedenfalls nichts zu tun haben. Ich habe für mich verstanden, was es bedeutet, eine freiheitliche und konservative Einstellung zu vertreten, um konsequent meine christlichen Ideale einer besseren Gesellschaft, einer freien Gesellschaft zu leben.

1https://www.bussgeldkatalog.org/verbotsirrtum/
2https://www.migrationsrat.de/glossar/bipoc/
3https://www.filmstarts.de/kritiken/29284.html

7. März 2021

26. Höchst brisant: Die Marxisten lassen die Maske fallen

Die Büchse der Pandora ist geöffnet: Von ganz links über grün bis zur SPD wird ein furchterregendes neues Frauen- und Gesellschaftsbild propagiert

Die selbsternannten Kümmerer, die Haltungsguten, die Gesellschaftskorrektive, die Solidarität- und Gerechtigkeitseinkläger, die Weltenretter, die naturgemäß bei Links, Grün und Rot verortet sind, oft mit starkem Zuspruch der FDP und leider auch aus CDU-Kreisen: Sie haben die Hosen heruntergelassen und in der vergangenen Woche ein Geschlechterparadigma offenbart, welches menschenfeindlicher nicht sein kann: Zum vorgezogenen Frauentag gab es wieder eine volle Breitseite gegen Männer, den ewig bösen Erbfeind, den es aus Prestige, Macht und Geldpositionen per Quote zu verdrängen gilt. Der Geschlechterkampf und Gleichstellung wurden beschworen, statt Gleichberechtigung zu fördern und Verständnis und Miteinander zu säen.

Was ich davon halte, habe ich auf Jouwatch bereits in meiner Kolumne „Warum ich quotophob bin" ausführlich dargelegt. Dabei waren es die Männer, die in gutem Glauben mit den besten Absichten in den Parlamenten den Frauen ihre eingeforderten Rechte zugestanden haben. Zum Dank sollen „männliche, potente, weiße Männer" nun im Idealfall als „toxisch" ausgemerzt werden. „Ein neues T-Shirt von Gucci sagt viel aus über das Männerbild unserer Gesellschaft: Nicht weiße, nicht alte Impotente sind zum Ideal geworden. Unsere Autorin erinnert sich mit Nostalgie an eine Zeit, in der ein Mann noch Mann war. Und mit Gucci nichts am Hut hatte", überschreibt die „Welt" (1) einen Artikel zum Thema.

Ministerin Giffey tönte: „Frauen können alles" (2), und machte ihr Familienministerium kurzerhand zum Frauenministerium. Dabei ist dies natürlich gelogen – denn Frauen können nicht alles. Sie können beispielsweise nicht zeugen. Um Leben klassisch biologisch zu erschaffen, benötigt die Natur Männer und Frauen. -den Männern wohnt die Gnade inne, Leben zeugen zu können, und Frauen wohnt die große Gnade inne, Leben schenken zu können. Das eine geht nicht ohne das andere. Männer und Frauen sind zwei Seiten der Medaille Mensch, die, wenn man sie rotieren lässt, unendliche Facetten dieser beiden Seiten in ihrem oszillierenden Drehprozess zeigt. Tipp: Gerne diese Idee mal bei Derrida, „La Fausse Monnaie" (3) nachlesen!

Aber am Ende des Tages, wenn sich die unendliche Vielfaltsrotation, die alle gleichberechtigten Wahrnehmungen ermöglicht, allmählich verlangsamt: Dann beginnt die Münze zu eiern, und fällt in die ihr von der Natur zugewiesene Zweideutigkeit zurück. Kopf oder Zahl, Mann oder Frau. Ja, die Biologie wies diese Dichotomie den Menschen ebenso wie allen Säugetieren zu. Und ja, um in unserem Bild der rotierenden Münze zu bleiben: auch auf der Vergleichsebene beendet die Natur – in Form der Schwerkraft – die scheinbare unendliche Vielfalt der zwischen Mann und Frau oszillierenden Möglichkeiten recht unsensibel – und führt die philosophisch ausgehebelte, binäre Opposition zwischen männlich und weiblich wieder zu genau dieser zurück. Ying und Yang. Mann und Frau. Adam und Eva.
Menschen mag man philosophisch verschwurbeln, man kann ihnen einhämmern, alle Wahrnehmungen seien gleichberechtigt;

hochinteressant hierzu Paul Watzlawicks Buch „Wie wirklich ist die Wirklichkeit?" (4); schwarz sei weiß, zwei plus zwei ergäbe fünf, Krieg sei Frieden und Unwissenheit Stärke. Und man mag postieren, dass Wahrnehmungen und Bezeichnungen allesamt gleichberechtigt nebeneinander gelten müssten und alle eine gültige Wirklichkeit stiften. Aber ist dem tatsächlich so?

Stellen wir diese krude These doch mal auf die Probe: Viele Menschen stehen am Strand und bemerken eine heranrollende Tsunamiwelle fern am Horizont. Einer sieht den Tsunami, unterwirft sich der Realitätswahrnehmung und den damit einhergehenden Handlungsweisheiten, setzt sich auf sein Motorrad und sucht den höchstgelegensten Ort in der Nähe auf. Der nächste sieht den Tsunami, und denkt sich: „Ja, ein Tsunami. Aber was hat der mit mir zu tun? Ich bin ein Berg, die Welle kann mir nichts anhaben und bleibt stehen." Wiederum der nächste denkt sich: „Das könnte eine Tsunamiwelle sein. Aber weil ich sie als Brötchen wahrnehmen möchte, und meine Wahrnehmung genauso viel wert ist und dieselbe Berechtigung hat wie alle anderen Wahrnehmungen, wird mir nichts passieren." Wiederum der nächste meint: „Dies ist ein Auswuchs des Klimawandels. Aber weil ich CO_2 Steuern bezahle, passiert mir nichts." Und so weiter, und so fort. Man lese hierzu den modernitätskritischen Philosophen Hans Blumenberg (5).

Viele betriebsblinde Anhänger dieser Philosophie, genau wie die der Dekonstruktion und des Poststrukturalismus, ertrinken im Tsunami, weil sie ihre eigene Schöpfungskraft und die Macht der Gedanken und Möglichkeiten absolut setzen und meinen, sie seien die Schöpfer und beherrschten die Natur. Selbige hingegen schert sich nicht darum, welcher Philosophie die Menschen anhängen, die sie ertrinken lässt. Einzig Überlebender dieses Szenarios ist übrigens allein der erste Mensch, der versteht, dass er der Natur und Schöpfung untergeordnet ist und dass seine (gedankliche) Macht Grenzen hat. Er bringt sich in Sicherheit und überlebt. Alle anderen qualifizieren sich für den Darwin Award (6).

Und aus der gleichen Ecke kommt auch die Philosophie, nach der Geschlechter arbiträr seien, also nichts mit den natürlichen Gegebenheiten zu tun hätten und deshalb ständig neu verhandelt werden müssten. Verstrahlte Feministinnen fordern immerzu, dass das Frau-Sein „sichtbar" gemacht werden müsste. Diese Sichtbarwerdung, die uns nun auch in der so verhunzten Sprache täglich um die Ohren gehauen wird, ist nichts anderes als ein schlecht kaschierter Exhibitionismus. Es müssen auf Biegen und Brechen Busen und Vaginas sprachlich sichtbar gemacht werden, damit Frauen als solche wahrgenommen werden können.

Diese zutiefst sexistische Einstellung führt uns ganz weit weg von der Anerkennung von Frauen, von der Wertschätzung für das, was sie außer ihren Geschlechtsorganen auch noch sind: Wesen mit Charakter und Eigenschaften wie zum Beispiel Wissen, Fähigkeiten, Fertigkeiten, Motivationen, Kompetenzen. Auf die Idee, dass Frauen im generischen Maskulinum unserer deutschen Sprache in Wahrheit gar nicht mitgemeint seien, konnten nur Tanten kommen, die denken, die Welt würde verschwinden, wenn sie sich die Augen zuhalten.

Und in ihrem grenzenlosen feministischen Narzissmus gefallen sich diese Xanthippen, und gehen auf in ihrer ständigen sprachlichen Selbstbespiegelung. Exhibitionismus ist zu Recht strafbar und öffentliche, sternchengeprägte sprachliche Egomasturbation zu Lasten der vergewaltigten deutschen Sprache als Vehikel für Sinn und Ideen sollte gleichsam geächtet werden. Die Botschaft der Feministinnen ist sprachlich immer nur: „Frau, Frau, Frau"; Sinn und Inhalt von Aussagen wird ist zunehmend sekundär.

Dumm bloß, dass dem Wunsch der Feministinnen nach, die schnöde Geschlechtlichkeit allem anderen voransteht; wichtig ist, ob man Busen, nicht, was man zu sagen hat. Die Botschaft rückt in den Hintergrund. Sprachlich verkämpfen sie sich also bigotterweise für die binäre Opposition zwischen Mann und Frau. So rücken andere Arenen der Dekonstruktion in den Hintergrund: nämlich das Menschenbild der Marxisten. Selbiges gilt es in diesem Kontext dringend genauer zu betrachten, denn genau dorthin soll die Reise hingehen, in Richtung eines neuen, totalitären Kulturmarxismus.

Für linke, grüne und rote Marxisten hat ungeborenes Leben keinen Anspruch auf Würde, keinen Anspruch auf Schutz. Dabei ist beides fest im Grundgesetz verankert. Die Linkspartei rief gerade erst wieder, am 4. März, das Thema Schwangerschaftsabbrüche mit einem eigenen Antrag (7) auf den Plan – und argumentierte fleißig zum angeblichen Wohle von Frauen und zum Nachteil des ungeborenen Kindes. Dabei sind ungeborene Kinder durch das Grundgesetz, gleich zu Beginn in den Artikeln 1 und 2, geschützt: Das Grundgesetz untersagt dem Staat erstens unmittelbare Eingriffe in das menschliche Leben, und zweitens wird der Staat verpflichtet, sich schützend und fördernd vor jedes menschliche Leben zu stellen. Das heißt: Jeder ungeborene Mensch ist bereits Träger von Grundrechten.

Die Linkspartei stellt sich mit ihrem Antrag – mit Zustimmung von Grünen und SPD – einmal mehr gegen unsere Verfassungsordnung und will die Fristenlösung aufkündigen; Sie fordert einen völlig deregulierten Abtreibungsmarkt, diesmal unter dem Etikett „körperliche und sexuelle

Selbstbestimmung". Dies in allen Ehren – aber Selbstbestimmung kann wohl niemals bloßes Recht zur Durchsetzung von Eigeninteressen sein, sondern sie findet ihre natürlichen Grenzen dort, wo das vermeintliche Recht des einen die Würde und das Recht auf Leben des anderen verletzt. Die linke Missachtung werdenden Lebens und dessen Entmenschlichung als „Zellhaufen" oder „Schwangerschaftsgewebe" wird hier auf die Spitze getrieben.

Somit wird der Uterus der Mutter zum gefährlichsten Ort, den werdende Menschen erst überleben müssen, um mit ihrer Geburt dann ihre grundgesetzlich verbrieften Rechte zu erhalten. Bis noch fünf Minuten vor dem Übertritt zum ins „werte Leben" aber sollen Kinder im Mutterleib getrost straffrei getötet werden können (8). Welch eine Perversion unserer grundgesetzlichen Rechtsauffassung! Die Achtung der Menschenwürde des anderen gehört zu den grundlegenden Werten unseres Menschenbildes und damit ganz grundlegend zu unserer freiheitlich-demokratischen Rechtskultur. Die Linkspartei hingegen möchte Schwangerschaftsabbrüche verharmlosen und sie wie jede andere medizinische Leistung bewerben, behandeln und diese „Dienstleistung" anbieten lassen. Dabei tritt vollkommen in den Hintergrund, welches Elend, welche Nöte und welcher Zwang hinter einer so weitreichenden und tiefgreifenden Entscheidung jeder einzelnen betroffenen Frau steht. Unsere Gesellschaft muss kinderfreundlicher werden – nicht abtreibungsfreundlicher!

Das ungeborene Leben ist aber nicht das einzige, welches in dem genannten Antrag der Linkspartei missachtet und geringgeschätzt wird. Modern, queer und fortschrittlich soll die Vorlage im Bundetsag daherkommen, und die mächtige LGTBI-Lobby bedienen, indem sie fortan wirklich jedem das Recht auf das zum Konsumgut degradierte eigene Kind verbrieft. Der

Entwurf versteht sich als „pro Frau" – und atmen doch eine nie dagewesene Frauenfeindlichkeit: „Eine solche angenommene Austragungspflicht macht gebärfähige Körper, in der überwiegenden Mehrzahl Frauenkörper, zum Objekt dieser Austragungspflicht,„ heißt es darin. Und weiter: „Während niemand dazu gezwungen werden darf, den eigenen Körper, Körperflüssigkeiten oder Körperteile gegen den eigenen Willen anderer zur Verfügung zu stellen, gilt dies für ungewollt Schwangere nicht. Sie werden verpflichtet, den eigenen Körper für mindestens neun Monate zur Verfügung zu stellen."

Frauen werden hier also zu „gebärfähigen Körpern" degradiert, zu Körperflüssigkeiten und einer Art Maschine Gebärfunktion. Zugleich wird selbstverständlich postuliert, dass noch andere Körper als biologisch weibliche in der Lage seien, Schwangerschaften auszutragen. Zu diesem ideologischen Überwindungsversuch der Natur habe ich bereits oben alles gesagt. Meine Kollegin Beatrix von Storch bemerkte zu Recht in ihrer Rede vor dem Plenum: „Die Linke führt nicht nur einen Kampf gegen den Klassenfeind und nach den Vorstandsneuwahlen jetzt ganz offiziell auch gegen die FdGO und unser Wirtschaftssystem; sie kämpft mit diesem Antrag nun auch noch gegen die Realität, hier insbesondere gegen die Biologie und gegen die Menschenwürde." Wohl wahr.

Eine verkommenere, rücksichtslosere und kaputtere Definition von Mensch, Familie, Frau, Mann, Kind, wie sie die marxistische Linkspartei unter dem Applaus von Grünen und SPD schaffen will, hat es in der Geschichte der Menschheit noch nie gegeben. Fassen wir also zusammen - so wie ich das übrigens auch in meiner Rede zum Frauentag dieses Jahres tat (9): Frauenrechtlerinnen haben in den vergangenen Jahrhunderten die Gleichberechtigung erstritten und Männer mussten ihnen den Zugang zu den Parlamenten gewähren. Für diese

Emanzipationsleistung gebührt ihnen für immer der Dank der nachfolgenden Generationen.

Doch leider ist in unserer ach so „verbunteten" Gesellschaft aus dem Kampf für die soziologische Rolle Frau längst der Kampf gegen die biologische Frau geworden – multikulturell, aber vor allem auch ideell. Nichts scheint für Linke, Grüne und SPD heutzutage verachtenswerter als eine klassische Familie, in der die Frau einfach nur die treusorgende Mutter ist. Dabei ist dies ein urgewaltiger Topos in Kunst, Literatur und Religion, der im Innersten der meisten Menschen bis heute liebevoll im Gedanken an die eigene Mutter widerhallt. Für die schöne neue Welt der amtierenden Frauenrechtlerinnen muss dieses archetypische Bild der Mutter weichen und zwar zugunsten eines Bildes von Frauen und anderen gebärfähigen Personen, die bei Schwangerschaft Körper, Körperflüssigkeiten oder Körperteile für mindestens neun Monate zur Verfügung stellen, so wie es im Antrag der Linken unter großer Zustimmung von SPD und Grünen propagiert wurde.

Für die Marxisten aller Couleur gilt anscheinend: Die Mutter ist tot! Es lebe der gebärfähige Körper! Eine zutiefst frauenfeindliche Einstellung. Frauen wohnt die Gnade inne, Leben schenken zu können und die tiefsten und innigsten Beziehungen und Bindungen stiften zu können, die es auf der Welt gibt, nämlich die zwischen Müttern und ihren Kindern. Diese sollen zugunsten einer unbedingten Beruflichkeit überwunden werden. Bereits die Lissabon-Strategie der EU besagt: Frauen, die nicht lohnabhängig oder erwerbstätig sind, sind steuerlich schlicht ungenutztes Humankapital: „Übergreifendes Ziel war die Erhöhung der allgemeinen Beschäftigungsquote in der EU auf 70 Prozent und die von Frauen auf einen Durchschnitt von mehr als 60 Prozent und die von älteren Menschen auf 50 Prozent bis 2010. 2011 wurde die

Lissabon-Strategie durch die EUROPA 2020-Strategie ersetzt." So steht es im Glossar zum Europäischen Sozialfonds für Deutschland (10).

Und an dieser Stelle muss es noch einmal betont werden: Die einst konservative CDU sieht dies inzwischen genauso wie die rotgrünroten Marxisten – zumindest auf EU-Ebene; Frau Merkel hat auch noch Angst vor einer Retraditionalisierung (11). Ja, wieso wohl?! Hier wird unter dem Deckmäntelchen der Gleichberechtigung eine völlig berechnende Geldpolitik gemacht. Denn würden sich Millionen Frauen plötzlich darauf besinnen, dass sie lieber in Vollzeit Hausfrau und Mutter sein wollten, stünde die Nation und damit die EU nur mehr mit der Hälfte der Steuereinnahmen da.

So etwas geht natürlich gar nicht. Der Verdacht liegt nahe, dass unsere Mädchen also vor allem aus monetären Gründen von der Kita an das Gesellschaftsbild erlernen müssen, wonach Frauen zwingend berufstätig sein müssten, weil sonst „ihr Potenzial brachliegt" oder „ihre Talente und ihr Recht auf Karriere ungenutzt bleiben."

Dass viele Frauen dabei menschlich oftmals beziehungs- und kinderlos emotional auf der Strecke bleiben, will von den Feministinnen, die die Frauen längst an die Genderlobby verkauft haben, natürlich niemand wissen; Hauptsache, der Rubel rollt! Wenn diese von ihrer eigenen Natur zutiefst entfremdeten Politiker an der Macht bleiben und weiter Zulauf erhalten, werden aus Frauen langfristig Körperteile und Körperflüssigkeiten mit Steuernummern – auf immer dazu verdammt, mit Männern wahnhaft und auf allen Ebenen, in allen Funktionen – soziologisch und biologisch – „gleichgestellt" sein zu müssen. Ein humanistischer Offenbarungseid!

Und weil sie in den Augen ihrer eigenen Geschlechtsgenossinnen grundsätzlich benachteiligt und anscheinend zu doof sind, ihre eigenen Füße zu finden, beschert „Frau" ihnen sicherheitshalber noch die Quote, diesen Bärendienst an der weiblichen Selbstverwirklichung. Aber auch die Quotendebatte und das Busenzählen sind virtuose Schattenboxkämpfe von Feministinnen, die spüren, dass ihre Zeit abgelaufen ist.

Neue, wertkonservative Frauenrechtlerinnen braucht das Land: Solche, die mit allem, was sie haben, für das Frauenrecht eintreten, eben nicht ständig mit Männern konkurrieren zu müssen, und die die echte Wahlfreiheit zu haben, ob sie erwerbstätig und/oder Hausfrau und Mutter sein wollen. Der Irrsinn der biologistischen Gender-Bevormundung muss ein Ende haben. Es ist Zeit für eine neue, wertkonservative Frauenpolitik!

1 https://www.welt.de/politik/deutschland/article205114058/Geschlechterbilder-Mehr-toxische-Maennlichkeit.html
2 https://www.dw.com/de/frauen-können-alles/a-46257820
3 https://www.idixa.net/Pixa/pagixa-1209031042.html
4 https://www.thalia.de/shop/home/artikeldetails/ID5713563.html?ProvID=11000731&msclkid=e9979623097116a259e0f667bc9cf418&utm_source=bing&utm_medium=cpc&utm_campaign=(DE%3ASEA)%20DSA&utm_term=thalia&utm_content=(DE%3ASEA)%20DSA%20%3E%20Alle%20Webseiten
5 https://www.swr.de/swr2/wissen/radikaler-kritiker-der-moderne-der-philosoph-hans-blumenberg-swr2-wissen-aula-2020-06-11-100.html
6 http://www.darwinpreis.de
7 https://dserver.bundestag.de/btd/19/269/1926980.pdf
8 https://schwangerschaftszeit.de/abtreibungsmethoden/

9https://www.youtube.com/watch?v=nc0A9U8rIk4
10https://www.esf.de/portal/DE/Service/Glossar/Functions/glos
sar.html?cms_lv2=47312&cms_lv3=44622#:~:text=Übergreife
ndes%20Ziel%20war%20die%20Erhöhung%20der%20allgem
einen%20Beschäftigungsquote,wurde%20die%20Lissabon-
Strategie%20durch%20die%20EUROPA%202020-
Strategie%20ersetzt.
11https://demofueralle.de/2020/06/04/die-angst-vor-der-
retraditionalisierung/

21. März 2021

27. Höchst brisant: Ich bin ein Mir-reichts-Bürger

Gedanken zum Zustand der Pandemie, über Deutschland und unsere politische Zukunft

Heute ist wieder so ein Tag. Im Grunde weiß man gar nicht mehr, worüber man noch schreiben soll, ohne sich selbst zum gefühlt hunderttausendsten Mal wiederzukäuen. Um mich also zu inspirieren, las ich mich, wie jeden Sonntagmorgen, quer durch den Blätterwald und entschloss mich schließlich, meine Eindrücke für die sozialen Medien in einem Witz zusammenzufassen. Damit auch wirklich jedem meine Grundstimmung verdeutlicht wird, möchte ich diesen hier wiedergeben:

Jens Spahn und Karl Lauterbach sitzen laut lachend beim Abendessen im Restaurant. Einer der Gäste geht zu den beiden und fragt, über was sie so herzhaft lachen. „Wir machen Pläne für die dritte Welle“, sagt Spahn. „Oooooh“, erwidert der Gast, „und wie sehen diese Pläne genau aus?“ – „Wir werden 80 Millionen Bürger und ein Zebra einsperren“, antwortet Spahn. Der Gast fragt etwas verwirrt zurück: „Ein Zebra? Warum wollen Sie ein Zebra einsperren?“. Da klopft Spahn Lauterbach auf die Schulter und sagt: „Was habe ich dir gesagt... kein Mensch fragt nach den 80 Millionen Bürgern.“

Die Pointe dieses Witzes ist leider zutiefst wahr: Unter dem Deckmäntelchen der hochgepriesenen Gesundheitsfürsorge, die sich die Regierung auf die Fahne geschrieben hat, hat die große Transformation längst begonnen. Der erste Teil ist bereits abgeschlossen: Er transformierte mündige Bürger und Grund- und Menschenrechteinhaber in Personen, die zwar grundsätzlich noch Grundrechteträger sind, diese aber wegen der „pandemischen Notlage nationaler Tragweite" nicht ausüben können. Ich versuche dies einmal leicht überspitzt zu formulieren: Mündige Bürger wurden zu Untertanen transformiert, die per Verordnung regiert werden können. Die deutsche Regierung hat sich – wie die Regierungen vieler anderer Länder auch, die bei dem Pandemieplanspiel 201 teilgenommen haben – zur Aufgabe gemacht, ihr theoretische Grundrechte innehabendes Humankapital vor dem Tod durch Corona zu schützen, und dies sprichwörtlich um jeden Preis.

Wer sich darüber eingehend informieren möchte, dem sei das Video „Event 201 – Corona-Pandemie vom Reisbrett / Was bisher übersehen wurde" (1) empfohlen. Früher hätte ich geglaubt, ich wäre einfach zu blöd dazu; heutzutage denke ich – welch Wunder – als allererstes an Zensur, Shadowban, Löschung und Deplatforming. Diese Form von „ungerechtfertigter" Paranoia (Räusper, räusper!) erklärt sich wohl aus der Tatsache, dass ich mich stets selbst sehr kritisch hinterfrage – so wie ich auch andere kritisch hinterfrage, eben zum Beispiel unsere Regierung. Das macht mich heute, laut vorherrschendem bundesregierlichen wie erziehungsjournalistischem Framing nicht etwa zum Kritiker, Skeptiker oder eben Oppositionspolitiker, der ich ja bin. Sondern ich werde der Gruppe der Irgendwas-Hasser, Irgendwas-Leugner, Irgendwas-Feindlichen oder -Phoben zugeschlagen und in die böse Ecke geschoben, wo sich allerlei reale, aber ebenso etikettierte Verschwörungstheoretiker, Schwurbler, Reichsbürger, Populisten, Rechte usw. tummeln. Mit Verlaub: Die böse Ecke platzt aus allen Nähten.

Vielleicht geht die Etikettierwut aber inzwischen doch ein wenig zu weit, denn die schiere Zahl derer, die jetzt auf einmal alle „Coronaleugner" sein sollen, sprengen jeden Rahmen, und sie wächst von Tag zu Tag weiter. Vielleicht sollte einmal jemand der Regierung und der Presse erklären, dass Menschen nicht dadurch verschwinden, indem man sie wild als irgendetwas etikettiert. Sie sind weiterhin da, und sie werden mit jeder weiteren Stigmatisierung zunehmend wütend – weil sie sich natürlich zu Unrecht in die Schmuddelecke gedrängt fühlen. Und ihr Frust tritt immer häufiger zu Tage.

Seit einigen Tagen bekomme ich immer wieder und mit zunehmend Häufigkeit einen Filmausschnitt zugeschickt, den die „älteren Semester" wie ich und darüber hinaus wohl alle noch kennen müssten (für die Jugend ist er übrigens ein Pflichtprogramm!): Er stammt aus der Filmsatire „Network" von Sidney Lumet (3) aus dem Jahr 1976, konkret um die kultige Szene „Ihr müsst erst einmal wütend werden". Was sagt uns diese über den heutigen Druck im Kessel? Auf der ganzen Welt, nicht nur in Deutschland, gab es an diesem Wochenende Demonstrationen von zu Untertanen degradierten Menschen.

In der Pressemitteilung der Organisatoren der Demonstration in Kassel kann man lesen: *„Die Großdemonstration in Kassel hat sich zu einem internationalen Ereignis entwickelt: Am Samstag, dem 20. März, wird es in etwa 40 weiteren Ländern eine Demonstration für Freiheit und Demokratie geben. Länderübergreifend fordern die Menschen die Einhaltung ihrer Grundrechte und die Beendigung der überzogenen Corona-Maßnahmen. Menschen aus ganz Deutschland werden nach Kassel kommen; der genaue Veranstaltungsort wird in den nächsten Tagen bekannt gegeben. 17.500 Teilnehmer wurden angemeldet. Von Australien bis Island, von Südafrika bis Schottland, von Litauen bis Kanada werden Menschen auf die Straße gehen. Auch viele Nachbarländer sind dabei, unter* *anderem Polen, Tschechien, die Beneluxstaaten, Dänemark, Schweiz, Frankreich und Österreich. Die Bilder werden um die Welt gehen. Viele Orte werden via Livestream am 20. März mit Kassel vernetzt sein. Dieser Zusammenschluss ist längst überfällig! Das politische Handeln der Regierungen während der Corona-Pandemie ist ein internationales Problem, welches eine internationale Antwort verlangt. Wir stehen gemeinsam für humanitäre Werte ein und setzen ein globales Zeichen für wahre Solidarität. Umso mehr freuen wir uns darüber, dass so viele Menschen diesem Aufruf folgen. Wir sind eine Menschheitsfamilie! Wir lassen uns nicht spalten!"*

Die Demonstrationen waren sehr gut besucht, deutlich stärker als erwartet. Und unsere Medien? Die Presseberichte waren voll von Mitteilungen, dass es „am Rande von" oder „im Zusammenhang mit" der sogenannten Querdenkerdemonstration in Kassel zu „Gewalt" gekommen sei. Eigentlich käme es darauf an, hier ganz genau hinzuschauen: Wer, was, wann, wie, wo ist gemeint bei solchen Meldungen? Details scheinen jedoch unerwünscht – es geht um die Pauschalverunglimpfung des Protests.

Denn natürlich weiß unsere Regierung aus den Erfahrungen der letzten sozialistischen Diktatur von 1989 nur zu gut, dass derartige Demonstrationen rasch an Momentum gewinnen und bei Überschreiten einer kritischen Masse sogar das herrschende Regime stürzen können. Ich habe einmal irgendwo gelesen, dass 90 Prozent jeder Gesellschaft IMMER Mitläufer sind, wogegen die restlichen 10 Prozent die Richtung angeben – die sich aufspalten auf 5 Prozent tendenziell Lebensfreundliche und 5 Prozent tendenziell Lebensfeindliche. Und die Gruppe, die dann dominiert, zieht die restlichen 90 Prozent mit. Demnach liegt die kritische Masse bei nur etwas über 5 Prozent aller Menschen, sagen wir bei 6 Prozent. Für Deutschland mit seiner stattlichen

Bevölkerungszahl von über 83 Millionen bedeutet dies: Es wäre eine kritische Masse von nicht einmal 5 Millionen Menschen nötig, um einen Wandel herbeizuführen.

Die Nichtregierungsorganisationen agitieren permanent in diese Richtung und versuchen, unterstützt von vielen Vereinen, Projekten und Stiftungen, die erforderliche Menge dieser „5 Prozent plus" zu mobilisieren, was ihnen – siehe Flüchtlingsdebatte – locker gelingt; alleine deshalb schon, weil viele der Programmtreiber von ihren inhaltlichen Anliegen materiell profitieren oder ihr tägliches Brot verdienen. Sie treiben das „neue Normal", die Globalisierung, die Weltregierung, die große Transformation voran – nicht nur auf nationaler Ebene in Klima- oder Coronadiktaturen, sondern zunehmend im globalen Maßstab als „Great Reset".

Doch es tut sich da auch noch etwas an einer anderen, einer eher freiheitlich-konservativen Front: Bei der letzten Bundestagswahl waren es 12,6 Prozent AfD Wähler, die nicht länger so leben wollen, wie es ihnen die diversen sozialistisch, kommunistisch und marxistisch angehauchten Parteien vorgeben. Hierzu muss man noch die große Gruppe der Nichtwähler rechnen, die bei der letzten Bundestagswahl, aber auch jetzt wieder bei den Landtagswahlen vergangene Woche eben NICHT zur Wahl gegangen sind. Leider aber reichen 12,6 Prozent noch lange nicht, um in den Parlamenten einen Wandel herbeizuführen.

Was also müssen diese 5 Millionen Menschen tun, wenn sie etwas verändern wollen? Müssen alle auf die Straße? Vielleicht. Doch so mancher hat eben auch Angst vor Corona oder Jobverlust durch Kontaktschuld. Eines ist klar: Ein guter erster Schritt wäre, wenn alle diese Menschen, die sich mit dem vorgenannten „Network"-Clip („Ihr müsst wütend werden") identifizieren können, diesem Impuls auch folgen und ihn dort anlanden, wo Kurskorrekturen entstehen können: Im Kanzleramt. Doch was wäre darüber hinaus erst möglich, wenn Menschen in großer Zahl ihr Schweigen überwinden und ihren Abgeordneten der Regierungsparteien (oder solche, die es werden wollen), durchaus gesittet und unter Wahrung der Umgangsformen, etwa über Offene Briefe mitteilen würden, was sie von der gegenwärtigen Politik halten?

Denn niemand sollte vergessen, woher die Macht kommt, die uns derzeit alle zu Untertanen degradiert. *„... Der Mensch, welcher euch bändigt und überwältiget, hat nur zwei Augen, hat nur zwei Hände, hat nur einen Leib und hat nichts anderes an sich als der geringste Mann aus der ungezählten Masse eurer Städte; alles, was er vor euch allen voraus hat, ist der Vorteil, den ihr ihm gönnet, damit er euch verderbe. Woher nimmt er so viele Augen, euch zu bewachen, wenn ihr sie ihm nicht leiht? Wieso hat er so viele Hände, euch zu schlagen, wenn er sie nicht von euch bekommt? Die Füße, mit denen er eure Städte niedertritt, woher hat er sie, wenn es nicht eure sind? Wie hat er irgend Gewalt über euch, wenn nicht durch euch selber?" Das schrieb* Etienne de la Boite im 16. Jahrhundert (3).

Und niemand sollte vergessen: 90 Prozent der Menschen wollen es so. Ja, genau so. Sie berufen sich auf die Mehrheit und darauf, dass schließlich ja alle Welt mitmacht – und die Mehrheit hat ja bekanntlich immer recht, so wie damals und jederzeit. Aber weil ich ein kritischer Geist bin, möchte ich mir für nur für einen Moment vorstellen: Was wäre, wenn? Was, wenn all die widersprüchlichen, volatilen, sinnlosen, ständig wechselnden und schädlichen Coronamaßnahmen am Ende tatsächlich notwendig gewesen wären? Und ich meine jetzt nicht: „notwendig" zur persönlichen Bereicherung einiger weniger Lobbyisten weltweit bzw. in der CDU. Sondern was wäre, wenn die Mehrheit der Politiker wirklich aus sachlicher Notwendigkeit, in bester Absicht und konstruktiv diese Maßnahmen erlassen hätte? Eines ist klar: Dann müssten am Ende der Pandemie ALLE, wirklich ausnahmslos alle Maßnahmen rückgängig wieder gemacht werden. Anders herum gesagt: Wenn am Ende der Pandemie tatsächlich alle Maßnahmen rückgängig gemacht werden, erst dann können wir mit Bestimmtheit sagen: Corona war tatsächlich der alleinige Grund für all die Eingriffe.

Erstens aber ist kurz- und mittelfristig sicher kein Ende der Pandemie in Sicht. Viele unken bereits: „Sie werden uns nie mehr freilassen" – und ich teile diese Befürchtung. Corona ist eine epochal günstige Gelegenheit für nach Macht strebende Eliten, und wann haben die Taktgeber der derzeit mit aller Gewalt angestrebten weltweiten Veränderungen je wieder die Gelegenheit, mittels Verordnungen so einfach durchzuregieren? Und zweitens ist bereits öffentlich von verschiedenen Seiten ausgeschlossen worden, dass es eine „Rückkehr zur Normalität vor Corona" geben wird.

Vor allem dieser Hinweis ist dazu geeignet ist, meine Befürchtung zu verstärken: Nach meiner Lesart sind Klimakrise und Coronapandemie nämlich die Hebel, mit denen endlich eine „Scheindemokratie" errichtet werden kann und wird, in der die Bürger zu Verfügungsmasse und Besitz von Regierungen werden, in der Humanismus, moralischer Imperativ und die komplette Aufklärung auf den Müllhaufen der Geschichte befördert werden. In der Wissenschaft wieder durch Glauben ersetzt wird und in der Freiheit, Demokratie, Recht und Ordnung der sklavischen Unterwerfung unter die „richtige Haltung" geopfert werden.

Von der Kita an könnte es dann wieder heißen „Im Gleichschritt

Marsch", im staatlich zugelassenen, politisch korrekten Meinungskorridor des Multi-Kulti-Trallala-Landes. Ich für meinen Teil bin für derartige Bestrebungen verloren. Als freiheitlich konservativer Bürger bleibe ich definitiv Zeit meines Lebens der freiheitlich-demokratischen Grundordnung fest verbunden und bin jedem Totalitarismus zutiefst abhold – Auch wenn er in Hochglanz, „alternativlos", global, modern, sexy, grün oder gesund daherkommt. Ich bin definitiv ein „Mir-Reichts-Bürger".

Übrigens nehme ich noch Wetten an, ob die Bundestagswahlen stattfinden werden oder nicht: Ein Wikipedia-Eintrag, den ich am 18. März 2021 per Screenshot dokumentiert hatte, sah schon nach wenigen Stunden ganz anders aus, als plötzlich nur noch von einem „voraussichtlichen" Wahltermin am 26. September 2021 die Rede war. Erstaunlich! Aber das sagt natürlich rein gar nichts aus und die Gedanken, die ich mir darüber mache, sind natürlich ausschließlich meiner interpretativen Paranoia zu verdanken… Wir sind in einem Land angekommen, in dem die „Faktenfinder" kreativer sind als Autoren fiktionaler Texte, in dem nichts mit nichts zu tun hat, welches aber dennoch – trotz und mit allem – die „beste Republik" (Habarth) aller Zeiten ist (4).

1https://www.youtube.com/watch?v=KpWKTqxphrk
2https://www.youtube.com/watch?v=QsKybiZCI5U
3https://www.goodreads.com/author/quotes/389053._tienne_de_La_Bo_tie
4https://jungefreiheit.de/politik/deutschland/2021/harbarth-beste-republik/

4. April 2021

28. Höchst brisant: Finger weg von unseren Kindern!

Corona ist schlichtweg objektiv nicht die verheerende Pandemie, für die man sie uns verkauft – doch eine angstmachende und schädliche Politik nimmt uns unser Leben und zerstört die Zukunft der Jüngsten. Damit muss Schluss sein!

Ja, Corona gibt es. Es ist für Menschen, die heftige Symptome entwickeln, eine lebensbedrohliche Krankheit, die niemand ernsthaft haben möchte. Zumal noch nicht im Mindesten feststeht, warum manche Leute heftige Symptome entwickeln und andere eben nicht. Aber: es ist auch mitnichten die alles vernichtende, leichenstapelnde Pandemie, für die man sie uns bisher verkauft.

Sie ist nun erschienen, die dritte nach altbewährten wissenschaftlichen Standards erarbeitete Studie von Ioannidis (1). Darin legt er sich auf den untersten Wert seiner bisherigen Spanne von 0,15 Prozent Sterblichkeit fest. Also haben 99,85 Prozent der Weltbevölkerung bislang diese schreckliche Pandemie überlebt. Zumindest bisher – denn es kommt ja jetzt die politisch wie medial befeuerte dritte (Angst-)Welle! Gleichzeitig zeigen auch die ersten Auswertungen aus 2020 keine Übersterblichkeit insgesamt, und die Auslastung der Krankenhäuser war 2020 um etwa 20 Prozent verringert. Dies nur mal so am Rande, aber Fakten spielen ja keine Rolle!

Ja, immer mehr Wahrheit beginnt den statistischen Mainstream-

Nebel zu durchdringen. 0,15 Prozent ist wirklich extrem niedrig und weit weg von einer „Pandemie" oder „Epidemie" oder auch nur einer schweren Grippe! Es ist damit rein statistisch eine mittlere Grippe, deretwegen in einem noch nie dagewesenen weltweiten Aktionismus die Welt lahmgelegt wurde! Das sagt die AfD seit 12 Monaten. 0,15 Prozent. Und dieser Wert stellt sogar nur die Letalitätsrate dar (Tote bezogen auf die sogenannten „Infizierten"). Die Mortalitätsrate – (Tote bezogen auf die gesamte Weltbevölkerung) liegt sogar nur bei 0,035 Prozent.

Das bedeutet konkret in Zahlen: Etwa 2,8 Millionen behauptete Covidtote („an und mit" Corona gestorben) weltweit, in mittlerweile zwei vollständig abgeschlossenen Virensaisons. Genau genommen, da jede einzelne saisonale Virensaison eine hohe Zahl respiratorischer Atemwegserkrankungen mit Todesfolge bedingt, müsste man ehrlicherweise sogar diese (bezogen auf das weltweite Sterbegeschehen insgesamt, bei wohlgemerkt knapp acht Milliarden Menschen weltweit) geradezu lächerlich niedrige Rate nochmals halbieren!

Nochmals, für ganz hartleibige Merkel-, Lauterbach- und RKI-Gläubige: Überlebt haben Covid also bislang 99,965 Prozent der Menschheit. Zur Einordnung, auch bezüglich des „Pandemie"-Begriffs: bei der Pest waren es in einigen Regionen nicht einmal 30 Prozent, insgesamt in Europa damals etwa 65 Prozent. Es geht somit ganz offensichtlich, bei der gesamtem Pandemieeinschätzung, nicht um Corona und Gesundheitsschutz. Ich bin gespannt, ob das jemals durchdringt.

Gerne darf die zitierte Ioannidis-Studie hinterfragt, kritisiert und diskutiert werden. Nur eines wäre sträflich: Sie zu missachten, einfach abzutun und den Bürgern vorzuenthalten. Soviel nur zum allgegenwärtigen Hintergrund. Und all diesen nachprüfbaren Fakten zum Trotz überbieten sich die Seher und unsere Gottkanzlerin selbst in Schwarzmalerei vor der „dritten Welle". Dies lässt eigentlich nur zwei denkbare Schlüsse zu: Entweder sie wissen sehr genau, was als nächstes kommt, weil sie eingeweiht sind. Oder, was ich ihnen ebenfalls zutraue: Sie propagieren jetzt die tödlichste aller Wellen, vor der die deutsche Bevölkerung nur durch einen ein ultimativen, superharten, megakrassen Lockdown geschützt werden könne, um diesen – natürlich rein zu unserem persönlichen Schutz – als Selbstzweck verhängen zu können.

Das erträumte Ergebnis: Wir Bürger verdanken ihnen also auch fürderhin unser Leben und enthalten uns dafür zukünftig jeder Kritik, zeigen Wohlverhalten, tun alles, was die Regierung uns befiehlt, die uns ja das Leben gerettet hat: Lassen uns widerstandslos enteignen, ziehen uns den Demutslappen vors Gesicht und lassen uns auf Knien bettelnd den immer neuesten Schrei an Impftrends reindrücken. Damit retten sie dann Deutschland und gewinnen im Herbst die Bundestagswahl. Und weil der Coronagehorsamsdurchgang so willenlos gut geklappt hat, kommt gleich die nächste Freiheits- und Menschenrechtsberaubungswelle daher, dann unter dem Deckmäntelchen der Klimarettung. Denn: Ändere nie ohne Not ein funktionierendes Verfahren.

Aber endlich zum eigentlichen Thema dieser Kolumne: Diese Woche erreichte eine wichtige Stellungnahme der Deutschen Gesellschaft für Kinder- und Jugendmedizin (2) die Öffentlichkeit und rückte das Zerrbild, das in den vergangenen Wochen von „Kindern als neuen Infektionstreibern" gezeichnet wurde, deutlich zurecht: Demnach hat sich die Anzahl getesteter Kinder unter 14 Jahren seit der 6. Kalenderwoche von unter 250 auf über 500 pro 100.000 mehr als verdoppelt. Zugleich sank jedoch die Positivitätsrate bei den 0- bis 4-Jährigen – im direkten

Vergleich der Kalenderwochen 6 und 12 – von 6,4 Prozent auf 6,15 Prozent, bei den 5- bis 14-Jährigen von 9,6 Prozent auf 8,9 Prozent ab. Die Frage, ob Kinder zum jetzigen Zeitpunkt überproportional am Covid-19-Infektionsgeschehen beitragen, muss somit mit einem klaren NEIN beantwortet werden. Diese Nachricht sollten wirklich alle Eltern in ihrer Tragweite kennen und sich ihre Bedeutung vor Augen führen; insbesondere alle Schulleiter, Erzieher, Lehrer sowie Vertreter regionaler Behörden und Politiker.

Bezieht man nun noch mit ein, dass in zwei unserer europäischen Partnerländer, nämlich Österreich und Belgien, inzwischen Gerichtsurteile vorliegen, die die Basis für die ganze Panikmache, all die sinnlosen, schädlichen und vor allem zunehmend willkürlichen Maßnahmen endlich richtig einordnen und sie dorthin verdammen, wo sie hingehören, nämlich ins Aus, dann erweist sich der halsstarrige und trotzige deutsche Kurs wider jede Vernunft, wider besseres Wissen erst Recht als unverständlich. In Österreich war einer FPÖ-Beschwerde gegen ein Demoverbot aus dem Januar stattgegeben worden (3) und das Demoverbot für rechtswidrig erklärt worden. In Belgien müssen alle Coronamaßnahmen wegen unzureichender Rechtsgrundlage binnen 30 Tagen aufgehoben werden (4).

Boris Reitschusters Ausführungen zum österreichischen Urteil (5) fanden in der Begründung des belgischen Urteils gar ihre wunderbare Bestätigung. Er hatte geschrieben: „Was das österreichische Gericht ausführt, gilt eins zu eins für Deutschland: Aufgrund des hartnäckigen Schweigens der Regierung liegt auch bei uns der Verdacht mehr als nahe, dass sich die Behörden nicht an die Vorgaben der WHO halten. Und damit würde ihr ganzes Argumentationsgebäude zusammenbrechen. In einer funktionierenden Politik- und Medienlandschaft würden die Nachrichten von dem Urteil in Wien und seinem Hintergrund platzen wie eine Bombe. Es wäre ein riesiges Thema, die Regierung müsste sich massiv rechtfertigen. In Deutschland wird das Thema bisher kaum aufgegriffen." Beide bahnbrechenden Urteile finden in deutschen Politiker- und Entscheiderköpfen, hinsichtlich etwaiger Alternativen für Deutschland, natürlich keine Rezeptorenstellen. Frei nach dem Motto: Verwirrt uns nicht mit Fakten, wir haben bereits unsere unverrückbare Meinung. Und vielleicht auch geschäftliche Interessen?

Umso schlimmer, dass unsere immer autoritärer und autokratischer auftretende Überkanzlerin offen damit droht, per Bundesgesetz (6) – der Ersatzverfassung namens „Infektionsschutzgesetz" – die Länder zu zwingen, ihren Eingebungen zu folgen: zu immer härteren Maßnahmen, immer krasseren Lockdowns, zu immer mehr Impfungen, immer mehr Masken- und sonstigen Verhaltenspflichten in einer schier nicht enden wollenden Eskalationsspirale. Heureka! Unsere Regierung hat damit das Perpetuum Mobile erfunden: Gesunde müssen nachweisen, dass sie nicht krank sind. Ein geniales Geschäftsmodell. Wer verdient eigentlich daran?

Aber was bleibt ihr schon anderes als zu eskalieren, drohen und ungerechtfertigte Panik zu verbreiten (7), immer schön im Duett mit Lauterbach, wenn ihr die Argumente fehlen und die wissenschaftliche Expertise unabhängiger Wissenschaftler mit immer hörbareren Gegenstimmen aufwartet? Nun, die Regierung könnte mit sinnvollen und ineinandergreifenden Konzepten aufwarten, die endlich vom zerstörerischen Gießkannenkonzept wegkommen. Doch es geschieht das Gegenteil.

Als nächstes soll nun verpflichtend, von allen Schülern selbst, allmorgendlich ein Schnelltest durchgeführt werden, ohne Sinn und vor allem ohne gängiges Konzept für den Schulbetrieb, nach über einem Jahr! Kein Mensch lässt seine Kinder jeden Tag unter Wegfall des Datenschutzes testen, nur damit sie trotzdem im Wechselunterricht in Gruppen A und B mit FFP- oder OP-Gesichtsfetzen am offenen Fenster sitzen. Trotz weiterer Vorbehalte würden Eltern die Testerei vielleicht noch mittragen, wenn sie der Herstellung eines schulischen Normalbetriebs in modernisierten, mit guten Luftfilteranlagen ausgestatteten Klassensälen herstellen würden. Doch diese fehlen, und ohne diese zumindest leidlichen Linderungen bedeutet das regelmäßige Schnelltesten nur eines: Jeden Tag jede Menge falsch positiver Testergebnisse, mit folgenschweren aber sinnlosen Quarantänen für Kinder und Familien.

Warum gibt es wohl keine vergleichbare Testpflicht für andere Personengruppen, z.B. für Politiker? Weil dies vermutlich rechtlich gar nicht haltbar wäre, und der Gesetzgeber nur Arbeitgeber und Personengruppen mit Testpflicht belegen kann, die er irgendwie unter Druck setzen kann. Also gerne die durch Existenzangst erpressbaren, (lohn-)abhängigen, „kleinen Dicken, die nicht fliegen können". Deshalb trifft es also die Kinder.

Was das mit den Kindern macht, hat sich seitens der Entscheider vermutlich bis heute noch niemand gefragt, und es interessiert anscheinend auch niemanden. Positiv getestete Kinder stehen im Zweifel Todesängste aus. Sie fühlen sich verantwortlich für die Gesundheit und das Wohl und Wehe ihrer Familie, machen sich selbst große Vorwürfe, müssen mit dem öffentlichen Stigma leben, positiv getestet zu sein. Bereits jetzt haben wir eine unglaublich hohe Anzahl an Suiziden unter Kindern und Jugendlichen (8). Ich hege große Zweifel, dass die allgemeine tägliche Testpflicht hier zu einer Besserung der fatalen Entwicklung beiträgt.

Vielmehr führt die Testpflicht, dieser tägliche Angriff auf körperliche Unversehrtheit und Selbstbestimmung über den eigenen Körper, unweigerlich zu einer unguten Gewöhnung, die darin gipfelt, dass fatalistisch alles, was von der Regierung befohlen wird, fortan unhinterfragt, willig, angenommen wird – zur Not dann auch im Monatstakt neue Impfungen, als deren Langzeitstudienteilnehmer die Bevölkerung sich duldsam hergibt. Ich überspitze hier vielleicht ein wenig, aber so viel auch wieder nicht: Hier findet die Konditionierung an ein künftiges Vegetieren als Laborratten statt. Ohne eigenen Willen, ohne körperliche und geistige Autonomie, ohne die Freiheit „nein" zu sagen – denn was „Normalität" geworden ist, muss doch schließlich „in einem Rechtsstaat" auch richtig sein, oder?

Es ist dramatisch. Unser Rechtsstaat wird von allen Seiten mit der Abrissbirne bearbeitet unter dem Deckmäntelchen der Corona-Pandemie, aber, wie eingangs dargestellt, mit falschen Annahmen, die in anderen Ländern endlich aufgedeckt und gerichtlich bestätigt wurden. Und das Staatsversagen nimmt in diesem Rechtsstaat auf Bundes- wie Länderebene, gerade in Bezug auf die Bildung unserer Kinder, historische Ausmaße an. Der schier ungeheuerliche Vorschlag von Gerd Landsberg, ungetestete Schüler fürderhin vom Unterricht auszuschließen (9), kommt dem Wunsch nach platter Erpressung der Eltern gleich, die also zustimmen sollen, dass gesunde Kinder ständig getestet werden – weil dieser Eingriff in die körperliche Unversehrtheit gesunder, symptomloser Kinder angeblich die Pandemie bekämpfen hilft. Kinder sind nach wie vor nicht (!) die Infektionstreiber, sie werden aber mit besonderer Vorliebe drangsaliert und damit immer weiter traumatisiert.

Wie soll ein Staat noch das Bildungsmonopol für sich beanspruchen, der es seit über einem Jahr nicht hinbekommt, Schulen flächendeckend so auszustatten, dass Präsenzunterricht oder – im absoluten worst case – ein zumindest effizienter Heimunterricht stattfinden kann? Wie will er noch die allgemeine Schulpflicht rechtfertigen? Unsere Bildungsnation wird durch Forderungen wie die obige nach Spaltung der Schülerschaft in Getestete und Testverweigerer, Positive und Negative noch zusätzlich geschwächt. Ich mag mir gar nicht vorstellen, wohin die Bildungsreise mit dem staatlichen Schulsystem für die Kinder der „Generation Corona" noch gehen soll.

Einziger „Lichtblick" in dieser Krise: Auch die penetranten Indoktrinationsprogramme in Bezug auf „Vielfalt unter dem Regenbogen", 68-plus-X eingebildete Geschlechter, „Demokratie Leben" und der sonstige Krampf gegen Rechts, wie auch Friedas for Future oder Black Lives Matter finden derzeit eben auch nicht statt.

Wie kann es aber sein, dass all dies derart unwidersprochen geschehen kann, in der besten Republik mit den unabhängigsten Staatsmedien, die wir je hatten? Gérard Bökenkamp beschrieb das auf „Achse des Guten" (10) wie folgt treffend: Die Corona-Krise ist ebenso ein virologisches wie ein wirtschafts- und sozialhistorisches Phänomen. Diese Krise hat tatsächlich nur jetzt, in unserer Zeit, in dieser Form stattfinden können. Es ist nicht Covid-19, dass die Lockdowns verursacht hat. Es ist das Zusammenspiel von Covid-19 mit einem dominierenden Gesellschaftstyp fortgeschrittenen Alters, weitgehend vom Staat bezahlt und angstgeleitet. Unsere Vorfahren hätten Covid überhaupt nicht bemerkt.

Wenn ich dann noch von der „Tagesschau" (11) vermeldet bekomme, die Deutschen seien mehrheitlich für einen härteren Lockdown und noch einschneidendere Maßnahmen, bringt das das Faß zum Überlaufen. Natürlich sind sie das, weil sie von den

Merkels, Lauterbachs und den Erziehungsmedien belogen werden, sei es durch Unterlassung oder aktiv-vorsätzlich, und weil sie in ihrer Todesangst die Lügen unbedingt glauben wollen.

Das sind alles Dinge, die ich derzeit anscheinend nicht ändern kann, obwohl ich es trotzdem aufklärend tagtäglich versuche. Deshalb an dieser Stelle noch einmal die deutliche Ansage an alle Angstbürger und Angsttreiber da draußen: Lasst euch von mir aus gerne jeden Monat impfen, testet euch -zig Mal am Tag, zieht euch luftdichte Masken übereinander und starrt auf nichtssagende PCR-Inzidenzwerte wie das Kaninchen auf die Schlange. Schließt euch bis zum Sankt Nimmerleinstag ein, geht allem Leben aus dem Weg. Aber lasst mich und meine Familie damit gefälligst in Ruhe! Macht gerne einen riesengroßen Bogen um uns.

Ich kann weiß Gott diese Beschwörungen von Vor-, Um- und Nachsicht, von Solidarität, Pandemie, Inzidenzwerten, RKI und Aerosolen nicht mehr hören. Was habe ich diese Panikmache bis zum Erbrechen satt! Hört auf, uns allen und unseren Kindern eure Angst aufzuzwingen.

Nichtsdestotrotz wünsche ich allen ein gesegnetes Osterfest und besinnliche Feiertage!

1 https://tkp.at/2021/03/29/neue-ioannidis-studie-infektionssterblichkeit-weltweit-etwa-015-prozent/amp/?__twitter_impression=true
2 https://www.dgkj.de/detail/post/presseinfo-kinder-sind-teil-des-sars-cov-2-infektionsgeschehens-zahlen-steigen-aber-nicht-ueberproportional
3 https://www.diepresse.com/5959566/verwaltungsgericht-

definition-von-krankelnfizierte-falsch
4https://www.n-tv.de/panorama/Belgien-muss-Corona-Einschraenkungen-aufheben-article22464555.html
5https://reitschuster.de/post/unfassbar-oesterreichisches-gericht-entbloesst-berlins-corona-politik/?fbclid=IwAR3OsXKyfBWRDFsvs1XItSUrMY7WB-aZgJPO5NXIR0DZqG33hfQMIy3AEU0
6https://www.fr.de/kultur/tv-kino/angela-merkel-anne-will-ard-coronavirus-lockdown-bund-laender-infektionsschutzgesetz-cdu-90264986.html
7https://www.tichyseinblick.de/meinungen/aerzte-ueber-lauterbach-schuert-irrationale-und-extreme-angst/
8https://nzzas.nzz.ch/schweiz/corona-krise-kinder-leiden-unter-psychischer-not-ld.1560025?reduced=true
9https://www.sueddeutsche.de/gesundheit/gesundheit-laschet-will-bundesweit-einheitliche-loesung-fuer-schulen-dpa.urn-newsml-dpa-com-20090101-210402-99-62718
10https://www.achgut.com/artikel/corona_und_die_neandertaler
11https://www.tagesschau.de/inland/deutschlandtrend/deutschlandtrend-2575.html

18. April 2021

29. Höchst brisant: Allzu weltoffenes Deutschland

Hurra, wir sind nach allen Seiten offen und damit nicht ganz dicht!

Alles starrt auf die tägliche RKI-Veröffentlichung als tägliche Offenbarung, und so nimmt niemand außer der AfD und den freien Medien Merkel und ihrer Entourage öffentlichkeitswirksam übel, dass sie anderen, drängenden Problemen nicht die Aufmerksamkeit widmen, die diese eigentlich zwingend und unbedingt verdienen müssten – weil sie das Potential haben, unser Land für immer zu verändern. Zum Beispiel und vor allem: Die Flüchtlings- und Zuwanderungsfrage.

Regelmäßig führen Meldungen über ertrunkene Menschen im Mittelmeer, wie kürzlich in der „Zeit" (1), oder Meldungen über brennende Flüchtlingsheime in Griechenland dazu, dass bei vielen Verstand aussetzt. Der antrainierte Pawlow'sche Reflex sorgt in der herrschenden deutschen Politikerkaste und bei den Meinungsmachermedien dafür, dass die Betroffenen nicht länger „über Los gehen" müssen, sondern quasi in einem mittlerweile vorinstallierten Dauerautomatismus direkt nach Deutschland eingeflogen werden – um sich dort, im Extremfall lebenslänglich, in die soziale Hängematte legen zu können (2).

Beide Wege – zu Luft und See – führen tatsächlich dazu, dass Migranten in Deutschland alimentiert werden und zuallermeist bleiben dürfen – egal ob mit anerkanntem Flüchtlingsstatus oder nicht. In Zahlen stellt sich die Gemengelage so dar: Die Zahl der Flüchtlinge, die in Deutschland leben, liegt (Stand vor Corona, seither noch weiter gestiegen) bei 1,1 Millionen, laut UN-Global Trends Report (3). Die Zahl der (Erst-)Asylanträge sank 2020 in Deutschland im Vergleich zu 2019 um 28 Prozent auf 102.581 ab. 85 Prozent aller Flüchtlinge leben nach wie vor in Entwicklungsländern.

Wir gehören damit zu den fünf Ländern, die weltweit die meisten Flüchtlinge aufgenommen haben. Nummer eins ist die Türkei mit 3,6 Millionen Aufgenommenen. Es folgen Kolumbien mit 1,8 Millionen, Pakistan mit 1,4 Millionen, Uganda mit 1,4 Millionen – und schließlich Deutschland mit 1,1 Millionen. Im Vergleich zu den anderen Top-Aufnahmestaaten fällt sofort ins Auge: Anders als diese ist Deutschland weder ein Anrainerstaat von Kriegs- und Krisenregionen noch ein geographisch naheliegendes, geschweige denn schnell erreichbares Ziel für afrikanische und vorderasiatische Fluchtbewegungen, ob es sich um organisierte Migration aus strukturell-wirtschaftlichen Gründen oder um eine Flucht vor humanitären Katastrophen handelt. Im Gegenteil.

Unser großes Problem ist zudem nach wie vor, dass die Begriffe "Flüchtling", "Asylbewerber" und "Migranten" ständig vermischt und zusätzlich subsumiert werden unter der Floskel "Schutzsuchender". So geht es auch beim bundesdeutschen Integrationsdienst munter durcheinander: *"Unter den Asylbewerber*innen, die zwischen Januar und Februar 2021 in Deutschland einen Antrag gestellt haben, waren rund 39 Prozent Mädchen und Frauen. In der Altersgruppe der 18- bis 25-Jährigen gab es mit rund 24 Prozent den geringsten Frauenanteil. Unter den Kindern (unter 16 Jahre) ist das Geschlechterverhältnis ausgeglichener, hier überwiegt der Anteil der Jungen nur leicht. Seit 2016 ist der Frauenanteil unter* *den Flüchtlingen um rund acht Prozentpunkte gestiegen. Die Flüchtlinge sind im Durchschnitt sehr jung: Rund 78 Prozent der Asylbewerber*innen, die zwischen Januar und Februar 2021 einen Antrag gestellt haben, waren unter 30 Jahre alt. Minderjährige machten etwa die Hälfte der Asylbewerber*innen aus.*" (Quelle: Mediendienst Integration). Fehler und Gendersternchen wurden übrigens vom Originalzitat (4) übernommen.

Auf diese Weise wird ständig und immer wieder auf allen Kanälen suggeriert, dass die Menschen, die bei uns ankommen, allesamt Flüchtlinge seien. Differenzierter und sehr erhellend wird es jedoch, wenn dann auf der gleichen Webseite weitere berichtet wird, dass zum Stichtag 30. Juni 2020 in Deutschland – nach Angaben des Bundesinnenministeriums (5) – rund 1,3 Millionen Menschen leben, die in Deutschland „Schutz" erhalten haben. „Etwa ein Drittel von ihnen sind Minderjährige. Jeder Fünfte lebt seit mehr als sechs Jahren in Deutschland" heißt es da.

Die Detailangaben sind recht aufschlussreich; diese 1,3 Millionen Menschen schlüsseln sich nämlich wie folgt auf:

–42.536 Asylberechtigte nach Artikel 16a des Grundgesetzes (6)
–662.937 Flüchtlinge nach der Genfer Flüchtlingskonvention (7)
–232.152 subsidiär Schutzberechtigte (8)
–111.386 Menschen, für die ein Abschiebeverbot gilt (9)
–Weitere 218.000 Menschen, die Schutz aufgrund unterschiedlicher Umstände erhielten – etwa, weil sie einem Beruf nachgehen oder weil sie aus humanitären Gründen nicht abgeschoben werden können.

Der Report fährt außerdem fort: „*Zudem lebten rund 230.900*

*Asylbewerber*innen mit offenem Schutzstatus und etwa 173.200 abgelehnte Asylbewerber*innen in Deutschland, die sich aus unterschiedlichen Gründen noch in Deutschland aufhalten"* (auch hier wieder: Gendersternchen etc. gemäß Original!). In der Summe ergibt das rund 1,7 Millionen Schutzsuchende (10). Nicht erwähnt bleibt selbstverständlich, dass auch einige eben mit mehreren Identitäten hier sind (11).

Das Zahlen- und Begriffsnirwana der amtlichen Ausführungen, die auch vom Integrationsdienst übernommen werden, wird vom allumfassenden Oberbegriff für alle Antragsteller abgedeckt nämlich "Schutzsuchende". Und laut ebendieser Quelle verfügen *„rund 1,4 Millionen von ihnen [...] über einen humanitären Aufenthaltstitel, also einen anerkannten Schutzstatus. In 80 Prozent der Fälle ist der Status zeitlich befristet."* So also sieht es aus, recht dröge in Zahlen verpackt.

Zunächst wird hier eines offensichtlich: wir müssen weg vom Pawlow'schen Reflex – mit Schaum vorm Mund – und die Debatte noch einmal grundsätzlich aufrollen. Das beginnt schon bei der Begriffsdefinition "Flüchtling". Es wird ja mittlerweile in gesellschaftlichen Diskussionen so getan, als sei jeder, der es schafft, seinen Fuß auf deutschen Boden zu setzen, erstens automatisch als Flüchtling und zweitens am besten gleich noch als Deutscher anzusehen. Die obige Aufdröselung zeigt aber, dass Ersteres eben nicht der Fall ist, und Zweiteres deshalb schlichtweg Mumpitz ist. Trotzdem lautet das generelle Mantra offensichtlich weiterhin: Alle rein, egal wer, egal wie viele, wir haben ja „Platz".

All dies geschieht durchaus nach Plan; denn werden nicht etwa längst die bereits ausgewiesenen Kontingente des – zuerst „rechtlich nicht bindenden", dann befürchtungsgemäß aber eben doch bindenden – "Migrationspaktes" und des später darauf verabschiedeten, zusätzlichen "Flüchtlingspaktes" nicht exakt so bedient und umgesetzt, wie darin festgelegt, und zwar ungeachtet der Besiedelungsdichte Deutschlands? Nur allzu oft wird vergessen: Zum einen ist Deutschland kein unbevölkertes Nirgendwo, sondern es rangiert in der Liste der dichtbesiedelten Länder auf Platz 10 in Europa, Stand 2020 (12). Zum anderen ist wohl kein deutscher Bürger – egal ob hier geboren oder eingebürgert – jemals gefragt worden, ob er denn eigentlich „besiedelt" werden möchte.

„Resettlement" und „Relocation" sind dennoch zwei Strategien, die bei der Christlichen Union Deutschlands bereits 2017 im Wahlprogramm standen (13), was zeigt, dass die Merkel-CDU bereits damals vor hatte, die schwindende deutsche Bevölkerung durch Zuwanderung aufzufüllen und den Asylbewerberüberschuss anteilig nach Deutschland zu überführen – eben durch Rück- und Neuansiedlung (Resettlement und Relocation): *„December 16th, 2019. As EU Member States pledge to receive 30,000 resettled refugees in 2020, the SHARE Network publishes a new factsheet on territorial organisation of resettlement to promote the participation of smaller communities"*, heißt es seitens des European Resettlement Network (14).

Zusätzlich weiß die Caritas (15): *"Laut Informationen des Evangelischen Pressedienstes"* (16) *„…sagte die Bundesregierung der Europäischen Kommission 5500 Plätze im Rahmen des EU-Resettlement-Programmes für das Jahr 2020 zu… Von den zugesagten Plätzen sollen 3000 auf die humanitäre Aufnahme…"* (17) *„…von Syrerinnen und Syrern aus der Türkei entfallen. Weitere 1900 Plätze sind für die reguläre Resettlement-Aufnahme des Bundes reserviert. 200 weitere Plätze entfallen auf das Landesaufnahmeprogramm Schleswig-Holsteins, während 400 Plätze für das staatlich-*

zivilgesellschaftliche Aufnahmeprogramm für besonders schutzbedürftige Flüchtlinge vorgesehen sind" - Stichwort „Neustart im Team", NesT (18).

Je mehr man sich in die Materie einliest und Hintergründe recherchiert, desto diffizilere und kleinteiligere Regelungen findet man. Aber das ganz große Problem wird man damit niemals annährend berühren oder gar schultern können. Dieses stellt nämlich in der Tat den „weißen Elefant im Raum" dar, über den niemand in der Politik gerne spricht: Dass Deutschland der Flüchtlingsmagnet schlechthin ist.

„Deutschland will erneut 1.5 Mio Flüchtlinge aufnehmen" hieß es (19) – „passend" zu Beginn der Corona-Krise – im März 2020, und so wird es weitergehen ad infinitum. Beziehungsweise so lange, bis vor allem die humanitaristisch geprägte deutsche Politik endlich eines begreift: Deutschland kann den "Geburtenüberschuss" Afrikas nicht aufnehmen. In einem älteren Video, welches zeitlos aktuell ist (20), wird dies sehr anschaulich gezeigt. Es beschäftigt sich mit der Entlastung Afrikas von seinem Bevölkerungsüberschuss – und dass unsere Migrations- und Flüchtlingspolitik hier niemals eine Linderung nicht bringen kann und wird.

Die derzeitige bundesdeutsche Migrationspolitik ist leider wohl auch darwinistisch geprägt. So lässt sich konstatieren, dass vor allem diejenigen bislang in den Genuss des „deutschen Schutzstatus" kommen, die es geschafft haben, ihren Fuß auf deutschen Boden zu setzen – und die es sich folglich leisten konnten, ihre Schlepper zu bezahlen. Eine ähnliche "Belohnung" erfolgte auch auf ein bestimmtes Verhalten der Fluchtinteressenten selbst hin – nämlich auf dem Anzünden von Flüchtlingslagern in Griechenland.

Was die faktische Belohnung für solche erpresserischen durchschaubaren Manöver – die Aufnahme in Deutschland – für die die erfolgreich „Evakuierten" ökonomisch bedeutet, wird erst deutlich, wenn man sich die aberwitzigen Unterschiede der Bruttonationaleinkommen zwischen Flucht- und Zielstaaten (21) vergegenwärtigt. Das durchschnittliche Bruttonationaleinkommen eines souveränen Staates in Afrika lag 2019 mit knapp 17.000 US Dollar auf den Seychellen am höchsten; doch von dort kommen auch die nicht die Menschen, die dann auf dem Weg ins gelobte Land im Mittelmeer ertrinken.

Diese kommen aus Staaten wie Nigeria, wo sich dieses Jahreseinkommen auf 2030 US Dollar beläuft (Wert von 2019), entsprechend 169,17 Dollar im Monat. Im Schnitt, wohlgemerkt, unter Einbeziehung der Multimillionäre und Besserverdienenden, die es in geringer Zahl, aber eben auch – sogar dort gibt. Für die breite Masse liegt das Realeinkommen also nochmals deutlich darunter. In Eritrea liegt der Durchschnittswert bei 680 Dollar, macht 56,67 Dollar im Monat (Wert von 2014, es steht zu hoffen, dass sich dieser seit 2014 nach oben entwickelt hat.) In Tunesien beträgt er „immerhin" 3370 US Dollar, also 280,83 Dollar im Monat; in Syrien 2610 Dollar, entsprechend 217,50 im Monat (Wert von 2010, letzte Vorkriegsstatistik), in Afghanistan 530 Dollar im Jahr und 44,17 im Monat (Wert von 2019).

Es ist kein Zufall, dass die Länder mit den niedrigsten Durchschnittseinkommen mit den Hauptherkunftsstaaten unserer Flüchtlinge identisch sind. Nicht umsonst ist von Armutsmigration die Rede. Ich möchte nicht unterstellen, dass alle Menschen, die nach Deutschland unterwegs sind, weil sie vor ihrem Elend im Herkunftsland in die soziale Hängematte flüchten möchten und hier als Ankerpersonen mit Schutzstatus "anerkannt" werden, davon träumen, ihre Familie nachzuholen.

Aber entkräften kann ich den sich dringend aufdrängenden Verdacht keinesfalls; schon gar nicht stichhaltig.

Fakt ist: Das Bruttonationaleinkommen in Deutschland betrug 2019 pro Person 48.580 Euro, also 4048 Dollar pro Monat, entspricht 3.378,42 Euro. Alleine der Hartz-4-Regelsatz in Deutschland (22) beträgt 446 Euro im Monat – plus Unterkunft; der Höchstsatz liegt also insgesamt mit Wohngeld (maximal 364,50 plus Nebenkosten) zwischen rund 850 und 950 Euro. Selbst beim ausgezahlten Regelsatz macht dies in Dollar umgerechnet 6.412,68 Dollar aufs Konto – perspektivisch für jeden, der es nach Deutschland schafft, hier bleibt und nicht arbeitet, sobald er seine Duldung und damit Bezugsberechtigung erlangt hat.

Vergleicht man diese Zahlen mit den genannten Einkommen in den Herkunftsstaaten, dann rechtfertigen derart paradiesische Aussichten das Risiko jeder „Flucht" für den, der sie sich physisch, psychisch und materiell zutraut. Zu groß ist einfach der Anreiz, nach Germoney zu kommen. Dass es für die sogenannten Schutzsuchenden keinesfalls nur um Schutz ging, sieht man an den Geldtransfers in die Heimat: "Migranten und Flüchtlinge in Deutschland überweisen jedes Jahr Milliarden an ihre Familien zu Hause", berichtete die „Welt" (23) schon 2018. Die Bundesregierung unterstützt diese Art von „Entwicklungshilfe". Das bedeutet, dass immer mehr Leute sich den Schlepptransfer nach Europa und damit nach Deutschland werden leisten können. Und nein, die AfD wittert da keinen „Skandal" – sondern hier liegt tatsächlich ein fetter Hund begraben.

Hand aufs Herz: Niemand kann diesen Menschen verübeln, dass sie in der Lage, in der sie sich befinden, alles unternehmen, was irgendwie geht, um ihre eigene Lage und die ihrer Familien zu verbessern. Wir würden es vermutlich auch so tun. Doch auch wir Deutschen haben ein Fortbestands- und Bewahrungsinteresse. Entscheidend ist daher ist die Erkenntnis: Wenn die Bundesregierung die unzulängliche Rechtslage und den Umgang mit ihr so beibehalten wird, wie sie ist – und zwar mit Unterstützung aller anderen Parteien (außer der AfD) und all derer, die an der "Flüchtlingsindustrie" Geld verdienen: Dann wird der Flüchtlingsmagnet nicht abgestellt werden, sondern es werden weiterhin Menschen ihr Leben aufs Spiel setzen und in großer Zahl im Mittelmeer ertrinken. Schlimm, furchtbar, unerträglich, ohne Zweifel, aber die zwangsläufige Folge einer Politik fortgesetzter Fehlanreize.

Ehrlich gesagt, bin ich froh, diese menschenverachtende Politik nicht verantworten zu müssen, sondern sie kritisieren zu dürfen; ich könnte sonst wohl nachts nicht mehr ruhig schlafen. Mein persönliches Mantra ist da eindeutig: Retten, versorgen, nach Afrika zurückbringen. Beziehungsweise, analog dazu: Schlepper erwischen, verhaften, bestrafen.

An all jene gerichtet, die mir vorwerfen, ich würde alle Flüchtlinge über einen Kamm scheren wollen: Nein, das tue ich nicht. Ich bin sehr dafür, Menschen in Not zu helfen. Doch dies gelingt am effektivsten im Herkunftsland selbst – und nicht im zumeist kulturfremden Europa. Natürlich soll es hier Asyl für tatsächlich Verfolgte geben. Das ist selbstverständlich und sollte es unbedingt auch bleiben. Aber dazu bedarf es klarer Regeln. Die bestehenden bieten zu viele Schlupflöcher, und die gängige Praxis zeigt auf, dass Einwanderung de facto über den Asylparagraphen stattfindet. Das hiesige System erkennt eine unglaubwürdig hohe Zahl an „Asylbewerbern" auf einstige Behauptung einer Verfolgung hin an – selbst dann, wenn die betreffenden Menschen ganz ohne Papiere (24) hier aufschlagen oder diese sogar gefälscht sind (25). Eine derartige

Bewilligungspraxis ist der Allgemeinheit nicht mehr länger zu vermitteln – erst recht nicht mehr in der pandemiebedingten Wirtschaftskrise.

Komme mir jetzt keiner, dies sei eine unchristliche Position. Mitnichten. Ich weiß, von der Kanzel tönt es zumeist anders, deshalb möchte ich an dieser Stelle „kath.net" (26) zu Robert Kardinal Sarah zitieren, Kurienkardinal der katholischen Kirche aus Guinea (einem weiteren afrikanischen Fluchtursprungsland), damit Sie auch einmal andere, womöglich überraschende Stimmen in genau diesem Zusammenhang vernehmen können: Jeder Migrant sei als menschliche Person zu respektieren, sagt der guineäische Kardinal; doch die Situation werde zunehmend komplexer, wenn Einwanderer aus anderen Kulturkreisen stammen, einer anderen Religion angehören und das Gemeinwohl des Gastlandes gefährden würden, ergänzte er.

Das Recht jeder Nation, zwischen einem politischen oder religiösen Flüchtling zu unterscheiden, der gezwungen sei aus seinem Land zu fliehen und einem Wirtschaftsmigranten, der seinen Aufenthaltsort wechseln wolle ohne sich an die neue Kultur anzupassen, dürfe nicht in Frage gestellt werden. Die „Ideologie des liberalen Individualismus" fördere eine Vermischung, welche die natürlichen Grenzen der Heimatländer und Kulturen auflösen wolle und auf eine „postnationale und eindimensionale Welt" abziele, in der nur Konsum und Produktion zählen würde, warnt der Kurienkardinal. Europa habe seine Pflicht zu erfüllen, wenn es historisch an der Destabilisierung der Länder mitgewirkt habe, aus denen die Flüchtlinge kämen; dies bedeute aber nicht, dass sich die europäischen Länder durch Masseneinwanderung verändern müssten, betonte er.

Damit ist in Bezug auf die europäische Kolonial- und

Kriegsschuld und der daraus resultierenden moralischen Büßerrolle alles gesagt. Doch „kath.net" berichtet zudem über mindestens ebenso beeindruckende Aussagen Sarahs: "Im Gespräch mit den Journalisten kritisierte er die Äußerungen des Papstes, der immer wieder die Bibel benutze, um die Masseneinwanderung nach Europa zu befürworten. Dafür finde sich jedoch ‚keine Argumentationshilfe in der Heiligen Schrift', so der Kardinal und fügte hinzu: ‚Es ist besser, wenn man den Menschen hilft, in ihrer eigenen Kultur aufzublühen, als sie nach Europa zu holen.".

Bereits in der Vergangenheit war Kardinal Sarah immer wieder als Franziskus-Kritiker im Vatikan aufgefallen, weil er vom „nahenden Untergang Europas" (27) sprach, der durch die Migration, den Werteverlust und den offensiven Islam herbeigeführt werde. Seine jüngsten Äußerungen sind noch schärfer: Sarah insistiert, die „neue Migration" sei „eine Art Sklaverei", die die Menschen ihrer Würde beraube. Am Ende werde „Europa verschwinden und mit ihm seine zeitlosen und kostbaren Werte des alten Kontinents. Der Islam wird die Welt erobern und die gesamte Kultur verändern, ihre Moral und Vision."

Dessen eingedenk hat sich die Alternative für Deutschland ein Alleinstellungsmerkmal in ihr neues Grundsatzprogramm (28) geschrieben:

Die aktuelle deutsche und europäische Asyl- und Flüchtlingspolitik kann deshalb so nicht weitergeführt werden. Die unzutreffende Bezeichnung „Flüchtling" für fast alle Menschen, die irregulär nach Deutschland einreisen, um hier dauerhaft zu bleiben, ist Ausdruck dieser verfehlten Politik. Es ist demgegenüber notwendig, zwischen politisch Verfolgten und (Kriegs-) Flüchtlingen, die unmittelbar vor ihrer Einreise echten, kriegsbedingten Gefahren ausgesetzt waren, einerseits und irregulären Migranten andererseits zu unterscheiden.

Echte Flüchtlinge will auch die AfD schützen, solange die Fluchtursache im Heimatland andauert. Irreguläre Migranten aber, die, anders als Flüchtlinge, nicht verfolgt werden, können keinen Flüchtlingsschutz beanspruchen. Entfällt der Fluchtgrund durch Beendigung von Krieg, politischer oder religiöser Verfolgung im Herkunftsland der Flüchtlinge, endet deren Aufenthaltserlaubnis. Die betroffenen Flüchtlinge müssen Deutschland wieder verlassen. Dazu soll Deutschland im Verbund mit den europäischen Partnerländern Rückkehrhilfen gewähren. Es dient dem inneren und äußeren Frieden, wenn die in ihre Herkunftsländer zurückkehrenden Flüchtlinge ihren Beitrag zum politischen, wirtschaftlichen und sozialen Wiederaufbau ihres Heimatlandes leisten.

Ihre Rückkehr sollte durch ein internationales Wiederaufbauprogramm unterstützt werden. Die überkommene Politik der großzügigen Asylgewährung im Wissen um massenhaften Missbrauch führt nicht nur zu einer rasanten, unaufhaltsamen Besiedelung Europas, insbesondere Deutschlands, durch Menschen aus anderen Kulturen und Weltteilen. Sie ist auch für den Tod vieler Menschen auf dem Mittelmeer verantwortlich. Die AfD will diese zynisch hingenommene Folge eines irregeleiteten Humanitarismus vermeiden und die daraus entstehende Gefahr sozialer und religiöser Unruhen sowie eines schleichenden Erlöschens der europäischen Kulturen abwenden [...].

Die AfD will das individuelle Asylgrundrecht durch die grundgesetzliche Gewährleistung eines Asylgesetzes (institutionelle Garantie) ersetzen. Die Genfer Konvention von 1951 und andere, veraltete supra- und internationale

Abkommen sind an die globalisierte Gegenwart mit ihren weltweiten Massenmigrationen anzupassen. Das Asylrecht darf nicht länger als ein Vehikel der Masseneinwanderung missbraucht werden [...].

Einst forderten wir auch ein Einwanderungsgesetz nach kanadischem Vorbild (29). Dies hat sich mit dem Parteitag von Dresden geändert. Der fortwährenden großen Zahl an Einwanderern über den Asylparagraphen geschuldet und dem Unwillen oder der Unfähigkeit der Bundesregierung, Einwanderung gesetzlich so zu regeln, dass dies nicht mehr möglich ist, favorisieren wir nun das japanische Einwanderungsmodell (30).

Die Zuwanderungspolitik Japans begründet sich nicht mit einem Ökonomie-, sondern mit einem Identitätsprimat. Diese politische Schwerpunktsetzung führt dazu, dass dem Erhalt der Identität des japanischen Volkes Vorrang vor ökonomischen Fragen eingeräumt wird. Dass identitätsbezogene und ökonomische Bedürfnisse zugleich berücksichtigt und bedient werden können, zeigt sich in der Tatsache, dass Japan sich als eine der erfolgreichsten Wirtschaftsnationen trotz alternder Gesellschaft behaupten kann. Übrigens: Wenn Japan diesen Kurs geht, ist es plötzlich ganz unbedenklich und wird von der deutschen Außenpolitik, anders als bei den osteuropäischen EU-Partnerländern, natürlich nicht problematisiert – aber wenn eine deutsche Oppositionspartei diesen Weg gehen möchte, führt das in den Regierungspropagandamedien sogleich zu Schnappatmung.

Wenn die Mehrheit der Parteien die Einwanderung belassen will, so wie sie ist, dann wird es umso nötiger, Alternativen aufzuzeigen und klar zu machen, dass es auch andere Wege geben kann. Die AfD verfügt mit dem migrationspolitischen

Paradigmenwechsel weg vom klassischen, sehr liberalen kanadischen Einwanderungsmodell hin zu dem japanischen Zuwanderungsmodell nun über ein zusätzliches Alleinstellungsmerkmal.

Die Delegierten beschlossen in Dresden außerdem einen weiteren wichtigen Eckpunkt für das Bundestagswahlprogramm: Sie sprachen sich mehrheitlich gegen jeglichen Familiennachzug für Flüchtlinge aus. Was hart klingt, ist ein wichtiges politisches Signal, das dazu beitragen kann, Deutschland als Ziel der Träume unattraktiver für zukünftige "Schutzsuchende" zu machen und somit ebenfalls den Flüchtlingsmagneten abzustellen. Perspektivisch ist dies überlebensnotwenig für Deutschland – identitätsbezogen wie ökonomisch -, weil derzeit etwa 500 Millionen Menschen alleine in Afrika auf quasi gepackten Koffern sitzen (31), bereit, ihr Leben zu riskieren und sich nach Europa durchzuschlagen. Ich freue mich daher, dass dieser klare Beschluss nun ein Zeichen setzt – und hoffentlich bzw. endlich eine lebendige, ergebnisoffene Diskussion rund um Flüchtlinge, Fluchtursachen, Herkunftsstaaten, Fluchtgründe, Asylrecht usw. entfachen wird.

Um es mit den Worten des Wirtschafts- und Politikwissenschaftlers Wolfgang Drechsler zu sagen: "Verblüffend ist, dass sich der Blick vieler westlicher Politiker und Journalisten bislang eher selten auf die Länder richtet, aus denen die Menschen fliehen. Dabei sollte es selbstverständlich sein, an der Quelle des Flüchtlingsstroms nach den Ursachen zu forschen, statt an den Symptomen herumzudoktern und dann panikartig neues Geld in Projekte zu werfen, die bereits zuvor wenig erfolgreich waren. Mehr Ehrlichkeit und vor allem auch mehr Klartext gegenüber den Potentaten in Afrika wären schon deshalb hilfreich, weil nach Jahrzehnten des Stillstands

Millionen von Schwarzafrikanern auf gepackten Koffern sitzen."

Und Drechsler führt weiter aus: „Eine Umfrage des Gallup-Instituts kommt zum Ergebnis, dass alleine 70 Millionen der inzwischen fast 180 Millionen Nigerianer nach Norden aufbrechen würden, wenn sie dies könnten. Verwundern kann dies schon deshalb nicht, weil rund zwei Drittel der jungen Menschen dort keine Stelle haben. Die spärlichen Arbeitsplätze erhält man, wie fast überall in Afrika, oft nur durch Beziehungen und Schmiergeld." Angesichts dieser Ausgangslage bleibt uns gar keine andere Wahl, als konsequent zu handeln. Das AfD-Programm weist hier den Weg.

Und nein, wir müssen uns nicht mangelnde Humanität vorwerfen lassen, weil wir die Familien zerreißen wollten! Diesbezüglich schließe ich mich den weisen Worten eines vielbeachteten, wegweisenden „Welt"-Artikels von 2017 (32) unter dem Titel „10 Thesen für ein weltoffenes Deutschland" an. Darin heißt es, bereits vor vier Jahren wohlgemerkt:

"Familiennachzug. Kriegsflüchtlinge, die bei uns nur subsidiären Schutz finden, nämlich solange der Krieg sie an der Rückkehr in die Heimat hindert, haben derzeit keinen Anspruch auf Familienzusammenführung. Dagegen protestieren manche mit den Argumenten, das Grundgesetz und christliche Werte forderten den Schutz der Familie, und ohne Familiennachzug sei die Integration erschwert. Letzteres ist empirisch widerlegt. Mit dem Nachzug der Familie sinkt in der Regel die Integrationsbereitschaft. Man lebt dann in Deutschland, aber wieder wie zu Hause. Entscheidend sollte sein, wo sich die Familie aufhält. Befindet sie sich in einem sicheren Drittland nahe bei der Heimat, sollte die „Familienzusammenführung" darin bestehen, dass der in Deutschland befindliche Migrant zu

seiner Familie fahren kann und nicht umgekehrt. Dasselbe sollte für minderjährige unbegleitete Migranten gelten. Sie sollten ihren Eltern zugeführt werden, wenn diese bekannt und an einem sicheren Ort sind."

Dass die deutsche Flüchtlingspolitik Kopf steht, wird auch daraus ersichtlich, dass sogenannte Schutzsuchende "Heimaturlaub" bei ihren Familien machen (33). Derlei Sperenzchen gehören klar benannt, analysiert und entsprechend abgestellt!

Die Alternative für Deutschland hat in dem nun vorliegenden Wahlprogramm zur Bundestagswahl ihre Positionen in vielen Bereichen noch einmal nachgeschärft. Die Alleinstellungsmerkmale sind herausragend und bieten allen Bürgern, die mit dem allgemeinen Kurs der Einheitsparteienfront nicht einverstanden sind, eine echte Alternative mit klaren Kanten. Das ist nicht rechts, das ist nicht links, das ist einfach nur geradeaus.

Ich freue mich schon auf den Wahlkampf und die hoffentlich bald wieder möglichen, zahlreich stattfindenden Podiumsdiskussionen!

1https://www.zeit.de/gesellschaft/zeitgeschehen/2021-04/mittelmeer-migranten-bootsunglueck-tote-tunesien?utm_referrer=https%3A%2F%2Fwww.bing.com%2F
2https://www.freiewelt.net/nachricht/fluechtlinge-aus-griechenland-direkt-eingeflogen-10084135/
3https://www.uno-fluechtlingshilfe.de/informieren/fluechtlingszahlen#:~:text=Die%20Zahl%20der%20Flüchtlinge%2C%20die%20in%20Deutsc

hland%20leben%2C,der%20Flüchtlinge%20leben%20nach%2
0wie%20vor%20in%20Entwicklungsländern.
4https://mediendienst-integration.de/migration/flucht-asyl/zahl-
der-fluechtlinge.html
5https://dserver.bundestag.de/btd/19/224/1922457.pdf#page=3
6https://www.gesetze-im-internet.de/gg/art_16a.html
7https://www.gesetze-im-internet.de/gg/art_16a.html
8https://www.bamf.de/DE/Themen/AsylFluechtlingsschutz/Abl
aufAsylverfahrens/Schutzformen/SubisidiaerSchutz/subisidiaer
schutz-node.html
9https://www.bamf.de/DE/Themen/AsylFluechtlingsschutz/Abl
aufAsylverfahrens/Schutzformen/Abschiebeverbote/abschiebev
erbote-node.html
10https://mediendienst-integration.de/migration/flucht-
asyl/abschiebungen.html#c1544
11https://www.haz.de/Nachrichten/Der-Norden/Mehrere-
Identitaeten-Betrugsumfang-durch-Fluechtlinge-weiter-offen
12https://www.indexmundi.com/map/?v=21000&r=eu&l=de
13https://archiv.cdu.de/system/tdf/media/dokumente/170703re
gierungsprogramm2017.pdf?file=1
14https://resettlement.eu/#:~:text=December%2016th%2C%20
2019.%20As%20EU%20Member%20States%20pledge,promot
e%20the%20participation%20of%20smaller%20communities.
%20Read%20more.
15https://resettlement.de/eu-resettlement-2/
16https://www.evangelisch.de/inhalte/162851/23-11-2019/asyl-
deutschland-sagt-weitere-5500-resettlement-plaetze-zu
17https://resettlement.de/fortsetzung-der-humanitaeren-
aufnahme/
18https://www.neustartimteam.de
19https://bundesdeutsche-zeitung.de/headlines/world-
headlines/deutschland-will-erneut-1-5-mio-fluechtlinge-
aufnehmen-974487
20https://www.bing.com/videos/search?q=Bevölkerung+Kugel

n+Afrika&&view=detail&mid=8256E8DFFACC41D57910825
6E8DFFACC41D57910&&FORM=VRDGAR&ru=%2Fvideos
%2Fsearch%3Fq%3DBev%25C3%25B6lkerung%2520Kugeln
%2520Afrika%26qs%3Dn%26form%3DQBVR%26sp%3D-
1%26pq%3Dbev%25C3%25B6lkerung%2520kugeln%2520afr
ika%26sc%3D0-
25%26sk%3D%26cvid%3D0F7020C8F13D41EB89B616E8B
B019424
21https://www.destatis.de/DE/Themen/Laender-
Regionen/Internationales/Thema/Tabellen/Basistabelle_BNE.ht
ml;jsessionid=811F2564793858B0C4B6088FB7652969.live71
2#AnkerAfrika
22https://www.gegen-hartz.de/hartz-iv-regelsatz-regelbedarf
23https://www.welt.de/politik/deutschland/article178507882/G
eldtransfers-Migranten-ueberweisen-Milliarden-nach-
Hause.html
24https://www.rtl.de/cms/asyl-in-deutschland-jeder-zweite-
bewerber-kommt-ohne-papiere-4709579.html
25https://www.welt.de/politik/deutschland/article158635196/A
uf-nach-Deutschland-mit-gefaelschtem-Pass.html
26https://www.journalistenwatch.com/wp-
admin/post.php?post=331901&action=edit
27https://younggerman.com/2019/01/07/kardinal-robert-sarah-
europa-hat-seine-wurzeln-vergessen-und-ein-baum-ohne-
wurzeln-wird-sterben/
28https://cdn.afd.tools/wp-
content/uploads/sites/111/2018/01/Programm_AfD_Online-
PDF_150616.pdf
29https://www.tagesspiegel.de/politik/punktesystem-vorbild-
kanada-wie-einwanderung-gut-funktionieren-
kann/22881938.html
30https://antaios.de/buecher-anderer-verlage/institut-fuer-
staatspolitik/wissenschaftliche-reihe/62545/japans-politik-der-
null-zuwanderung.-vorbild-fuer-deutschland?number=235

31https://www.fuw.ch/article/millionen-afrikaner-sitzen-auf-gepackten-koffern/#:~:text=Millionen%20Afrikaner%20sitzen%20auf%20gepackten%20Koffern%20Die%20Flüchtlingsströme,auf%20dem%20Kontinent.%20Ein%20Kommentar%20von%20Wolfgang%20Drechsler.
32https://www.welt.de/debatte/kommentare/article169627929/10-Thesen-fuer-ein-weltoffenes-Deutschland.html
33https://www.welt.de/politik/deutschland/article158111356/Wann-ein-Fluechtling-Heimaturlaub-machen-darf.html

2. Mai 2021

30. Höchst brisant: Lust auf Normal – Ausbruch aus dem Framing

Von der Lust, frei und konservativ zu sein

Als konservativer Mensch mag ich deutsche Volkslieder. Nicht nur anhören; das auch. Aber ich stehe zu meinem guten Gefühl der Zusammengehörigkeit, diesem Gänsehautgefühl der Vertonung von Heimat, Tradition, Jahrhunderten von Familiengeschichten und dem klanggewordenen Wissen um unsere gemeinsamen Wurzeln. Wer jetzt denkt, es ginge nur um die Texte, die intellektuell auf Bewusstseinsebene geteilt werden, der irrt. Noch wichtiger ist das gemeinschaftliche Vibrieren im gleichen Takt und der gleichen Melodie. Diese vergesellschaftlichten, positiven Schwingungen der Seele schaffen Gemeinschaft und machen stark.

Ich liebe dieses Gefühl, Teil einer Wertegemeinschaft zu sein mit einer solchen Strahlkraft, die Familien, Sippen und letztlich unsere Wurzeln uns und unsere Zukunft fest bindet. Ähnliches gilt auch für unsere Tänze. Gemeinschaftliches Tanzen ist etwas unglaublich Wichtiges, es ist Teil der kulturellen Identität nicht nur von indigenen Völkern. Tanzen bindet ebenso wie das gemeinschaftliche Singen und auch das Beten Körper und Geist im Hier und Jetzt an das Wunderbare einer körperlichen, seelischen und geistigen Gemeinschaft. Das Individuum ist in seiner Reinform von Körper, Seele und Geist in etwas so Großes eingebunden, dass es Generationen überdauert und in einer friedvollen Gemeinschaft abseits von Haltungen, Meinungen und alltäglichen Nickeligkeiten die Ewigkeit berühren und positive Energien freisetzen kann.

Als konservativer Mensch weiß ich um diesen befreienden, ja quasi vom Alltagsmoment erlösenden Wert von Gemeinschaft in Liedgut, Tanz und Sprache. „Heimat ist dort, wo ich mich nicht erklären muss", wusste schon Johann Gottfried von Herder. Es ist normal, dass sich Menschen in diesen Gemeinsamkeiten wiedererkennen, wohlfühlen und gemeinsame Ereignisse schaffen wollen, um diesen Gleichklang der Seelen und Körper zu erleben: Heimat. Es ist normal, dass Menschen sich seelische, geistige und körperliche Wohlfühlorte bewahren wollen.

Das fängt schon mit dem Heiligtum des eigenen Körpers an. Es ist normal, sich auszuprobieren, sich als unvollkommene körperliche, seelische und geistige Einheit zu begreifen, sich selbst trotz und mit dieser Unvollkommenheit zu lieben. Wer sich selbst liebt, respektiert und annimmt, hat die Kraft und die Offenheit, anderen mit Liebe, Respekt und Verständnis zu begegnen. In gesundem Maß und aus sich selbst heraus, nicht weil es der Zeitgeist oder ein Regierungsdogma vorgibt. Es ist normal, dass der Ort, dies zu erfahren, zu erproben und zu lernen die Familie ist. Dieser Ort bestimmt sich als komplementäre Gemeinschaft aus Mutter und Vater, Ying und Yang, und Kind oder Kindern, die mehr ist als ein loser Verbund von Menschen, die zusammenleben, sich lieben und Verantwortung füreinander übernehmen.

Es ist der Nukleus der Gesellschaft, der Ort, wo sich Vergangenheit, Gegenwart und Zukunft der Gesellschaft tiefgreifend in Genen, in Fürsorge und in Liebe begegnen, sich in die Augen schauen und dort gespiegelt sehen. Dieses ewige Band von Körper, Geist und Seele wird grundlegend in diesen engen Beziehungen geformt und schafft der gesellschaftlichen Zukunft das Potenzial, enge Verbindungen mit ihrem eigenen

Kern bestehend aus dem Licht der tief empfundenen Erkenntnis der Zugehörigkeit zu einer von großem Zusammenhalt geprägten Gemeinschaft.

Der Vorwurf an Konservative, die Gesellschaft zu spalten, weil sie sich zu traditionellen Familien und damit den Säulen unserer Gesellschaft bekennen, ist pervers. Traditionelle Familien spalten die Gesellschaft nicht. Sie sind Keimzelle, Netz und doppelter Boden für ihre Kinder und damit ihre Zukunft. Sie spalten also nicht; sie verbinden, wenn man sie lässt. Es gibt leider Strömungen, die sich darin gefallen, unsere Gesellschaft bis in unsere Familien hinein entlang von Trennlinien zu spalten. Diesen Leuten ist das Bekenntnis zu einer regierungsseitig gesetzten Haltung z.B. zur Masseneinwanderung wichtiger, als der gesellschaftliche und familiäre Zusammenhalt deutscher Familien, die zu „Menschen, die hier schon länger leben" degradiert wurden. Das ist nicht nur pervers und schändlich, das ist selbstzerstörerisch.

Dass ich das Eigene liebe und großartig finde, bedeutet nicht, dass ich andere minderwertig finde oder ausschließe. Das ist eine reine Unterstellung von Menschen, die verlernt oder vergessen haben, das Eigene und vielfach auch sich selbst zu lieben. Menschen, die von der Strahlkraft unserer Freiheit und unserer Demokratie begeistert sind und sich in die Gesellschaft und unser Gefüge einklinken möchten, sind herzlich willkommen, hier Wurzeln zu schlagen und unser gemeinsames Gewebe mitzuweben.

Als Konservativer wage ich die These, dass eine Gesellschaft nur eine begrenzte Anzahl von Fremden auf einmal in ihr beständiges Netz integrieren kann, ohne ihren Zusammenhalt zu verlieren. Als freiheitliche und konservative Deutsche erhebe ich in Deutschland den Anspruch, nicht täglich mein

Zusammenleben neu aushandeln zu müssen. Ich erhebe den Anspruch, dass meine Heimat nicht bis zu einem Punkt verändert wird, in dem ein gegenseitiges Wiedererkennen unmöglich wird, weil alles Gemeinsamkeitsstiftende systematisch ausgemerzt und die Gesellschaft gespalten wurde, bis das Individuum als Untertan alleine einem ausufernden, allmächtigen Staat ausgeliefert gegenübersteht, der Menschenrechte zuteilt, als seien diese nicht unveräußerlich.

Ich erhebe den Anspruch, dass „Native Germans" nicht eines Tages gedanklich im Reservat landen, so wie dies „Native Americans" angetan wurde. Native Germans gäbe es gar nicht, lautet die steile These von selbsternannten Antirassisten. Klar. Sonst müsste man am Ende ja noch uns Deutsche schützen vor Aussterben, Diskriminierung und Rassismus. Stattdessen läuft man lieber ungebremst auf einen konfliktgeladenen Vielvölkerstaat zu.

Wie sich diese vielen in unsere Heimat ohne Not importierten und in keiner Weise eingehegten Konflikte auswirken könnten, kann man bereits in Frankreich gut erkennen. Die älteren Semester unter uns erinnern sich vielleicht auch noch an Jugoslawien, die noch älteren an den Libanon – seinerzeit ein überwiegend christliches Land mit seiner Hauptstadt Beirut als „Paris des Nahen Ostens". Unser Zusammenhalt, die Festung unserer Gemeinschaft wird von allen Seiten angegriffen.

Ein Beispiel ist hier das Anprangern von gelebter Normalität als Diskriminierung. So werden Menschen, die sich zum besonderen Schutz von Ehe und Familie bekennen, auch gerne als homophob usw. gebrandmarkt, was die Randerscheinung Homosexualität überhöht und zum normativen Element erhebt. Fakt ist: Auch Homosexuelle stammen aus der zumeist liebenden Verbindung von Vater und Mutter. Fakt ist auch:

Homosexualität ist Teil der Normalität, die uns umgibt. Sie ist allerdings in keiner Weise ebenso staatsvolk-erhaltend, wie es die potenziell fruchtbare Ehe zwischen Mann und Frau ist.

Liebe Kritiker, kommen Sie mir jetzt nicht mit den schwulen Störchen, als Beweis, dass Homosexualität natürlich sei, aus dem sich alle Gleichstellung ableitet. Ja, sie ist natürlich – sie ist aber natürlich auch nicht fruchtbar und somit nicht staatsvolk-erhaltend. Und nein, das ist nicht „-phob" oder „-feindlich". Es ist einfach ein universell gültiges 2 plus 2 gleich 4, und nichts anderes. Von der Natur mag es ungerecht angelegt sein, wofür aber nun wieder der Konservative nichts kann. Als freiheitsliebender Mensch ist es für mich selbstverständlich, dass jedem unbenommen ist, zu lieben, wen er möchte und wie er möchte, sofern es unter Erwachsenen und einvernehmlich stattfindet. Ich halte allerdings generell Details aus egal welchen Verbindungen für so privat, dass ich damit nicht ungefragt belastet werden möchte.

Selbstverständlich steht auch außer Frage, dass gleichgeschlechtliche Paare sehr liebevoll Kinder gemeinsam großziehen können und das sicherlich auch tun. Genauso kann nicht in Abrede gestellt werden, dass es traditionelle Familien gibt, wo statt Liebe das Grauen herrscht, und es für alle Beteiligten besser ist, sich diesem nicht in alle Ewigkeit auszusetzen. Dies alles ist aber aus oben genannten Gründen nicht die Norm, die ein konservativer Mensch anstrebt. Als gläubiger Mensch gehe ich sogar noch einen Schritt weiter und traue mich zu sagen: Ich möchte den Funken der göttlichen Schöpfung bei der Empfängnis eines Kindes bewahren.

Die Empfängnis eines Kindes ist so viel mehr als das biologische Verschmelzen von Ei- und Samenzelle. Für manche mag es jetzt blöd klingen, aber ich bin fest davon überzeugt, dass hier das

Licht weitergegeben wird, welches uns den Weg in die Zukunft leuchtet. Die Verantwortung hierfür zu übernehmen, ist etwas ganz Großes. Die Entscheidung, dieses Licht als Zellkumpen zu bezeichnen, als Schwangerschaftsgewebe, das man entfernen kann, ist für mich ein Zeichen dafür, dass wir dunklen Zeiten entgegengehen.

Unsere Gesellschaft, genau wie andere sogenannte „zivilisierte" Gesellschaften, hat in den vergangenen 30 Jahren viele dieser Lichter durch Abtreibung ausgeknipst. Etwa hunderttausend Kinder sind es jedes Jahr in Deutschland, in deren Augen niemand jemals das Zusammentreffen von Vergangenheit, Gegenwart und Zukunft, niemand je ihr Seelenlicht sehen wird. Traurig. Tragisch, dass die meisten Frauen in diesem angeblich so reichen Land, in dem doch Solidarität und Miteinander so großgeschrieben werden, abtreiben und sich durch Zukunftsangst genötigt sehen, ihre Leibesfrucht in Sternenkinder umzuwandeln.

Es darf nicht einmal laut darüber nachgedacht werden, wie dies zu ändern sei, sondern es wird von selbsternannten Frauenrechtlerinnen unter sexueller Selbstbestimmung und reproduktiver Gesundheit verbucht und basta. Und jeder, der den betroffenen Frauen Wege aus der Zukunftsangst aufzeigen und Probleme lösen möchte, wird als Frauenfeind und als ewig gestriger Feind der Emanzipation ausgemacht. Das ist dunkle verdrehte Logik, ewige Lüge und wachsende kognitive Dissonanz auf dem Rücken von Kindern, denen das Lebensrecht abgesprochen wird, und Frauen, die ein Leben lang unter den Folgen leiden.

Der Zeitgeist will lieber die Schöpfung in kleinen aber stetigen Schritten zu einem in-vitro-Handwerk umformen, mit völlig arbiträren und damit heimatlosen Keimzellen ausgetragen in künstlichen Gebärmüttern. In diesem Zukunftsszenario wird der Mensch zu einem seelenlosen Produkt mit Steuernummer, Chipimplantat und vielleicht Barcode, einer funktionalen Ansammlung aus Zellen ohne eigenes Lebensrecht, der jegliche Anbindung an ihre Wurzeln, jegliche Verbundenheit mit Familie oder Schöpfung vorenthalten wird.

Ich finde es normal, dass die Medizin Paaren hilft, die ohne diese Hilfe keine eigenen Kinder bekommen können. Ich finde es normal, dass Kinder von geeigneten Paaren adoptiert werden können. Ich finde es aber auch normal, dass es hier Grenzen gibt, ja geben muss – und die liegen dort, wo die menschliche Würde (die auch ungeborenen Menschen innewohnt!), Ethik und Moral verletzt werden. Über diese Grenzen werde ich in einer anderen Kolumne laut nachdenken, hier führt es zu weit.

Eines noch: Ob die Bedürfnisse von Kindern in gleichgeschlechtlichen Beziehungen in angemessenem Umfang berücksichtigt werden, darüber muss nachgedacht werden dürfen. Das Kindeswohl ist ein starkes Kriterium, welches dieses Nachdenken sogar unbedingt einfordert. Gesunder Menschenverstand, Normalität und Natur küssen und befruchten sich jeden Tag und gebären das gute Gefühl, freiheitlich und konservativ, ja, normal zu sein.

Konservativ zu sein, ist mehr als Politik. Es ist das Lebensgefühl eines jeden, der sich den kühlen klugen Kopf bewahrt hat und nicht jedem Trend hinterherläuft. Es ist das gute Gefühl einer aufgeklärten und stabilen, ja angstfreien Haltung, für unsere deutschen Werte und Tugenden zu stehen. Konservativ sein bedeutet, nicht dem Zeitgeist und der Mode hinterherhecheln zu müssen. Gelassenheit an den Tag legen zu dürfen, wenn Irrwitz sich Bahn bricht und sicher gegen die Wand läuft. Konservativ sein bedeutet heute aber auch mehr denn je die Freiheit, die

Demokratie und die Menschenrechte zu bewahren und gegen den erneut aufkeimenden, wertezerstörenden und gesellschaftsspaltenden Sozialismus zu verteidigen.

Wir Konservativen hassen nicht, wir lieben. Wir spalten nicht, wir gehen nur nicht den Weg, der in die dunkle sexualisierte, allmachtsbesoffene Hölle für Individuen führt, die Vater und Mutter nicht geehrt haben und sich stattdessen zeitlebens dem Tanz um diverse goldene Kälber und dem Überwinden von Natur und Schöpfung widmen. Wir Konservativen folgen auch nicht dem Pfad, der in die Entwürdigung menschlichen Lebens, die Abschaffung von Familie, Gesellschaft und Heimat führt. Wir kitten und bewahren stattdessen. Wir übernehmen Verantwortung für unser eigenes Leben, und wir brauchen Freiheit und Demokratie wie die Luft zum Atmen.

Wir gehen den Weg in die regierungsseitig gepriesene kognitive Dissonanz nicht mit, in der beispielsweise „Solidarität" das Gegeneinander-Ausspielen von Alt gegen Jung, Mann gegen Frau, Geimpften gegen Ungeimpften usw. bedeuten soll. Wir Konservativen sind die Bewahrer von Freiheit und Demokratie, von Familie und gesellschaftlichem Zusammenhalt. Von Werten, Traditionen, Liedgut, Sprache. Wir sind die Hüter des Lichts mit Mut zur ewigen Wahrheit. Uns deswegen in die rechte Ecke zu stellen, uns anzufeinden, mit diskriminierenden Etiketten zu versehen, ist in der Sache falsch, definitiv zwar irgendwie „woke", völlig sinnfrei und grandios überhitlert. Wir werden überdauern und auch noch unsere Lieder singen, unsere Familien unterstützen und unsere Heimat lieben und bewahren, wenn der Zappelstrom ausfällt.

16. Mai 2021

31. Höchst brisant: Ist Tyrannei die neue Demokratie?

Immer autoritärer unterdrückt die Regierung Opposition und abweichende Meinungen. Wovor hat sie Angst? Und: wem dient sie eigentlich? Es wird Zeit, dass sich die Deutschen aus ihrer kognitiven Dissonanz befreien

Mai 2021: Der reichweitengewaltige Tross der Staatspropagandamedien in concerto mit Regierungspolitik, NGOs, sogenannter Zivilgesellschaft und Staatspropagandakünstlern und –sportlern beherrscht die Massen. Das psychologische Phänomen der kognitiven Dissonanz wird den Kindern, auch Nachwuchsaktivisten genannt, im Sinne der Staatsdoktrin ab Kita eingetrichtert.

Schulen und Universitäten bringen „Denker" hervor, wie sie wohl selten zuvor limitierter waren. Ihr Anker ist das politisch Erwünschte, ihr gedanklicher Korridor die politische Korrektheit. Daneben das aggressive Rauschen der die unerwünschten Gedanken, Worte, Konzepte, Ideen, Meinungen, Wahrheiten überlagernden Stille.

Gilt neben der Regierungswahrheit künftig nur noch die von steuergeldfinanzierten Wahrheitswächtern zertifizierte Weltsicht? Bemerkenswert an der Arbeit der schier gar unermüdlichen Faktenfinder ist wohl die Tatsache, dass sie gerne Wahrheiten schaffen, oft frei von Belegen. Ja, wenn man für die Regierung arbeitet, reichen anscheinend Behauptungen. Belege brauchen nur die anderen. Und die bekommen zur Not ein Etikett aufgeklebt, auf dem „Nazi", „Verschwörungstheoretiker", „Aluhutträger" oder, wie kürzlich Hans-Georg Maaßen wohl erstaunt zur Kenntnis nehmen durfte, „Antisemit" vermerkt ist.

Als Antisemit gilt für die Verfechter der Regierungswahrheit bereits ein Mensch, der sich wagt, Globalisierung nicht toll zu finden und kritische Beiträge dazu postet. Das ist die übliche Vorgehensweise, um Kritiker zu desavouieren. Ist die kritische Person erst einmal mit ausreichend Etiketten versehen, enthebt dies die Öffentlichkeit der Notwendigkeit, sich mit den vorgelegten Argumenten zu befassen. So lautet der perfide Plan, der leider allzu oft aufgeht.

„Geschichte schreiben immer die Sieger": Das lernt man schon in der Schule. Wer man ist, steht heute nicht mehr im Lebenslauf, es steht bei Wikipedia. Dort können die feuchten Träume von notorischen Verleumdern endlich wahr werden: Man kann dort Eintragungen, die ins Reich der Fiktion gehören, zu unliebsamen, unbequemen „Unpersonen" finden, denen die Öffentlichkeit auf keinen Fall zuhören sollte.

Wikipedia kann nicht dafür belangt werden – denn auf Aufforderung hin werden falsche, unzutreffende und verleumderische Einträge ja gelöscht. Doch schon wenige Minuten später stehen sie wieder da, all die Fehlinformationen, Falschbehauptungen und Verleumdungen – denn jene mit Autorenrechten betätigen sich sehr eifrig als eigene Kontrolleure und Wächter ihrer „wertvollen" Arbeit. Schließlich sind diese Diskreditierungen eine wichtige Basis zum Erhalt des gesellschaftlichen Meinungsstatus quo durch schriftliche Ächtung.

Die „Belege" für die Etikettierung zur Unperson werden von

örtlichen Antifa-Gruppen und Vertretern von oft steuergeldfinanzierten Vereinen, Bündnissen und Projekten vorgenommen – und zwar in Blogs, Webseiten und einschlägigen Seiten der sozialen Medien. Gegen diesen persönlichen Vernichtungsfeldzug kann man sich so gut wie nicht wehren, denn allzu oft werden Äußerungen von Gerichten für „im politischen Meinungskampf zulässig" befunden.

In der Öffentlichkeit macht es dann keinen Unterschied, ob jemand behaupten darf, man sei dieses oder jenes; die so behandelte Person IST es dann ganz einfach. Und dadurch, dass einer vom anderen abschreibt und damit eine ganze Kaskade von Einträgen lostritt, ist es eine Sisyphusarbeit, dagegen vorzugehen, die Kräfte bindet, Unsummen von Geld verschlingt und letztlich nichts bringt – denn das Netz vergisst bekanntlich nichts. Gerade Wikipedia ist für das Hinterlegen solcher Desinformationen perfekt aufgestellt – und dient im Gegenzug als Referenzmedium für die Menschen- und Ideenkaputtschreiber.

Besonders perfide: Vertreter der Partei „Die Partei" schreiben krudes Zeug, was im Klagefall natürlich immer ganz unzweifelhaft „Satire" ist – die gleichwohl dennoch gerne zur weiteren Referenz zur virtuellen Vernichtung von Personen und geistigem Eigentum herangezogen wird.

Wohlgemerkt: All das Beschriebene geschieht, ohne auch nur eine einzige Auseinandersetzung in der Sache und natürlich gänzliche ohne Neigung, Gegendarstellungen überhaupt zuzulassen. Unbequeme Wahrheiten, Meinungen und Fakten werden einfach ausradiert; wer sie dennoch zur Kenntnis nimmt oder gar zitiert, wird mit Kontaktschuld belegt und der Gruppe der unliebsamen Diskreditierten hinzugefügt. Die Anzahl der in der bösen Ecke Verorteten wächst derzeit besonders exponentiell und dürfte sich gegenüber den meinungsgebenden Herrschern bereits in der Mehrheit befinden.

Dies scheint sich nur noch niemand klar gemacht zu haben. Zu beeindruckend sind die Hashtags „wir sind mehr" (und beim namensgebenden zugehörigen Feine-Sahne-Fischfilet-Event dürften sich so ziemlich alle, die diese Meinungskeulenschwinger aufzubieten hatten, versammelt haben). Dazu muss man wissen, dass die „breiten Bündnisse" hinter solchen Ereignissen wirklich alles aufbieten, was sie irgendwie an Menschenmassen mobilisieren können: Die einen aus Überzeugung, die anderen, weil ihr steuergeldfinanziertes Projekt genau dazu geschaffen wurde.

Wiederum sehr viele streben dorthin, weil sie lohnabhängig bei teilnehmenden Treiberorganisationen sind (Gewerkschaften, öffentlichen Institutionen, zivilgesellschaftlichen Initiativen), sind oder durch Gruppendruck dazu genötigt wurden. Seit Jahren kursieren auch Gerüchte, dass Demonstranten für das Demonstrieren staatlich gewollter Positionen ein Taschengeld aus Steuermitteln gezahlt wird. Wer einmal verstanden hat, wie die Geschichtsschreibungs- und Gängelungsmaschinerie der „besten Demokratie, die wir je hatten" heute funktioniert, traut dies unserer Republik zu.

So ist es beispielsweise kein Gerücht, dass sich der Verfassungsschutz bei seinen Beurteilungen der Alternative für Deutschland oder einzelner Personen, Projekte und Gruppen genau auf die oben beschriebenen Verschriftlichungen von Antifa, Partei oder ähnlichem bezieht. Manchmal haben solche Aktivisten sogar bezahlte Journalistenjobs in der örtlichen Presselandschaft inne und können somit zusätzliche "Nachrichten" absetzen, die zu genannten Stigmatisierung führen.

Dabei darf unterstellt werden, dass der Verfassungsschutz sehr wohl weiß, wie solche Beiträge zustande kommen, und was im Zweifel von deren "Wahrheitsgehalt" zu halten ist. Mir gibt das sehr zu denken; „denken" ist übrigens ja gerade noch so erlaubt. „Querdenken" allerdings schon nicht mehr – denn wer quer und nicht queer denkt, wird vom Verfassungsschutz beobachtet. Und wenn sich die Spirale des regierungsseitigen Kontrollwahns der politisch opportunen Denke noch schneller dreht, wird „selbst denken" bald ebenfalls vom Verfassungsschutz beobachtet.

Denn Leute, die nicht widerspruchslos vorverdautes, grünmarxistisches und anderweitig angegammeltes Gedankengut wiederkäuen und schlucken, könnten ja auf die Idee verfallen, dass der Machthaber einer Demokratie tatsächlich ja das Volk ist – und nicht die Regierung, die uns seit Monaten mit dem Entzug elementarster Freiheiten dominiert und insgeheim vielleicht sogar hofft, die Menschen an ein Leben als „beste Untertanen" zu gewöhnen.

Und weil die Regierung weiß, dass ihre kognitiv dissonanten Wahrheiten auf gesellschaftlichen Vereinbarungen und häufigen Wiederholungen fußen, passiert genau dies: Interessengeleitete Regierungspolitik gießt gesellschaftliche Vereinbarungen mit ihren Mehrheiten in Gesetze, die teilweise hochfragwürdig sind. Wie zum Beispiel das Netzdurchsetzungsgesetz, welches die juristische Beurteilung, ob etwas Hass und Hetze ist, den Social-Media-Anbietern aufbürdet, was dort zu übereifrigen Löschungen und Sperrungen führt, deren Aufhebung dann im Ausland eingeklagt werden muss und somit die Beweislast umkehrt: Jeder kann jeden wegen empfundener Hasshetze melden, sodann gilt der Gemeldete als schuldig, wird sanktioniert – und muss seine Unschuld im Zweifel mühsam und unter kaum vorhandenen Erfolgsaussichten einklagen.

Staatspropagandamedien tragen zum Etablieren von „Wahrheiten" entscheidend bei – durch stupides Wiederholen erwünschter „Fakten" bei gleichzeitiger Auslassung missliebiger Fakten, die regelmäßig durch sogenannte Faktenfinder mit bloßen Behauptungen als „Fakenews" abgestempelt werden dürfen. Und wenn das passiert ist, ist das Geschriebene oder Gesagte einfach nicht wahr. Diese willkürlichen, scheinobjektiven „Urteile" – wiederum außerhalb unserer Gerichte und unter strenger Auslassung und Nichtbeachtung von unliebsamen Studien, Statistiken und Belegen – führten bereits vielfach zur Löschung von Inhalten, Profilen und Kanälen.

Wovor hat diese Regierung eigentlich solche Angst? Wem dient die Regierung? Es wird dringend Zeit, offenzulegen, was von den bis zu Staatspropagandaorganen verbogenen politisch korrekten Mainstreammedien wohlweislich (?) nie angesprochen wird: Nämlich die Rolle von Nichtregierungsorganisationen, die oft von internationalem Geld gespeist und in den meisten Fällen eng mit den Plänen des Außenministeriums der USA und womöglich eben auch mit der Agenda der CIA verwoben sind. Das zumindest behauptet F. William Engdahl in seinem Buch „Geheimakte NGOs" (1) von 2017. Dort kann man auf Seite 11 lesen: „Die meisten der zahlreichen NGOs werden von Hedgefonds-Spekulanten mit engen Verbindungen zur Agenda der CIA und des Außenministeriums der USA finanziert, der oft angeführten ‚Neuen Weltordnung' des kürzlich verstorbenen David Rockefellers."

Warum dies so ultimativ interessant für die deutsche Öffentlichkeit sein sollte, liegt auf der Hand: die deutsche Gesellschaft wird durch besagte Organisationen fundamental umgestaltet. Dies ist weder transparent noch demokratisch. Wir reden von einem der haarsträubendsten Kapitel der Geschichte der Gesellschaftsmanipulation. Sie findet im Hier und Jetzt statt, und wir sind alle Teil dieses Sozialexperiments mit dem Ziel der Etablierung einer neuen Normalität.

Kaum jemand erinnert sich noch daran, dass unter der Präsidentschaft von Ronald Reagan ausgerechnet 1984 eine neue private NGO namens „National Endowment for Democracy (NED)" aus der Taufe gehoben wurde. Dem NED wird nachgesagt, weltweit für Destabilisierung, Kriege, Chaos und die Ausbreitung von Terror mitverantwortlich zu sein. Allen Weinstein, Mitverfasser der Gründungsakte des NED, wird von David Ignatius in der „Washington Post" vom 22.September 1991 unter dem Titel „Innocence Abroad: The New World of Spyless Coups" (2) wie folgt zitiert: „Vieles von dem, was wir heute tun, wurde vor 25 Jahren verdeckt von der CIA erledigt."

Das NED als scheinbar unabhängige, private Organisation erweist sich demzufolge als eine vom US-Finanzministerium bezahlte und vom Außenministerium bezuschusste ebensolche. Sie ist damit die Mutter aller Blaupausen für alle deutschen und in Deutschland angesiedelten „prodemokratischen" NGOs und essentielle Teile der so genannten „Zivilgesellschaft". Et voilà – die US amerikanische „Demokratieförderung" kann als Blaupause gelten für deutsche Bemühungen rund um die Zivilgesellschaft – mit ihren millionenschweren Förderprojekten von „Demokratie leben", aber auch unzähligen, vorgeblich unabhängigen Stiftungen wie die Amadeo Antonio Stiftung, die Magnus Hirschfeld Stiftung und und und.

Der geplante Umbau unserer Gesellschaft erhielt so ein unangreifbares Deckmäntelchen – denn wer kann schon ernsthaft gegen „Demokratieförderung" sein? In Wahrheit handelt es sich dabei um einen schlecht versteckten Versuch, unliebsame Parteien, Organisationen, Medien und Personen loszuwerden. Ein ungeheuerlicher Vorgang – denn praktisch werden dadurch Steuergelder zur Vernichtung der politischen Opposition eingesetzt, die den Plänen der Regierung zu Globalisierung, Auflösung Deutschlands in der EU, der Masseneinwanderung und insgesamt wohl der neuen Normalität entgegensteht. Das ist die Realität im besten Deutschland aller Zeiten 2021.

Um weitere Gelder in diesen Vorgang zu pumpen, ist jeder Vorwand recht: Finden massiv anti-israelische Aktionen seitens der hier eingewanderten Araber und Palästinenser statt, antisemitische Hassverbrechen inklusive, so gehen diese Strafakte in die Statistik der rechten Straftaten ein. Woraufhin unsere werte Regierung reflexartig mehr Gelder in die Demokratieförderung und den „Kampf gegen Rechts" schüttet. Damit werden aber nicht die Urheber der Strafakte ins Visier genommen, sondern immer wieder die AfD, die auf diese Missstände laut und vernehmlich hinweist.

Mit diesen Mittelerhöhungen kann die Regierung nämlich ihren Kampf gegen Dissidenten institutionalisieren – und neue Stellen für Menschen schaffen, die sich haupt- oder nebenberuflich, professionell geschult, überall schriftlich wie mündlich am oben beschriebenen Etikettieren (neudeutsch: „Framing") und somit an der Vernichtung des politischen Widerstands gegen die von der Regierung verfolgten Pläne beteiligen. Diese Vorgehensweise ist ebenso demokratisch wie die Deutsche Demokratische Republik. Angelehnt an das Orwellsche Doppeldenk sei die Frage erlaubt: ist Tyrannei nun die angestrebte Form von Demokratie?

Wie weit darf die „Demokratisierung" einer Gesellschaft im

Sinne einer angestrebten neuen Normalität eigentlich gehen – bis zum vollkommenen gedanklichen Gleichschritt? Bis zur totalen Kontrolle des Individuums, um diesem jederzeit bei missliebigen Taten, Äußerungen und Gedanken virtuell wie real „den Stecker ziehen" zu können? „Niemand hat die Absicht eine Mauer zu bauen"… nein, ist schon klar. Alles Verschwörungstheorie!

Was aber, wenn die Regierung trotz aller anderslautenden Beteuerungen es gar nicht gut mit uns Bürgern meint? Was, wenn sie am Ende wirklich nicht dem deutschen Volke dient? Was, wenn sie am Ende fremden Interessen dient und dazu deren erprobte Herrschaftsinstrumente einsetzt? Wie lange werden die Deutschen jene kognitive Dissonanz noch für sich akzeptieren, die sie in der gedanklichen Unfreiheit gefangen hält und sie am Erhalt und der Pflege ihrer Nation auf der Grundlage von Autonomie und Souveränität hindert?

Immer wieder gibt es Zweifel an der Souveränität von Deutschland. Dazu trug unter anderem Wolfgang Schäuble bei, der 2011 sagte: „Und wir in Deutschland sind seit dem 8. Mai 1945 zu keinem Zeitpunkt mehr voll souverän gewesen." (3) Und der Politikwissenschaftler und Parteienkritiker Hans Herbert von Arnim schreibt in „Die Deutschlandakte" von 2008 auf Seite 16 (4): *In Wahrheit fehlt dem Grundgesetz selbst die erforderliche demokratische Legitimation. Die sogenannte bundesdeutsche Volkssouveränität ist ein ideologisch verbrämtes Traumgebilde."*

Aber was ist Deutschland dann eigentlich – und was bedeutet dies für die Menschen, die in diesem Land leben? Nochmals Professor von Arnim, diesmal in seinem Werk „Staat ohne Diener" (5) von 1993 auf Seite 335: *„Das Grundübel unserer Demokratie liegt darin, dass sie keine ist. Das Volk, der* *nominelle Herr und Souverän, hat in Wahrheit nichts zu sagen. Besonders krass ist es auf der Bundesebene entmündigt, obwohl gerade dort die wichtigsten politischen Entscheidungen fallen."*

Und in „Das System. Die Machenschaften der Macht" von 1993 (6) führt von Arnim auf Seite 19 aus: *„Jeder Deutsche hat die Freiheit, Gesetzen zu gehorchen, denen er niemals zugestimmt hat; er darf die Erhabenheit des Grundgesetzes bewundern, dessen Geltung er nie legitimiert hat; er ist frei, Politikern zu huldigen, die kein Bürger je gewählt hat, und sie üppig zu versorgen – mit seinen Steuergeldern, über deren Verwendung er niemals befragt wurde. Insgesamt sind Staat und Politik in einem Zustand, von dem nur noch Berufsoptimisten oder Heuchler behaupten können, er sei aus dem Willen der Bürger hervorgegangen."*

Was, wenn unsere Demokratie also gar keine ist? Ob die Deutschen jemals die Antworten auf diese Fragen suchen? Ob sie jemals ihre hart erworbene kollektive kognitive Dissonanz abschütteln werden? Ob dazu der Entzug von Freiheiten, die Vernichtung von Existenzen, die fortschreitende Warenverknappung und die faktischen Zwangsimpfungen endlich beitragen werden? Wer weiß.

Ich habe immer noch Hoffnung. Denn auch wir, JEDER EINZELNE von uns, wir können unsere Weltsicht in schier unendlichen Wiederholungen darbieten. Wir können mit all dem oben Beschriebene auch zum Erhalt der Wahrheit beitragen. Und jeder, der sich einfühlt, merkt sehr schnell, dass wir reinen Herzens der Einigkeit, dem Recht und der Freiheit dienen. Nicht dem Kapital, nicht der Macht, nicht den sieben Todsünden.

Denn Krieg ist nicht Frieden und Unwissenheit ist nicht Stärke.

1https://www.kopp-verlag.de/a/geheimakte-ngos?ws_tp1=kw&ref=google&subref=pool/search&log=extern&gclid=CjwKCAjwi9-HBhACEiwAPzUhHPP1U1g0HvnGxaLPbA5FxQ49vh_noKugESm7yDndxDSUdzyKdpX_NRoCCPAQAvD_BwE
2https://www.washingtonpost.com/gdpr-consent/?next_url=https%3a%2f%2fwww.washingtonpost.com%2farchive%2fopinions%2f1991%2f09%2f22%2finnocence-abroad-the-new-world-of-spyless-coups%2f92bb989a-de6e-4bb8-99b9-462c76b59a16%2f%25C3%259Futm_term%3d.d25140e1f654
3https://www.hna.de/politik/eine-rede-brisanz-1501143.html
4https://www.amazon.de/Die-Deutschlandakte-Politiker-Wirtschaftsbosse-unserem/dp/3442155665
5https://www.rowohlt.de/buch/hans-herbert-von-arnim-staat-ohne-diener-9783688114801
6https://www.uni-speyer.de/fileadmin/Ehemalige/Hans_Herbert_von_Arnim/Blasius_NWVB_2002.pdf

30. Mai 2021

32. Höchst brisant: Wie die Regierung Wahrheit macht

Nähern wir uns der Wahrheit – wider das allgegenwärtige Framing!

Die Wahrheit ist heute ein zartes Pflänzchen von flüchtiger Natur. Sie wird heute teils sogar abseits von Fakten und Naturgesetzen gepflegt – und das funktioniert. Früher war das anders. Ich überspitze jetzt vielleicht ein wenig, aber nicht besonders viel: Je weiter sich die Menschheit von der einst unumstößlich geglaubten Wahrheit an den einen Gott und damit von der göttlichen Wahrheit entfernt, desto weniger greifbarer wird das Wesen der Wahrheit. Vielleicht, weil niemand mehr Angst haben möchte vor einer höheren Instanz, die gerecht über die Lebenden und die Toten richten wird?

Das Gebot "Du sollst nicht lügen" und die Furcht vor dem göttlichen Richter trugen sicher zu einem großen Teil zur Konsistenz von Wahrheit bei. Seitdem der Mensch in der Aufklärung Gott als moralische höchst richterliche Instanz abgelöst hat, gibt es Interessantes zu beobachten: Glaube wurde durch wissenschaftliche Erkenntnisse abgelöst, in der Philosophie wurde der Mensch zu seiner eigenen, letzten moralischen Urteilsinstanz. Sehr verkürzt dargestellt, gab es Widerstreit in der Wissenschaft, in der Philosophie und auch der individuellen täglichen Wahrnehmung. „Die Wahrheit liegt letztlich immer irgendwo dazwischen", hieß es, und so war bzw. ist es auch. *Audiatur et altera pars* (man höre auch die Gegenseite an) wie auch die Selbstreflektion im Sinne von „Was wäre, wenn der andere recht hätte?", waren gängige Übungen in der (Geistes-)Wissenschaft, um die eigene Theorie zu überprüfen, zu festigen oder nötigenfalls zu verwerfen.

Heute sieht das ganz anders aus. Heute gilt nicht eine hochumstrittene Theorie, die vielfach herausgefordert, aber noch nicht schlüssig widerlegt wurde, als „State of the Art"; nein, heute geht es in der Wissenschaft um „Mehrheiten". Wenn „die Mehrheit der Wissenschaftler" so und so denkt und sich positioniert, dann muss dies die „Wahrheit" sein – selbst dann, wenn andere Wissenschaftler die dargebotene Theorie schlüssig widerlegen können. Was dies in Bezug auf die Qualität einer konsensgepriesenen Theorie bewirkt? Nun, es macht aus ihr eben keine unumstößliche Wahrheit, sondern alles andere als das. Auf diese Art und Weise werden aus wissenschaftlichen Thesen und Theorien wieder Glaubensfragen. Die Weltpolitik und ihre nachgeordnete Staatspropagandamedien, vormals die vierte Gewalt im Staat, huldigen dem Konsensgott – vor allem, wenn er ihre Interessen unterstützt, wobei sich diese „Huldigung" eben oft auch im großzügigen Ausschütten von Steuergeldern in Form von öffentlichen Förderungen ausdrückt.

Und damit wären wir schon in einem zunehmend undurchsichtigen Dilemma mittendrin: Die göttliche, universelle Wahrheit steht schon lange nicht mehr im Zentrum der politischen Bemühungen zur Umsetzung der Globalisierung, der großen Transformation und der „Eine-Welt-Regierung". Immer deutlicher tritt zutage, dass es bei den von den Regierungen vieler Länder verfolgten Plänen keineswegs um Forderungen, Bedarf und Bedürfnisse des jeweiligen Staatsvolks geht, sondern um eine Agenda, die offensichtlich um jeden Preis umgesetzt werden soll – und zwar koste es, was es wolle.

Was für Pläne das sind, woher sie stammen und wem sie dienen sind sehr interessante Fragen – die aber nicht Gegenstand dieser Kolumne sein sollen. Ich möchte mich vielmehr mit der Frage befassen, wie „Wahrheiten", Meinungen, Haltungen und Einstellungen heute, im „besten Deutschland aller Zeiten", entstehen und fest in den Köpfen des Staatsvolks verankert werden. Dazu muss unbedingt an Frau Merkels Art des Regierens erinnert werden. So heißt es in einem „Welt"-Artikel von März 2015 unter dem Titel „Merkel will die Deutschen durch Nudging erziehen" (1):

„Verhaltensökonomen haben herausgefunden, dass oft schon ein kleiner Schubser reicht, damit die Bürger bessere Entscheidungen treffen. Lange Zeit hat die Bundesregierung das ignoriert. Eine Politik, die auf solche relevanten Erkenntnisse verzichte, mache sich anfällig für Manipulationen und Fehler, sagt der Verhaltensökonom Axel Ockenfels von der Universität Köln. ‚Deshalb ist der Vorstoß der Bundesregierung ein vielversprechendes Experiment.'".

Eines der wohl erfolgreichsten Nudging-Projekte aller Zeiten ist vermutlich der „Kampf gegen Rechts." Intellektuell sehr unterkomplex, werden auf der Gefühlsebene Räume für Menschen geschaffen, die „gut" sein wollen und sich so in narzisstischer Selbstbespiegelung rückversichern können, grundgut zu sein. Dazu braucht es natürlich einen bösen Feind: den Rechten. Da es im Deutschland unserer Zeit nicht wirklich ein Überangebot neonazistischer, gewaltbereiter Gruppen gibt, dieser gesellschaftshypnotisierende Popanz aber aufrecht erhalten werden muss, sortiert man in den Statistiken beispielsweise alle antisemitischen Übergriffe und Hassverbrechen automatisch „rechts" ein – was ganz vortrefflich den Anschein erweckt, wir stünden in Deutschland kurz vor der nächsten Machtübernahme durch einen neuen Adolf Hitler.

Sieht man man jedoch genauer hin – und darum kommt man dieser Tage anlässlich der vielen Anti-Israel-Demonstrationen nicht wirklich herum, muss man nüchtern konstatieren, dass die beschworenen antisemitischen „Wiedergänger der Nazis" in Wahrheit zumeist zugewanderte Muslime, sehr oft Palästinenser sind. Dies ficht einen Innenminister Horst Seehofer jedoch nicht an – der sich nicht zu schade ist, zu verkünden, dass die Straftaten „von rechts" stark angestiegen seien. Diese verzerrte Darstellung wiederholen dann die Staatsmedien in regelmäßigen Abständen, solange, bis das Gehirn der Zuschauer, Leser oder Hörer diese Behauptung durch unbewusstes Wiederholen verinnerlicht und sie als unumstößliche Wahrheit abgespeichert hat.

Tatsächlich existiert auch in diesem Fall eine differenzierte Sichtweise, die sogar in hintergründigen Medien Erwähnung findet (2). Aber wer macht sich schon die Mühe genauer hinzuschauen, wenn die Regierungswahrheit so schön plakativ ist? Was hier an der fehlenden Anpassung der kriminalstatistischen Kategorien deutlich wird, lässt sich als Fehler des statistischen Framings einordnen – der sich dann beim Framing zu den „Rechten" tückisch (und vermutlich in voller Absicht) fortsetzt.

Die Einordnung von echten Neonazis in die Kategorie „Rechtsextremismus" ist selbstverständlich korrekt. Aber diese sind in Deutschland schlicht zu wenige, um die Ausstattung des „Kampf gegen Rechts" durch Steuermittel in der Größenordnung zu rechtfertigen, wie dies unter anderem durch das Projekt „Demokratie leben" geschieht. Da man aber regierungsseitig derartige Projekte längst durch Subventionen einer regelrechten Industrie gemacht hat, in der sich viele Amigos des Linksstaates goldene Nasen (oder zumindest dankbar ihre Brötchen) verdienen, bedarf es einer weit größeren Menge böser Feinde. Und so sind die Framing-Masterminds immer schnell dabei mit dem Verteilen von falschen Stigmata. Sie wissen es, und es ist berechnende Absicht.

Alle konservativen Patrioten, wie z.B. die Republikaner, waren oder sind plötzlich „rechts" bis hin zu rechtsextrem. Auch die AfD wurde – ausgehend von „populistisch" – zunehmend in die rechte Ecke geframed, wo sie sich heute den immer knapper werdenden Platz neben echten Rechtsextremisten und jeder Menge weiterer Regierungskritiker teilen muss; vor allem letztere sind die übergroße Mehrheit der Stigmatisierten.

Jemand wagt es, einen klimakonsenskritischen Artikel zu verfassen? Zack, ab in die rechte Ecke! Jemand weist darauf hin, dass es möglicherweise unklug ist, sämtliche Vorsichtsmaßnahmen beim Entwickeln von Impfseren durch „Notfallzulassungen'" abzukürzen? Zack, Etikett aufgepappt – und ab in die rechte Ecke! Jemand kritisiert, dass Deutschland bereits ein Staatsvolk hat und nicht zum Besiedeln freigegeben werden sollte? Zack, Stigma dran geklebt, ab in die rechte Ecke! Jemand ist der Ansicht, dass die Geschlechtlichkeit in der menschlichen Natur Männer und Frauen und bestenfalls noch Hermaphroditen unterscheidet? Uh, böse, ganz böse – ab in die rechte Ecke! Böser Feind!

Mittlerweile drängt sich der Eindruck auf, dass die Mitte der Gesellschaft, die nicht den kruden Ideen der Regierung und der marxistischen Oppositionsparteien sowie der FDP folgen möchten, sich selbst ein Stelldichein in dieser als „rechts" definierten Ecke gibt. Anders gesagt: Dort trifft sich das Who is Who der Denker, Dichter, Philosophen, Erfinder und Ingenieure, der Wissenschaftler mit verbliebenem Rückgrat, Realitätsbezug und Bodenhaftung.

Wenn es keine Skandale mehr zu berichten gibt, werden eben welche erfunden – durch bewusstes Missverstehen oder platte Unterstellungen, durch falsche Tatsachenbehauptungen und so weiter, und so fort. Hinzu kommt natürlich, dass die Grenzen des Sagbaren immer weiter nach Links verschoben werden, um den Stigmafindungs- und –kreationsprozess zu erleichtern. Irre, nicht wahr? Und auch per Kontaktschuld kommen täglich Leute dazu, wenn jemand zum Beispiel mit jemandem auf einem Foto ist, der bereits in der rechten Ecke steht, darf seine Existenz ruhig ebenfalls vernichtet werden. Schließlich ist er ja selbst schuld, weil er mit dem bösen Feind aus der rechten Ecke Umgang pflegt.

Um all diese Abweichler zu betreuen, bedarf es natürlich einer immer größeren Armee von Schergen, die sich der offensichtlich staatlich erwünschten Denunziation, Bedrohung und Bestrafung der genannten Realisten, Pragmatiker und Selberdenker widmen. Ich bin immer über den mangelnden Aufschrei der Bürger überrascht, wenn wieder einmal eine mediale Hinrichtung von so geframten Verschwörungstheoretikern, Aluhutträgern, Rechten oder (letztlich immer) „Nazis" stattfindet; ihr Schweigen ist brüllend laut. Warum? Ich kann mir dies nur so erklären, dass die Sichtweise „Dem gehört es ja auch nicht besser" mittlerweile zur erlernten Haltung geworden ist.

Wie konnte es soweit kommen, wie konnte das passieren? Ganz einfach: Unser Gehirn lernt am besten durch unbewusste Wiederholungen, die unabhängig von jeglicher Überprüfung von bewusster Reflexion verankert wird. Eine solche Konditionierung durch Gewohnheit lässt sich nur aushebeln, wenn man die eigene Haltung auf ihre Ursachen hin selbstkritisch überprüft: „Wieso denke ich das eigentlich?". Dieses Einlullen mit der „richtigen" Meinung, Haltung und

„Regierungsfakten" übernehmen heute die GEZ-Medien, früher einmal die vierte Gewalt im Staat, die ihrem ursprünglichen Auftrag zufolge eigentlich das Treiben der Regierung wie auch das der Opposition kritisch begleiten sollte.

Im Nudging-Stadel BRD allerdings sind sie längst zur kaputten staatlichen Schallplatte geworden, die ad infinitum Gewünschtes wiederholt, solange bis irgendwann die unbewusste Konditionierung der berieselten Bürger unweigerlich stattgefunden hat. Ich fände es einmal sehr interessant, wenn untersucht würde, wie viele der verunglimpften und stigmatisierten „Andersdenkenden" in Wissenschaft, Medien, Opposition, Künstlern usw. sich jenseits des Staatsfunks informieren!

Interessant ist hierbei, dass nicht nur die gebührenfinanzierten Medien vom Propagandazwang betroffen sind, sondern eben offensichtlich auch die Printmedien, die mehrheitlich von bestimmten Parteien beherrscht werden (3, 4). Und weil der eine oder andere Bürger da draußen doch noch ausreichend wach ist (und Zeitungen, die ihm etwas völlig anderes erzählen wollen, als die reale Erfahrung ihn lehrt, schlichtweg nicht mehr kauft), ist die Kanzlerin seit längerem dazu übergegangen, sich mit zweckentfremdeten Steuerzahlergeld die Unterstützung der Printmedien zu erkaufen (5).

Staatsinstitute wie das Robert-Koch-Institut, Beratergremien und halboffizielle Institutionen wie das Paul-Ehrlich-Institut, aber auch öffentliche Stiftungen und die staatlich subventionierte sogenannte „Zivilgesellschaft" tragen allesamt ihr Scherflein bei zum täglichen Hintergrundrauschen. Sie setzen alles daran, die Wahrheit der Bundesregierung in den Köpfen der nun also auch noch zu Untertanen degradierten Bürger verankern. Das Framing der Regierung, welches Bürger in Angst und Starre versetzt, ist allgegenwärtig, und letztere nehmen willfährig ausnahmslos alle Maßnahmen der Regierung hin (und unterstützen sie sogar teilweise selbst als Blockwarte).

Was wir alle daraus lernen können? Framing und Nudging funktionieren. Unbewusstes Lernen funktioniert. Aber was wahr ist, wird wahr bleiben. Die Wahrheit kommt ans Licht; immer! Und ein Wort der Wahrheit zerstört ganze Riesenlügenkonstrukte. Letztlich ist der Kaiser nackt, egal welches Framing und Nudging in Dauerschleife auf uns herunterrieselt. Es ist an uns, gläubige wie atheistische Menschen, das Gebot der Wahrheit zu befolgen: „Du sollst nicht lügen" oder ursprünglich: „Du sollst nicht falsch Zeugnis reden wider deinen Nächsten." Jeder einzelne Mensch da draußen ist der Wahrheit und seinem freien Willen in Verantwortung verpflichtet.

Es ist an uns, der Wahrheit eine Stimme zu geben – durch fundiert überprüfte Fakten, durch die Einhaltung des eingangs erwähnten Prinzips *audiatur et altera pars* – und durch den so alltäglichen wie offensiven Umgang mit der Tatsache, dass wir die Wahrheitsmanipulatoren durchschaut haben und eben keine Haltungsmarionetten sind, die nur darauf warten, in die richtige Richtung gestupst zu werden.

1 https://www.welt.de/wirtschaft/article138326984/Merkel-will-die-Deutschen-durch-Nudging-erziehen.html
2 https://www.watson.de/deutschland/exklusiv/941125735-im-zweifel-rechts-die-kriminalstatistik-und-ihr-problem-mit-antisemitischen-straftaten
3 https://www.deutschlandfunk.de/das-unternehmensimperium-der-spd.724.de.html?dram:article_id=97247
4 https://www.achgut.com/artikel/das_rote_medien_imperium

5https://www.neopresse.com/finanzsystem/merkel-regierung-sponsert-medien-mit-ueber-200-millionen/

33. Höchst brisant: Sprachliches Sichtbarkeitsvoodoo

Die Vergewaltigung der Sprache durch Gendern als Brandbeschleuniger gesellschaftsverändernder Maßnahmen

Die etwas seltsame Politik der Unsichtbarmachung ist ein Fimmel der Regentschaft Merkel: „Sichtbarkeit" – in Abgrenzung zur oder „Unsichtbarkeit" – stellt ein Hauptkriterium dar, die es in Deutschland braucht, um in irgendeiner Form an der Gesellschaft teilhaben zu können. Der „Unsichtbarkeit" wird gleich auf mehreren Ebenen entgegengetreten. So zum Beispiel müssen Frauen per Quote als Kanzlerkandidatinnen, in Vorstandsetagen und Parlamenten „sichtbar" gemacht werden. Und, wie ich nachfolgend noch ausführen werde, natürlich auch sprachlich.

Die AfD-Fraktion und all ihre Standpunkte in den Parlamenten werden hingegen so unsichtbar wie irgend möglich gemacht – wohl in der Hoffnung, auf diese Art und Weise die reale Existenz der Alternative für Deutschland und die Berechtigung ihrer Standpunkte auszublenden. So verwehrt man uns nachhaltig den uns laut Geschäftsordnung zustehenden Bundestagsvizepräsidenten-Posten sowie den Zutritt zu allen möglichen Gremien und Kuratorien genau zu diesem Zweck; frei nach dem Motto, „was ich nicht seh', ist auch nicht da."

Natürlich funktioniert dieses Ausblenden und Unsichtbarmachen in Teilbereichen. Es führt aber in Gänze gerade nicht dazu, dass die AfD tatsächlich „nicht da" ist. Schon kleine Kinder lernen früh: Selbst wenn sie sich ganz fest die Augen zuhalten und nichts mehr von der Welt um sie sehen, sind sie doch immer noch Teil dieser realen Welt – und selbst für andere sehr wohl sichtbar. Der Versuch, die AfD mittels Realitätsverweigerung weiterhin unsichtbar machen zu wollen, ist lächerlich – und bereits vollumfänglich gescheitert.

Der deutschen Sprache wohnt der Luxus inne, selbst im nicht-gegenderten Modus, alle Geschlechter unter einem „mitmeinen" zu können und so eine sprachliche „Inklusion" zu ermöglichen. Wie funktioniert das? Über das generische Maskulinum oder Femininum. Das generische Maskulinum ist erst seit der Deutungshoheitsübernahme der männerhassenden, letztlich allesamt dem (Kultur-)Marxismus zuzuordnenden Feministinnen zu einer toxischen Sauerei geworden, bei der diese Frauen eben nicht mitgemeint sein WOLLEN.

Bis zum Zeitpunkt der so einseitig aufgekündigten sprachlichen und kulturellen Vereinbarung des sprachlichen Mitgemeintseins war Gleichberechtigung auch ohne permanente Betrachtung und sprachliche Abbildung des Geschlechts, vor der Gleichsetzung von Genus und Sexus möglich. Eigentlich waren sich im Zuge der Emanzipation doch alle einig: Keine Frau sollte mehr aufgrund ihres Geschlechts diskriminiert werden. Der Sexismus wurde besiegt, alle kommunizierten und interagierten unentwegt miteinander. Im Idealfall war diese Kommunikation von gegenseitigem Respekt und gegenseitiger Achtung geprägt, von Zuhören und Austausch.

Wir waren kulturell einigermaßen homogen geprägt und unsere schöne deutsche Sprache, die der Dichter und Denker, der Erfinder und Ingenieure, vereinte alle Sprachnutzer in sprachlich und kulturell ganz grundsätzlichem Mitgemeintsein. Sprache war bislang eine Vereinbarung zur Verständigung von Menschen im selben Kultur- und Lebensraum. Bislang waren ALLE Menschen im generischen Maskulinum per se mitgemeint. Sprache war das Transportmedium für verbale Botschaften. Hierbei ging es grundsätzlich um Inhalte, explizite wie implizite.

Diese Vereinbarung wird seit einigen Jahren jedoch allzu einseitig mit einer Vehemenz aufgekündigt, die verstört. Die ihrer Meinung nach sprachlich zu „unsichtbaren" Feministinnen möchten sprachliche Sichtbarkeit über das bloße Mitgemeintsein im generischen Maskulinum hinaus erreichen. Sie möchten (ich überspitze hier ein wenig, aber weiß Gott nicht viel!) mit aller Gewalt, dass sich unsere Sprache permanent ihrer Vulva annimmt. Gendersternchen, Unterstriche, Schrägstriche und Binnen-I's sind morphologische Ausprägungen weiblicher Genitalien, die wir durch Aussprechen würdigen und sichtbar machen sollen. Wenn das kein Schweinkram und vor allem „Positivsexismus" ist?

Auch Nele Pollatschek schreibt in ihrem Gastbeitrag im „Tagesspiegel" (1): „Deutschland ist besessen von Genitalien. Gendern macht die Diskriminierung nur noch schlimmer. Wer will, dass Männer und Frauen gleich behandelt werden, der muss sie gleich benennen." Die Autorin beklagt, dass das Gendern sich für sie anfühle, als würde sie angeschaut und bei der Anrede auf ihr weibliches Geschlecht reduziert.

Ihr komme es vor, wenn sie jemand „Schriftstellerin" nennt anstatt „Schriftsteller", als würde sie derjenige mit ihrem Genital ansprechen. Dem kann ich mich nur vollumfänglich anschließen! Frau Pollatschek behauptet, dass es nur einen wirklich guten Grund gibt, nicht zu gendern – und der ist nicht die schwierige Aussprache, nicht die ganzen komischen Schreibweisen, nicht die Verrenkungen zum Zwecke der

„Sichtbarkeit" in der Gebärdensprache. Sondern es ist der, dass Gendern sexistisch ist – und damit trifft die Autorin den Nagel auf den Kopf.

Wenn wir im Deutschen gendern, dann sagen wir damit: Die „sexuelle" Information ist so wichtig, dass sie immer miterwähnt werden muss. Und wir sagen damit: Nur diese Information zur Identität ist es wert, immer dazugesagt zu werden. Damit machen wir das Geschlecht zur wichtigsten, ja einzigen Identitätskategorie vor allen anderen. Und wir machen das Geschlecht gleichzeitig sprachwissenschaftlich zur wichtigsten Information – per krampfhafter künstlicher Hervorhebung. Es entsteht so der Eindruck, dass wir kognitiv und sprachlich, ausgehend vom Gedanken der Gleichberechtigung, in eine permanente Hervorhebung und Überbetonung des weiblichen Geschlechts geführt werden sollen.

Ganz nebenbei nehmen wir damit, angeführt von den selbsternannten Deutungshoheits-Innehabern der Interpretationseliten, nicht nur eine neue positive und sexistische Geschlechterdiskriminierung zum Nachteil von Männern vor. Sondern wir machen erkenntnismäßig auch einen Salto Mortale zurück in die Voraufklärungsepoche. Nicht mehr „Cogito, ergo sum" – ich denke, also bin ich – macht uns länger als Menschen aus, sondern „Visibilis sum, ergo sum": Ich bin sichtbar, also bin ich.

Und genau die Begründung, dass Frauen, reduziert auf ihre Vulva, sprachlich sichtbar sein möchten und müssen, öffnet ein Einfallstor für weitere Sprachverrenkungen zum Zwecke der Sichtbarmachung anderer, sich benachteiligt, da sprachlich unsichtbar gemachter (oder sich so fühlender) Gruppen. Was, wenn sich plötzlich niemand mehr mitgemeint fühlen möchte?

Was, wenn die nächste mächtige Lobbygruppe Einlass durch diese Bresche in die sprachliche Sichtbarkeit begehrt? Sagen wir zum Beispiel, die Behindertenverbände begehren sprachliche Sichtbarkeit durch einen ähnlichen sprachlichen Klimmzug.

Oder die Anhänger unterschiedlicher Glaubensrichtungen, die jeder für sich wieder einen anderen, ganz speziellen sprachlichen Klimmzug analog zum Gendern fordern. Und danach die einzelnen Berufsgruppen. Bis hin zu den Menschen, die an einem gewissen Punkt finden, dass jetzt auch die Kinder eine eigene, ganz spezielle Sichtbarkeit mittels einer ganz speziellen Eigenheit bekommen müssen. Oder überhaupt alle identitätsstiftenden Kategorien, die irgendwie einen Anspruch formulierten könnten.

Was, wenn sie plötzlich ALLE finden, dass sie zu wenig „sichtbar" sind? Schließlich hat doch jeder das Recht, „mitgemeint" zu sein!

Wenn man mit dieser Sprachvergewaltigung erst einmal beginnt, dann muss man sie auch bis in die letzte Konsequenz, ad infinitum durchziehen. Und das ist natürlich vollkommen absurd – weil sprachlicher Austausch dann zu weit über 99 Prozent aus dem Benennen und Sichtbarmachen von Identitätskategorien und ihren Teilbereichen dienen müsste, und nicht mehr zur Kommunikation oder zum Überbringen von inhaltlichen Botschaften, die über eine unendliche gegenseitige Bespiegelung hinausgehen können.

Es wäre ein informationeller Stillstand im Auge des Identitätskategorien sichtbarmachenden morphologischen Sturms; ein geistloses Aussprechen von sprachlichen Sichtbarkeitsverrenkungen ohne jeglichen Nachrichtenwert oder Inhalte. Einziges Kommunikationsziel wäre die

Rückversicherung der eigenen „Sichtbarkeit".

Sprachlich würde uns ein solches Vorgehen sogar nicht nur in die Voraufklärung, sondern gar in die vorsprachlichen Epochen, vor den Anbeginn der Sprache zurückkatapultieren, in die Evolutionsphase in der Grunzen, Klicken, Gurren, Schnattern, Kreischen, Schreien oder sonstigen Lautgebungen unsere Interaktionen bestimmten. Denn die einzige Botschaft darf anscheinend noch sein: „Sichtbar, sichtbar, sichtbar und AUCH sichtbar." Und wehe, irgendjemandes Identitätskategorie würde vergessen!

Warum nur habe ich jetzt plötzlich das Bild von mittelalterlichen, hässlichen Hexen im Kopf, die um einen großen Kessel herum einen „Sichtbarkeitszauber" und eine Art Sprachvodoo mittels unverständlicher und sinnfreier Lautaneinanderreihungen betreiben? Das mutet jetzt vielleicht ein wenig arg shakespearesk an, verstärkt aber passend das Bild des großen Sturms am Horizont, der unsere Kultur, unsere Sprache und unser ganzes intelligentes Sein vernichten und hinfortblasen wird, wenn wir der Entwicklung nicht Einhalt gebieten.

Und dieser Sturm wird heraufbeschworen auf dem feministischen Altar der Vulva, die sprachlich in aller Munde sein will – zum Zwecke der allgegenwärtigen Sichtbarmachung. Bei diesem Ziel wird er nicht halt machen, aber das begreifen diese geistigen Tiefflieger mit großem medialem Rückenwind nicht. Pfui Teufel!

1 https://www.tagesspiegel.de/kultur/deutschland-ist-besessen-von-genitalien-gendern-macht-die-diskriminierung-nur-noch-schlimmer/26140402.html

27. Juni 2021

34. Höchst brisant: Das Volk als Missbrauchsopfer

Die Beziehung der Regierung zum Staatsvolk ist längst eine toxische

Was, wenn es unsere Regierung so gut mit uns meint, so wie der Dominante, der seine Opfer in einer toxischen Abhängigkeit hält? Missbrauch muss nicht immer mit körperlicher Gewalt zu tun haben; er kann subtil, schleichend geschehen. Nachhaltige Verletzungen entstehen aber auch durch psychische Gewalt. Vor vielen Jahren beschäftigte ich mich mit Missbrauch und stieß bei meinen Recherchen auf die Arbeit von Corinna Strassner aus Rosenheim, die zu eben diesem Thema arbeitete. An die gelungene Aufarbeitung dieses Themas fühlte ich mich jüngst erinnert, als ich für mich die Schritte und die Folgen des Regierungshandelns aufschreiben wollte. Mir wurde, als ich über das Treiben der politisch Verantwortlichen in Bund und Ländern sinnierte, bald schon die weltweite Relevanz des Themas bewusst.

Der Weckruf für mich waren schließlich meine Bemühungen, die Chronologie der sinnlosen, widersprüchlichen und schädlichen Corona-Maßnahmen zu protokollieren: Ich nenne nur Masken, Abstandsregeln, Tests, Inzidenzwerte. Missbrauchstäter ergötzen sich fast immer daran, ihren Opfern schwer erfüllbare, sinnlose, widersprüchliche und schädliche Regeln aufzuerlegen und sie so in einem Zustand permanenter Unsicherheit und Abhängigkeit zu halten. Sie genießen es, wenn die Opfer solche Regeln fernab von Logik und Wirksamkeit gar nicht alle konsequent und erfolgsgekrönt erfüllen können. Sie feiern sich dafür, ihre Opfer hart zu bestrafen. Die Beispiele dafür sind in der Pandemie Legion. Hier eines aus Düsseldorf, das der „Spiegel" (1) dokumentiert hat: '"Die Politik muss schon aufpassen, dass man den sozialen Frieden nicht zerstört", sagt Thomas, 43. Er ist aus Wuppertal nach Düsseldorf gereist. Vom Verweilverbot wusste er nichts. „Die Leute fahren Bus und Bahn, gehen einkaufen, Grundschüler werden in geschlossenen Räumen unterrichtet, aber Menschen, die einfach mal etwas frische Luft schnappen wollen, werden gejagt. Wer soll das noch verstehen?" Er zeigt rüber auf die Wiesen auf der anderen Rheinseite. „Da gehe ich jetzt hin. Da kontrolliert niemand."'

Natürlich hat sich die Situation inzwischen längst geändert, sonst könnte der Bürger ja wieder autark und autonom "richtiges Verhalten" zeigen; so aber kann er ständig weiter gegängelt werden, die Unsicherheit bleibt. Ich denke, wirklich jedem ist aufgefallen, mit welcher Härte man gegen Coronamaßnahmenkritiker und Freiheitsliebende durchgriff, wenn sie sich erlaubten, für ihre Überzeugungen auf die Straße zu gehen. Besonders sogenannte "robuste Einsätze" gegen herausragende "Staatsfeinde" wie Seniorinnen (2) oder Rollstuhlfahrer (3) bleiben in trauriger Erinnerung. Und wir alle wissen, dass es durchaus auch geduldete Kundgebungen (4) sowie sogenannte erlebnisorientierte Events (5) gibt, bei denen sich die Polizei dann eher weniger robust bis "deeskalierend" einbringt. Die mit Polizeigewalt bedachten Menschen treten ein für Freiheit und Grundgesetz - die anderen für Anarchie und ihre bloße Lust an Dominanz und Zerstörung. Wie kann das sein?

Höchstvermutlich hat es viel damit zu tun, dass der dominante Part in der Beziehung zwischen Regierung und Staatsvolk schon lange nicht mehr das Staatsvolk ist. Das Machtverhältnis hat sich merklich umgekehrt: Nicht mehr der Bürger ist der Souverän, nein; nach vielen Jahren des Untertanseins ist ihm die irrige Annahme, er hätte irgendetwas zu melden, deutlich ausgetrieben worden. Und derzeit geht er gerade nahtlos, überwiegend bereitwillig, in die Rolle des rechtlosen Sklaven über. Und so verteilen die nunmehr dominanten Regierungen ihre Gunst nach Belieben, offensichtlich auch ohne Angst vor dem Wähler, der sie ohnehin nicht abstrafen will... oder kann? Wie sich die Bundesregierung die Polizeieinsätze gegen Freiheitsliebende wünscht, führte kürzlich Bundesjustizministerin Christine Lambrecht aus (6): Menschen, die gegen Coronamaßnahmen sind, sich nicht testen oder gar impfen lassen wollen, werden da als "Gefährder", "Verschwörungstheoretiker", "Schwurbler" usw. etikettiert - und, wo immer möglich, nach allen Regeln der Kunst fertiggemacht. Job weg, Leben weg, Ruf weg, Bankkonto weg, Webseite weg. Weg, weg, weg.

Wie weit ist der Tag noch entfernt, an dem beschlossen wird, "Gefährder" in Lager zu verbringen? Damit sie die geimpfte (und damit an sich eigentlich doch sichere) Allgemeinheit nicht mehr gefährden können? Vor dem Hintergrund derartiger Überlegungen erscheint die Impfung eigentlich wie eine völlig sinnlose Maßnahme - wie so viele andere. Doch anders als durch diese Kampagne bei gleichzeitiger Ausgrenzung der "Gefährder" wird man wohl das noch immer nicht ausgerottete Freiheits- und Selbstdenkervirus wohl nicht loswerden. Mancher wird denken, ich übertreibe - doch sind Gedanken an Lager oder diktatorische Maßnahmen gegen angebliche "Gesundheitsgefährdend" wirklich so unwahrscheinlich, bei diesem anhaltend toxischen Missbrauchsverhältnis zwischen Regierung und Bürgern?

Die Regierungen in Bund, Ländern und dem Rest der Welt sind mächtig, die Bürger ohnmächtig, rechtlos, ahnungslos, wehrlos. Die Herrschenden wissen alles besser. Maßnahmen und Anordnungen dürfen am besten gar nicht mehr hinterfragt werden. "Diese Regeln werden wir noch monatelang einhalten müssen", sagt RKI-Chef Lothar Wieler früh in der Pandemie (7) über die Maßnahmen: "Die müssen also der Standard sein. Die dürfen nie hinterfragt werden. Das sollten wir einfach so tun. Und zwar alle 83 Millionen Bundesbürger." Wer sich nun fragt, warum inkohärente, widersprüchliche und unlogische Regeln dennoch ohne zu klagen und zu fragen befolgt werden: Es hat nicht nur mit der Umkehrung der Herrschaftsverhältnisse in dieser Coronademokratie zu tun, nichts mit Moralität und Gemeinschaftssinn - sondern auch viel mit unserem menschlichen Gehirn.

Der Würzburger Psychologe Roland Pfister erklärte in der „Mainpost" (8) dessen ureigentliche Funktionen und deren Bedeutung in der Corona-Krise: "Es geht hier um das Bauprinzip unseres Gehirns, unseres kognitiven Systems. Unser Gehirn verinnerlicht Regeln. Wenn wir in eine Situation kommen, in der eine Regel gilt, wird sie abgerufen – zunächst einmal unabhängig von weitergehenden Überlegungen." Pfister räumt auch ein, dass man auf dem Gebiet "Die Maschine Hirn" noch längst nicht ausgeforscht hat - doch er berichtet von seinem Experiment, welches die schräge Erkenntnis zu Tage gefördert hat, dass es dem Gehirn quasi egal ist, ob eine Regel sinnvoll ist oder nicht: "Wir haben noch keine wirklichen Antworten, da sind wir noch nicht weit genug in unserem Forschungsprogramm. Aber wir haben immer wieder Experimente gemacht, bei denen die Regeln keinen erkennbaren Sinn, keinen Nutzen hatten. Trotzdem wurden sie verinnerlicht und immer wieder abgerufen. Das würde die Vorhersage erlauben, dass mein Gehirn auch Regeln einhalten will, die ich selbst für Unsinn halte."

Holla die Waldfee! Was Hirnforscher und Psychologen wissen, das weiß natürlich auch die herrschende Kaste weltweit und schon seit Langem. Interessant ist hierbei, um wieviel eher Gebote befolgt werden als Verbote. Das Nichtwissen darüber offenbart sich ganz praktisch etwa beim verbotslastigen

Wahlprogramm der Grünen: Frau Merkel hat das viel früher verstanden und ist sogar noch einen Schritt weiter gegangen, als sie sich von dem Gedanken leiten ließ, erwünschtes Verhalten nicht zu gebieten, sondern durch Nudging und Framing (9) zu induzieren. Die beiden letzteren Phänomene sind insbesondere deshalb interessant, weil sie auch im Missbrauchsverhältnis, welches unsere Regierung ihren Untertanen gegenüber so formvollendet aufgebaut hat, eine große Rolle spielt: Einzelne, prominente Kritiker werden zu verrückten Schwurblern oder Schlimmerem erklärt. Man selbst muss den Eindruck gewinnen, dass es angeblich niemanden gibt, der diese abweichende Meinung teilt. Die staatliche Erziehungspresse beeilt sich, durch einseitige, belehrende und zum Teil Existenzen vernichtende Berichterstattung, diesen Eindruck zu verstärken.

Jüngstes Beispiel für totalitäre Herrschaftsanwandlungen der Staatspropagandapresse: Gegen den erklärten Willen der Bevölkerung, die weit überhälftig die deutsche Sprache nicht "gegendert" sehen möchte, schließen sich alle Pressagenturen zusammen, um zu beschließen, den Lesern zukünftig in allen Kanälen die gegenderte Minderwertigkeitsversion des Deutschen in den Kopf zu zwingen. Ein unfassbarer Vorgang (10), der zeigt, welche Macht sich diese Organe der vormalig vierten Gewalt dem Bürger gegenüber anmaßen. Denn auch so funktioniert unser Gehirn: Es lernt am besten durch die vielen unreflektiert erlebten Wiederholungen, frei nach dem Slogan: "Geht ins Ohr, bleibt im Kopf".

Ideologische Umerziehung ist allenthalben. Mündige Bürger werden zur aussterbenden Spezies: Eingehegt, eingelullt, ausgegrenzt/vereinzelt und etikettiert. Auch in Missbrauchs-Beziehungen gehört ebendiese Taktik zur Isolation der Opfer zum festen Verhaltensrepertoire. Isolation führt zu fehlender Selbstwirksamkeitserlebung, verzerrter Selbstwahrnehmung und größtmöglicher Unsicherheit. Die Täter reden ihren Opfern ein, dass sie einen Makel an sich hätten; im ideologischen Debattenraum bedeutet dies dann: dass sie außerhalb des wissenschaftlichen Konsenses stünden, verrückt, dumm oder Nazi seien. Wem hier die Ähnlichkeiten zur derzeitigen Situation in Deutschland nicht auffallen, dem ist nicht mehr zu helfen! Es ist doch mehr als deutlich, dass nur noch die Regierungsmeinung sozial erwünscht und somit - im Sinne von unbedenklicher Sanktionsfreiheit für den, der sie äußert - erlaubt ist.

Das gilt übrigens auch für den Kontext der Klimahysterie, wo alle, die sich außerhalb des ideologisch festgelegten "wissenschaftlichen Konsens" bewegen, als verrückt, gestört, krank oder zumindest nicht ernst zu nehmen gelten. Dies ist eine äußerst bedenkliche Entwicklung - denn sie bedeutet, dass auch in anderen Themenfeldern der Weg bereitet wird, Abweichler entweder als "Gefährder" oder als "Verrückte" wegzusperren - zunächst symbolisch und irgendwann dann real. Bitte nehmen sie diesen Anfall von kassandrischem Zukunftsausblick sehr ernst, denn entsprechende Sachverhalte und Gedankenspiele werden ganz offen so kommuniziert und über die Presse - zur Abschreckung? - verbreitet. Die Berichterstattung darüber häuft sich in der Tat, dass Maßnahmengegner geisteskrank seien; vereinzelt wurde bereits ihre die Psychiatrisierung gefordert – und sogar umgesetzt (11, 12).

Und in der Corona-Krise läuft es nicht anders. Das Beschimpfen aller Maßnahmenkritiker und Fachleute wie Lieschen Müller und Otto Normalverbraucher - es hat schon früh in der Pandemie begonnen. Für das Framing wurden Begriffe gewählt, die faktisch unzutreffend sind wie z.B. den berüchtigten "Corona-Leugner". Jeder assoziiert damit unbewusst Menschenverachtung und "Holocaust-Leugner". Die gewollte Dämonisierung und Entmenschlichung der Kritiker ist Programm und fördert den Hass der gesamtgesellschaftlichen

Schafherde, die willig Staatsmedien konsumiert und sich einreden lässt, dass der Staat der freundschaftliche Hüter dieser Herde sei, der am besten weiß, was für die Herde gut ist. Ich kann nur, aus der instruierten Perspektive, betonen: Der Staat ist nicht unser Freund! Dieser Staat hat es vollbracht, seine Bürger in eine Missbrauchssituation zu lavieren. Ich bitte dringend, sich mit der Forschung diesbezüglich auseinander zu setzen. Die Lektüre von Gustave Le Bons "Psychologie der Massen" schadet sicher auch nicht.

Deswegen: Schluss mit dem staatlichen Missbrauch! Wer Sehnsucht nach Normalität hat und einfach frei leben möchte, hat im September bei der Bundestagswahl die Wahl zwischen den am Missbrauch beteiligten Parteien der Einheitsfront - und der Alternative für Deutschland. Wir wollen freie, eigenverantwortliche, mündige Bürger sein; keine Untertanen oder angstvolle Sklaven. Kassandra sagt, dass es sich hierbei um die letzten freien Wahlen in Deutschland, so wie wir es kennen, handeln könnte.

(1) https://www.spiegel.de/panorama/gesellschaft/duesseldorf-hat-verweilverbot-wegen-corona-innehalten-ist-nicht-erlaubt-a-7abae78a-5af6-4968-9d32-8c5cf463603c

(2) https://www.berliner-kurier.de/berlin/polizei-fuehrt-ddr-buergerrechtlerin-angelika-barbe-68-ab-li.83774

(3) https://politikstube.com/berlin-polizei-verhaftet-schwerkriminellen-rollstuhlfahrer-auf-corona-demo/

(4) https://www.berlin.de/aktuelles/berlin/4290773-958092-linke-protestdemo-gegen-polizeieinsaetze.html

(5) https://m.focus.de/panorama/welt/krawalle-in-frankfurt-jugendliche-die-deutschland-nicht-als-ihr-land-ansehen_id_12226014.html

(6) https://www.zdf.de/nachrichten/politik/corona-demos-lambrecht-harter-kurs-100.html

(7) https://www.deutschlandfunk.de/mehr-covid-19-faelle-in-deutschland-rki-praesident-die.676.de.html?dram:article_id=481382

(8) https://www.mainpost.de/regional/wuerzburg/wuerzburger-psychologe-erklaert-warum-wir-uns-an-regeln-halten-art-10527643

(9) https://www.welt.de/wirtschaft/article138326984/Merkel-will-die-Deutschen-durch-Nudging-erziehen.html?aqs=chrome..69i57.5353j0j4

(10) https://www.faz.net/aktuell/feuilleton/medien/nachrichtenagenturen-stimmen-sich-zum-gendern-ab-17400467.html

(11) https://www.rnd.de/?seite_nicht_gefunden=%2fpromis%2fcorona-verschw%25C3%25B6rungen-warum-drehen-so-viele-promis-durch-DXPR5VP4KNCODIQWMIXJJ3QQUA.html

(12) https://www.spiegel.de/politik/deutschland/corona-proteste-die-politik-darf-sich-von-verwirrten-verschwoerern-nicht-verrueckt-machen-lassen-a-00000000-0002-0001-0000-000170923471

11.Juli 2021

35. Höchst brisant: Briefwahl – Gefahr oder Segen für die Demokratie?

Notwendige und überfällige Gedanken zur Briefwahl und unserem Vertrauen in die Legitimität von Wahlen

Was verstehen wir eigentlich unter "Briefwahl"? Die offizielle Definition, die sich im Netz (1) findet, liest sich ebenso aufschlussreich wie sperrig: "Briefwahl ist eine Wahl unabhängig von Ort und Zeit der Urnenwahl (2). Dabei wird der Stimmzettel vom Wähler in einem verschlossenen Umschlag (Brief) zusammen mit einem Wahlschein in einem größeren verschlossenen Umschlag vor oder am Wahltag in der Regel per Post an die Wahlämter (oder ggf. auch an andere Behörden) versandt oder dort direkt abgegeben. Durch die Postlaufzeiten ist die Briefwahl hinsichtlich des Zeitpunkts der Stimmabgabe auf dem Stimmzettel regelmäßig eine Voraus-Wahl. Die Briefwahl ist bei der Bundestagswahl (3) sowie Landtags- und Kommunalwahlen in Deutschland sowie als briefliche Stimmabgabe in der Schweiz (4) zulässig. In Österreich (5) soll die Briefwahl zur nächsten Nationalratswahl ermöglicht werden."

Wir sind in Deutschland. Natürlich gibt es hier detaillierte Vorschriften, wie z.B. die Bundeswahlordnung (BWO, $28) (6). Auch beim Bundeswahlleiter finden sich dort schöne Erklärungen und Schaubilder, wie die Behandlung von Briefwahlstimmen vonstatten zu gehen hat.

So weit, so gut. Was wäre jedoch, wenn der Öffentlichkeit

bewusst würde, was mit ihren Briefwahlstimmen eigentlich alles geschehen kann? Werden sie dann zur Direktwahl an der Urne zurückkehren? Einfach mal so viel vorneweg bemerkt: Lug, Betrug und Manipulation kann nun wirklich alle Parteien betreffen. Deshalb sollte das Folgende auch wirklich alle ehrbaren Demokraten gleichermaßen interessieren - egal ob Wähler, Wahlhelfer, Wahlleiter oder gewählte Politiker.

Nehmen wir also ein aktuelles Beispiel: Angenommen, das Politestablishment würde keine Kanzlerin Baerbock für Deutschland wollen. Und weiter angenommen, die Parteien der Groko hätten verstanden, dass sie bei den Briefwählern sowieso besonders hohe Stimmenanteile erreichen, und es deshalb wohl kaum auffiele, wenn coronabedingt der Briefwahlanteil 75 Prozent insgesamt oder mehr erreicht. Man könnte dann sogar feiern, dass der Anteil der Nichtwähler zurückgegangen sei und sich erfreulicherweise SPD und CDU zugewandt hätte... wohlgemerkt, alles nur hypothetisch; und doch könnte so etwas passieren.

Mit etwas krimineller Energie könnten Städte hingehen und für alle Wahlberechtigten Briefwahlunterlagen ordern. Das wäre in Zeiten von Corona sogar sinnvoll und vermutlich gängige Praxis; die nicht abgerufenen Briefwahlunterlagen könnten dann zum Beispiel von kriminellen Elementen, denen Zugang zu den Wahlunterlagen gewährt würde, unbehelligt und unbemerkt ausgefüllt werden - ganz nach eigenem Gutdünken, oder ebenso wie die Stadtspitze oder einzelne Verantwortliche das wollen. Würde dies auffallen? Wo werden die Unterlagen eigentlich verwahrt, wer hat Zugang zu ihnen, wer überprüft, ob die infolge der Urnenwahl dann ggf. überzähligen Wahlunterlagen jungfräulich oder in "beschriftetem" Zustand geschreddert werden? Würde es auffallen, wenn nicht die überzähligen Wahlunterlagen geschreddert würden, sondern Rückläufer von Wählern, die z.B. als Grünen-Wähler bekannt sind? Und vor allem: Wem würde das auffallen?

Interessant ist hierbei auch die lange Zeitspanne, in der die Briefwahlunterlagen gelagert werden. Es ergibt sich dadurch eine unglaubliche Vielzahl an Gelegenheiten, mit etwas krimineller Energie Wahlergebnisse "passend" zu machen (und merke: "passende" Wahlergebnisse müssen nicht mehr von Frau Merkel rückgängig gemacht werden). Zum Beispiel ganz einfach so: Wenn die Wählerlisten aus den einzelnen Wahllokalen vorliegen, könnte man einsehen, wie viele Leute nicht gewählt haben; die Briefwahlunterlagen-Anforderer hat man ja sowieso. Was hindert einen entschlossenen Wahlfälscher dann daran, die Nichtwähler zu Wählern seiner favorisierten Partei zu machen? Genau: Gar nichts.

Dieser Beschiss wäre faktisch nicht nachzuweisen - umso weniger, wenn die Stadt gar keinen separaten Briefwahlbezirk auslobt, sondern man die Briefwahlzettel mal hier und mal da in die Urnen mit reinschmeißt. Dann kann so gut wie gar nichts mehr nachvollzogen werden. Ist, bei bloßer Eventualität und Möglichkeit dieser Manipulationsanfälligkeit, die Briefwahl wirklich als vertrauenserweckend zu bezeichnen? Bitte mich nicht missverstehen: Natürlich möchte ich niemandem etwas unterstellen. Ich bin den vielen ehrenamtlichen Wahlhelfern, Wahlleitern, Wahlbeobachtern unendlich dankbar, dass sie ihre kostbare Lebenszeit in den Dienst der Demokratie Deutschlands stellen.

Doch gerade wenn es um Macht, Pfründe und die Deutungshoheit über die deutsche Gesellschaft und deren Wohl und Wehe geht, wäre es doch sehr naiv, hier nicht mit krimineller Energie zu rechnen. Es könnte an der Urne bzw. beim Stimmenauszählen geschickt verhindert werden, dass Frau Baerbock Kanzlerin wird, oder dass die AfD über 15 Prozent erhält. Insbesondere beim Lagern, Registrieren usw. der Briefwahlunterlagen bieten sich hier vielfältige Möglichkeiten.

So etwas kann es nicht geben? Tut mir leid, so gutgläubig kann ich nicht mehr sein.

Aus meinen Gesprächen mit Mitgliedern der städtischen Wahlausschüsse unterschiedlicher Städte ergab sich ein sehr divergentes Bild. Anscheinend handhabt beispielsweise jede Stadt das Verwahren der Briefwahlstimmen so, wie sie das möchte. Es scheint hier keine klaren Vorschriften zu geben. Doch gerade bei diesem sensiblen Punkt muss dringend eine Vereinheitlichung her, es müssen vertrauensbildende Maßnahmen geschaffen werden, die sicherstellen, dass zu keinem Zeitpunkt Schmu mit den Briefwahlunterlagen getrieben werden kann - vom Erfassen der Rückläufe an ausgefüllten Wahlunterlagen bis hin zu versiegelten Urnen, in die unter Anwesenheit einer Vertrauensperson tagesaktuell die eingehenden Briefwahlunterlagen hineingeworfen werden. Bloßes Vertrauen in den Anstand und die demokratische Redlichkeit der Ehrenamtlichen kann hier nicht genug sein.

Ich denke, die für kreative Wahlfälscher interessanteste Zeitspanne ist die der "Verwahrung" der bereits abgegebenen Briefwahlstimmen. Deshalb muss zwingend sichergestellt sein, dass die versiegelten Urnen unmöglich noch vor Auszählung zu öffnen sind. Ein Wahlbeobachter, den ich persönlich kenne, erzählte mir allerdings, dass eine von ihm inspizierte Urne auf der einen Seite versiegelt gewesen sei und auf der gegenüberliegenden Seite keine Scharniere aufwies. Diese Urne konnte ohne Gewalteinwirkung, d.h. ohne Spuren zu hinterlassen, geöffnet und wieder verschlossen werden. So etwas gibt mir, wenn ich ehrlich bin, doch sehr zu denken.

Ich habe also jede Menge Bauchschmerzen mit dem Thema Briefwahl - und diese sind größer geworden, seit man unter dem Vorwand von Corona immer mehr Menschen in die Briefwahl hineingeängstigt hat. Beim rheinland-pfälzischen Landeswahlleiter (7) ist zu lesen: "Der Briefwahlanteil dürfte bei rund zwei Drittel liegen. Die Anzahl der Briefwähler zur Landtagswahl in Rheinland-Pfalz ist in den zurückliegenden Tagen weiter angestiegen. Nach Angaben der Landeswahlleitung haben bis Mittwochmorgen rund 44 Prozent aller Stimmberechtigten Briefwahl beantragt. Geht man von einer Wahlbeteiligung von 70 Prozent aus, würde das einen Briefwähleranteil von gut 63 Prozent entsprechen. Bei der Landtagswahl 2016 betrug er knapp 31 Prozent."

Dies im Hinterkopf behalten, nehmen dann auch solche Meldungen, ebenfalls des Landeswahlleiters, nicht Wunder: "Es wurden jeweils mehr Stimmen per Brief-, als per Urnenwahl abgegeben. In Speyer betrug der Anteil der Briefwähler an allen Wählern rund 64 Prozent. In der Verbandsgemeinde Römerberg-Dudenhofen haben rund 70 Prozent der Wähler ihre Stimme per Brief abgegeben, in der Verbandsgemeinde Rheinauen waren es 73,8 Prozent, in der Verbandsgemeinde Lingenfeld zirka 72 Prozent." Ich unterstelle durchaus einmal, dass bei der Landtagswahl alles korrekt abgelaufen ist. Dennoch möchte ich gedanklich die Grenzen der kreativen Machbarkeit ausloten.

Was wäre, wenn jemand würde im großen Stil betrügen wollen? "Kreativität" ist vermutlich in der Phase bis zur Auszählung von Erfolg gekrönt. Und dann natürlich wieder bei der Auszählung selbst, wenn zum Beispiel eine Stadt keinen separaten Briefwahlbezirk ausgelobt hat und anonyme Stimmen einfach mit in die Urnen einzelner Bezirke hinzugefügt würden; wie soll so etwas nachvollzogen werden? Wer weiß schon, wie das normalerweise abzulaufen hat und was auf dem oben gezeigten Merkblatt steht? Und nicht zuletzt das Beispiel USA gibt zu denken: Dort wird gerade die wohl gewaltige Manipulation - in ganz großem Stil - durch Briefwahlstimmen zugunsten Bidens aufgedeckt. So sollen unter anderem Armeen von Toten für den demokratischen Herausforderer von Trump gestimmt haben (8).

Interessant ist in diesem Zusammenhang, dass diejenigen mit

empfindlichen Klagen überzogen werden, die behaupten, es seien mittels der Dominion-Software Stimmen transferiert worden. Dominion selbst klagt gegen jeden, der hier nur Andeutungen macht; allerdings sei auch Dominion seinerseits verklagt worden - von Donald Trumps Ex-Anwältin Sidney Powell, heißt es. Ich bin hier auf die Urteile wirklich unglaublich gespannt - zumal ich es technisch für absolut möglich halte, bei der Zusammenfassung von Stimmeingängen per Algorithmen Verschiebungen vorzunehmen. Hingegen halte ich es für enorm schwierig, vor Gericht derartige Tatbestände nachzuweisen.

Behauptet ist so etwas natürlich sehr schnell. "Wir kommen zu dem Schluss, dass das Dominion-Wahlsystem absichtlich und zielgerichtet mit inhärenten Fehlern konstruiert ist, um systemischen Betrug zu erzeugen und Wahlergebnisse zu beeinflussen", heißt es in einem Bericht der „Allied Security Operations Group" (9). Bin ich eigentlich die Einzige, die sich wundert, dass man über die Nachwehen der Präsidentschaftswahl in den USA - und die daraus für Deutschland erwachsenden Fragestellungen - so unfassbar wenig öffentlich nachdenkt? Womöglich deshalb, weil so etwas in Deutschland vielleicht auch denkbar wäre? Nun ja... Auf meine Frage im Bundestag vom November 2020 in der Drucksache 19/24511 erhielt ich jedenfalls eine bezeichnende Antwort (10).

Heißt das jetzt Entwarnung? Alles ist gut? Ein ganz klares "Jein": Die einen sagen so, die anderen sagen so (11). Und bitte schauen Sie sich auf einschlägigen Dokumentationsportalen im Netz (12) einmal an, was dort an Betrügereien so alles verlinkt ist, und machen Sie sich ein eigenes Bild. Stellen Sie sich dann die Frage, ob im Vorfeld der vielleicht richtungsweisendsten Bundestagswahl dieses Jahrhunderts in zweieinhalb Monaten nicht doch mehr über Sinn, Unsinn und Sicherheit der Briefwahl - im gleichen Atemzug über unterstützende Technik - diskutiert werden sollte. Was, wenn die Rupps dieser Welt mit ihrer Link-Sammlung über dokumentierten Betrug, die sich hier unter diesem Link findet, nur die Spitze des Eisberges abgebildet haben?

Es wäre wichtig und ich bitte Sie, diese Gedanken mit anderen zu teilen und breit zu streuen - denn das Vertrauen in die Briefwahlen und damit die Legitimität unserer Wahlen insgesamt - steht womöglich auf dem Spiel. Wenn wir nicht genau aufpassen, verspielen wir mit Scheißegalität und blindem Vertrauen letztlich den gesellschaftlichen Zusammenhalt durch Verlust des elementaren Urvertrauens in unsere Demokratie. Und dieses Thema muss uns alle angehen; egal, welche Partei wir wählen.

(1) https://www.wahlrecht.de/lexikon/briefwahl.html

(2) https://www.wahlrecht.de/lexikon/wahlurne.html

(3) https://www.wahlrecht.de/bundestag/index.htm

(4) https://www.wahlrecht.de/ausland/schweiz.html

(5) https://www.wahlrecht.de/ausland/austria.html

(6) http://www.gesetze-im-internet.de/bwo_1985/__28.html

(7) https://www.wahlen.rlp.de/de/ergebnisse/news/detail/News/131/#:~:text=Briefwahlanteil%20dürfte%20bei%20rund%20zwei%20Drittel%20liegen%20Die,Mittwochmorgen%20rund%2044%20Prozent%20aller%20Stimmberechtigten%20Briefwahl%20beantragt.

(8) https://www.wochenblick.at/praesidentenwahl-immer-mehr-us-staaten-pruefen-auf-wahlbetrug/

(9)
https://www.depernolaw.com/uploads/2/7/0/2/27029178/antrim_michigan_forensics_report_%5B121320%5D_v2_%5Bredacted%5D.pdf

(10) https://dserver.bundestag.de/btd/19/245/1924511.pdf

(11) https://correctiv.org/aktuelles/2021/01/27/hessen-setzt-umstrittene-software-bei-kommunalwahlen-ein/

(12) http://rupp.de/briefwahl_einspruch/

37.   Höchst brisant: Was wäre, wenn...?

Verstörende Überlegungen im besten Deutschland aller Zeiten Höchst

Kennt noch jemand das alte Gedankenspiel "Was wäre, wenn..."? Auf diese Weise haben wir einst als Kinder gelernt, Alternativen zu denken, Empathie zu entwickeln, neue Ideen zu Ende zu denken. Es wird Zeit, dass dieses Spiel wieder in die Köpfe der Menschen zurückkehrt. Denn die eine, alleinseeligmachende Wahrheit auf dieser Erde gibt es nicht. Für gläubige Menschen liegt sie bei Gott, für andere in der Wissenschaft, für wieder andere in einer Mischung aus beidem. Und so weiter.

Jedenfalls gibt es keine Institution dieser Erde, die die alleinige politische Wahrheit verkündet, keine Regierung und eben auch keine einzelnen Person - wie zum Beispiel unsere Gottkanzlerin. Man kann und muss Szenarien, Pläne und Vorhaben durchdenken, um auszuschließen, dass die Auswirkungen der geplanten Maßnahmen und Taten verheerend sind. Man muss Dinge klein denken und weit in die Zukunft, weil man sonst immer nur auf Sicht fährt und von den "überraschenden", nie gedachten Auswirkungen "überfallen" wird.

Was wäre, wenn diese Regierung, als Krönung aller anderen vorangegangenen, das "Auf-Sicht-Fahren" perfektioniert und so die meisten Probleme, mit denen wir heute zu kämpfen haben, selbst geschaffen hätte? Was, wenn die stets gedroschene Formulierung "Gemeinsam auf den Weg machen" in Wahrheit diese wortgewordene Lebenseinstellung ausdrückte? Wir finden diese Einstellung schließlich überall: Sie erklärt den "Stillstand" zum Feind und ist ständig auf der Suche nach dem "Irgendwohin". Sie exkulpiert sich ständig dafür, unterwegs auf Schwierigkeiten zu treffen, die vorhersehbar und vermeidlich gewesen wären, die es dann "aus dem Weg zu räumen gilt".

Das würde im Übrigen auch erklären, warum der Sozialismus immer wieder in der einen oder anderen Ausprägung sein Haupt erhebt - denn das Ziel eines sozialistischen Umverteilungs-Utopia wird in dieser Denkweise ja nie widerlegt, obwohl es stets an der Realität scheitert; man hat eben nur noch nicht den richtigen Weg dorthin gefunden. Also "macht man es einfach" und läßt die absehbaren Folgen des Regierungshandelns auf sich zukommen, lächelt nett in die Kamera und wird wiedergewählt, weil niemand den uns Regierenden böse Absichten unterstellt. Sie haben schließlich einen Eid geschworen.

Die verantwortungsvolle Aufgabe einer Regierung ist es aber, Folgen weit in die Zukunft hin abzuschätzen. Deshalb arbeitet man sich wohl auch an zeitgeistlichen Fragen ab, was gleichzeitig mutig die Zielsetzungen zementiert und punktuell auch tatsächliche Katastrophenszenarien beinhaltet, die durchgespielt werden. Was wäre etwa, wenn es kein Bargeld mehr gäbe? Was wäre, wenn niemand mehr Fleisch äße? Was wäre, wenn die Bundestagswahlen nicht stattfinden könnten? Was wäre, wenn der Strom einen Monat lang ausfiele? Was wäre, wenn…?

Diese Fragen müssen gestellt werden; das ist gut und wichtig. Aber noch wichtiger ist es, möglichst viele schlüssige Folgeszenarien zu denken, um eine größtmögliche Anzahl von Auswirkungen sehen zu können. Leider werden uns seit Jahren nur monokausale Antworten auf "Was wäre, wenn"- Fragen gegeben. Das alleine ist schon schlimm genug. Aber leider geht man in Deutschland, dem ehemaligen Land der Dichter und Denker, der Erfinder, Ingenieure und Nobelpreisträger, mittlerweile so weit, dass man die Folgenabschätzung eingehegt hat - auf die erwünschten Szenarien. In diesem geistigen Gehege tummeln sich ausschließlich und hemmungslos-wild die tollsten Idealergebnisse, wird das Wunschdenken zur einzigen Möglichkeit, wachsen und gedeihen die Illusionen am Steuergeldsäckel.

Doch alle negativen möglichen Folgen, alle unerwünschten Einschätzungen, und seien diese Alternativen wissenschaftlich noch so plausibel begründet, werden aus diesem Biotop, in dem man hofft, dass seltenste Orchideen prächtige Blüten treiben, von vornherein ausgeschlossen. Sie müssen draußen bleiben. Mit Merkel kamen die Alternativlosigkeit, das Framing, das Nudging: Die Kanzlerin hat immer recht. Ob bei der Energiewende, bei der Grenzöffnung 2015, oder bei Corona. Und zwar unabhängig davon, ob es womöglich Gesetze und Verordnungen gibt, die der Alternativlosigkeit ihrer Handlungen substanziell entgegenstehen. Schließlich ist die Haltung entscheidend. Gesetze können "passend" gemacht, Begrifflichkeiten inhaltlich umdefiniert werden. Doch ich schweife ab.

Ich möchte heute das "Was wäre, wenn..."-Spiel mit Ihnen spielen und Sie herzlich einladen, darauf einmal "herumzudenken": Was wäre also, wenn in einem angenommenen Staat - rein hypothetisch - ein Bürger das folgende Gedankenspiel anstellte: Was wäre, wenn wir von Leuten regiert werden, denen an allem Möglichen, nur nicht an unserem Wohl gelegen ist? Was wäre, wenn der Staat es sich als Hauptaufgabe erkoren hätte, Probleme zu erschaffen, die er dann als Angsttreiber verwenden kann, um die Bevölkerung in Angst und Schrecken und somit leichter regierbar zu halten?

Was wäre, wenn dies zum Zwecke des eigenen Machterhalts und der eigenen Machtausdehnung geschieht? Was, wenn die Regierung mit all ihren Kräften all die Jahre damit verbracht hätte, sich darauf zu spezialisieren, zu lügen, zu betrügen, sich und interessierte Hintermänner zu bereichern? Was wäre, wenn unsere Regierung gar keine Skrupel hätte, Framing, Nudging, Neurolinguistisches Programmieren oder andere erfolgversprechende Manipulationstechniken anzuwenden, um die Bevölkerung zu täuschen und einzuhegen?

Was wäre, wenn eine solche Regierung die Auflösung des Heimatstaates und seine Überführung in einem Superstaat, in eine Weltregierung aktiv betreibt? Was wäre, wenn unsere Regierung sämtliche Informationskanäle kontrollierte und ihre Regierungswahrheiten rund um die Uhr in die Köpfe der Leute hämmern ließe? Was wäre, wenn dieser Staat sich seine wissenschaftlichen Haus- und Hof-Experten und -Institute hält, die in seinem Sinne forschen und Ergebnisse publizieren?

Was wäre, wenn unser Staat alle nicht von ihm kontrollierten Medien unter fadenscheinigen Begründungen zensieren ließe, und Wahrheiten, die der Realität, nicht aber der Regierungswahrheit entsprechen, von sogenannten "Faktencheckern" nach allen Regeln der Kunst, mit zum Teil fadenscheinigsten Behauptungen in ihrer Reichweite einschränken ließe? Was wäre, wenn eine Regierung mit den großen Techkonzernen zusammenarbeitete, wenn letztere sie aktiv unterstützten und von ihr hierbei die Ermächtigung erhielten, missliebige Meinungen und unerwünschte Beiträge löschen, unbequeme Stimmen von den ihren Social-Media-Plattformen zu verbannen oder die Reichweite von Nutzern einzuschränken?

Was, wenn die Regierung die einzige Partei, die den Weg in eine Zukunft der kognitiven Dissonanz, der Umverteilung und der Unmündigkeit nicht mitgehen will, vom Geheimdienst bespitzeln und vom Verfassungsschutz beobachten ließe? Was, wenn alle Kritiker, Menschen mit anderer Meinung, alle Denker außerhalb des auferlegten Denkkorridors diffamiert, verleumdet, in die rechte Ecke gestellt würden? Was wäre, wenn die Menschen in diesem Land zwar genau erkennen oder spüren würden, dass hier etwas ganz gewaltig nicht in Ordnung ist - sich aber nicht mehr trauten, zu sagen, was sie denken, aus Angst vor sozialer Vernichtung?

Unser fiktiver Bürger, der sich solche Fragen im Rahmen seines "Was wäre, wenn"-Spiels stellt und auch selbst beantwortet, müsste als Ergebnis zwangsläufig unsicher sein und sich fragen, ob er dann, wenn all dies der Fall wäre, noch in einem demokratischen oder schon in einem totalitären Staat lebte.

Auch für uns Deutsche sind das alles Fragen, die man sich einmal stellen könnte. Jedoch Vorsicht: Wer in dem oben beschriebenen, fiktiven Staat auf den genannten Gedankenpfaden wandelt, verlässt schon den geschützten Bereich. Solche Fragen - uns sei es nur im Rahmen von "Was wäre, wenn" - stellt man in einem solchen Staat am besten gar nicht, denn die Antworten könnten die Menschen verunsichern. Und das will die Regierung dieses beschriebenen Staates ja nicht.

Womöglich käme man ja dann zu dem Schluss, dass diese Regierung tatsächlich nicht zum Besten ihrer Bürger agiert? Oder man müsste am Ende konstatieren, dass nicht der "Was-wäre-wenn"-Spieler der Verschwörungstheoretiker ist, sondern dass an der Regierung und allen Schaltstellen Verschwörungspraktiker agieren? Fragen über Fragen.

Wie gut, dass all das ja nur ein Gedankenexperiment war und uns nichts von alledem in Deutschland passieren kann - denn wir leben bekanntlich in der besten Republik, ja der besten Demokratie aller Zeiten! Die Bundeskanzlerin ist unsere Mutti, und niemals, nie, nicht, hatte jemand die Absicht, eine Mauer zu bauen. Niemand wird hier gehirngewaschen und haltungsweich gespült. Niemand wird hier in diesem Land hinter die Fichte geführt. Niemand wird arm, aber glücklich sein. Niemand braucht Grundrechte, wenn er den Gesundheitsschutz der Regierung genießen kann.

Oder habe ich da irgendetwas falsch verstanden? Es könnte durchaus sein - denn ich komme langsam bei dem Schwachsinn, der in diesem Land von den uns Regierenden verzapft wird, nicht mehr mit. Zwick mich mal bitte jemand... ich möchte aufwachen!